ITALO
**CALVINO**
100
1923-2023

# POR QUE LER OS CLÁSSICOS

# POR QUE LER OS CLÁSSICOS

[PERCHÉ LEGGERE I CLASSICI, 1991]

ITALO CALVINO

TRADUÇÃO
NILSON MOULIN

POSFÁCIO
MARIA CECÍLIA GOMES DOS REIS

COMPANHIA DAS LETRAS

*Grafia atualizada segundo o Acordo Ortográfico da Língua Portuguesa de 1990, que entrou em vigor no Brasil em 2009.*

Título original
Perché leggere i classici
Capa e projeto gráfico
Raul Loureiro
Imagem de capa
*Uomo appoggiato*, de Michelangelo Pistoletto (1962-1966), tecido pintado sobre aço inox polido brilhante, 230 x 120 cm.
Foto: Vincenzo Pirozzi/ Arquivo Michelangelo Pistoletto
Fotos do autor
p. 2 © Ulf Andersen
p. 4 © Sophie Bassouls. All rights reserved 2023/ Bridgeman Images/ Easypix Brasil
Preparação
Márcia Copola
Revisão
Natália Mori
Luciana Baraldi

Dados Internacionais de Catalogação na Publicação (CIP)
(Câmara Brasileira do Livro, SP, Brasil)

Calvino, Italo, 1923-1985
Por que ler os clássicos / Italo Calvino ; tradução Nilson Moulin ; posfácio Maria Cecília Gomes dos Reis. — 1ª ed. — São Paulo : Companhia das Letras, 2023.

Título original: Perché leggere i classici.
ISBN 978-85-359-3470-0

1. Crítica literária 2. Ensaios 3. Literatura – História e crítica I. Título.

23-160145 CDD-809

Índice para catálogo sistemático:
1. Clássicos : Literatura : História e crítica 809

Cibele Maria Dias – Bibliotecária – CRB-8/9427

Todos os direitos desta edição reservados à
EDITORA SCHWARCZ S.A.
Rua Bandeira Paulista, 702, cj. 32
04532-002 — São Paulo — SP
Telefone: (11) 3707-3500
www.companhiadasletras.com.br
www.blogdacompanhia.com.br
facebook.com/companhiadasletras
instagram.com/companhiadasletras
twitter.com/cialetras

# SUMÁRIO

# POR QUE LER OS CLÁSSICOS

# NOTA DA EDIÇÃO ITALIANA

Numa carta de 27 de novembro de 1961, Italo Calvino escreveu a Niccolò Gallo: "Para reunir ensaios esparsos e não orgânicos como os meus é preciso aguardar a própria morte ou pelo menos a velhice avançada".

Mesmo assim, Calvino iniciou esse trabalho em 1980 com *Una pietra sopra* e, em 1984, publicou *Collezione di sabbia*. Depois, autorizou a coletânea no exterior, nas versões inglesa, americana, francesa de *Una pietra sopra* — que não são idênticas ao original —, dos ensaios sobre Homero, Plínio, Ariosto, Balzac, Stendhal, Montale e do ensaio que dá título a este livro. Além disso, modificou — e num caso, Ovídio, agregou uma página que deixou manuscrita — alguns dos títulos destinados a uma publicação italiana ulterior.

Neste volume, encontra-se grande parte dos ensaios e artigos de Calvino sobre "seus" clássicos: os escritores, os poetas, os cientistas que mais contaram para ele em diversos períodos de sua vida. No que concerne aos autores deste século, dei preferência aos ensaios sobre os escritores e poetas pelos quais Calvino nutria uma admiração particular.

*Esther Calvino*

*Desejo agradecer a Elisabetta Stefanini pela preciosa ajuda.*

E. C.

NOTA DO TRADUTOR: As principais fontes utilizadas nesta tradução foram: J. Brandão, *Dicionário mítico-etimológico da mitologia grega*, Petrópolis, Vozes, 1991-2, 2 v.; O. M. Carpeaux, *História da literatura ocidental*, 2a. ed. rev. atual, Rio de Janeiro, Alhambra, 1978-84, 8 v.

# POR QUE LER OS CLÁSSICOS

COMECEMOS COM ALGUMAS PROPOSTAS DE DEFINIÇÃO.

*1. Os clássicos são aqueles livros dos quais, em geral, se ouve dizer: "Estou relendo..." e nunca "Estou lendo...".*

Isso acontece pelo menos com aquelas pessoas que se consideram "grandes leitores"; não vale para a juventude, idade em que o encontro com o mundo e com os clássicos como parte do mundo vale exatamente enquanto primeiro encontro.

O prefixo reiterativo antes do verbo *ler* pode ser uma pequena hipocrisia por parte dos que se envergonham de admitir não ter lido um livro famoso. Para tranquilizá-los, bastará observar que, por maiores que possam ser as leituras "de formação" de um indivíduo, resta sempre um número enorme de obras que ele não leu.

Quem leu tudo de Heródoto e de Tucídides levante a mão. E de Saint-Simon? E do cardeal de Retz? E também os grandes ciclos romanescos do Oitocentos são mais citados do que lidos. Na França, se começa a ler Balzac na escola, e pelo número de edições em circulação, se diria que continuam a lê-lo mesmo depois. Mas na Itália, se fosse feita uma pesquisa, temo que Balzac apareceria nos últimos lugares. Os apaixonados por Dickens na Itália constituem uma restrita elite de pessoas que, quando se encontram, logo começam a falar de episódios e personagens como se fossem de amigos comuns. Faz alguns anos, Michel Butor, lecionando nos Estados Unidos, cansado de ouvir perguntas sobre Émile Zola, que jamais lera, decidiu ler todo o ciclo dos Rougon-Macquart. Descobriu que era totalmente diverso do que pensava: uma fabulosa genealogia mitológica e cosmogônica, que descreveu num belíssimo ensaio.

Isso confirma que ler pela primeira vez um grande livro na idade madura é um prazer extraordinário: diferente (mas não se pode dizer maior ou menor) se comparado a uma leitura da juventude. A juventude comunica ao ato de ler como a qualquer outra experiência um sabor e uma importância particulares; ao passo que na maturidade apreciam-se (deveriam ser apreciados) muitos detalhes, níveis e significados a mais. Podemos tentar então esta outra fórmula de definição:

> 2. *Dizem-se clássicos aqueles livros que constituem uma riqueza para quem os tenha lido e amado; mas constituem uma riqueza não menor para quem se reserva a sorte de lê-los pela primeira vez nas melhores condições para apreciá-los.*

De fato, as leituras da juventude podem ser pouco profícuas pela impaciência, distração, inexperiência das instruções para o uso, inexperiência da vida. Podem ser (talvez ao mesmo tempo) formativas no sentido de que dão uma forma às experiências futuras, fornecendo modelos, recipientes, termos de comparação, esquemas de classificação, escalas de valores, paradigmas de beleza: todas, coisas que continuam a valer mesmo que nos recordemos pouco ou nada do livro lido na juventude. Relendo o livro na idade madura, acontece reencontrar aquelas constantes que já fazem parte de nossos mecanismos interiores e cuja origem havíamos esquecido. Existe uma força particular da obra que consegue fazer-se esquecer enquanto tal, mas que deixa sua semente. A definição que dela podemos dar então será:

*3. Os clássicos são livros que exercem uma influência particular quando se impõem como inesquecíveis e também quando se ocultam nas dobras da memória, mimetizando-se como inconsciente coletivo ou individual.*

Por isso, deveria existir um tempo na vida adulta dedicado a revisitar as leituras mais importantes da juventude. Se os livros permaneceram os mesmos (mas também eles mudam, à luz de uma perspectiva histórica diferente), nós com certeza mudamos, e o encontro é um acontecimento totalmente novo.

Portanto, usar o verbo *ler* ou o verbo *reler* não tem muita importância. De fato, poderíamos dizer:

*4. Toda releitura de um clássico é uma leitura de descoberta como a primeira.*

*5. Toda primeira leitura de um clássico é na realidade uma releitura.*

A definição 4 pode ser considerada corolário desta:

*6. Um clássico é um livro que nunca terminou de dizer aquilo que tinha para dizer.*

Ao passo que a definição 5 remete para uma formulação mais explicativa, como:

*7. Os clássicos são aqueles livros que chegam até nós trazendo consigo as marcas das leituras que precederam a nossa e atrás de si os traços que deixaram na cultura ou nas culturas que atravessaram (ou mais simplesmente na linguagem ou nos costumes).*

Isso vale tanto para os clássicos antigos quanto para os modernos. Se leio a *Odisseia*, leio o texto de Homero, mas não posso esquecer tudo aquilo que as aventuras de Ulisses passaram a significar durante os séculos e não posso deixar de perguntar-me se tais significados estavam implícitos no texto ou se são incrustações, deformações ou dilatações. Lendo Kafka, não posso deixar de comprovar ou de rechaçar a legitimidade do adjetivo *kafkiano*, que costumamos ouvir a cada quinze minutos, aplicado dentro e fora de contexto. Se leio *Pais e filhos* de Turguêniev ou *Os possuídos* de Dostoiévski não posso deixar de pensar em como essas personagens continuaram a reencarnar-se até nossos dias.

A leitura de um clássico deve oferecer-nos alguma surpresa em relação à imagem que dele tínhamos. Por isso, nunca será demais recomendar a leitura direta dos textos originais, evitando o mais possível bibliografia crítica, comentários, interpretações. A escola e a universidade deveriam servir para fazer entender que nenhum livro que fala de outro livro diz mais sobre o livro em questão; mas fazem de tudo para que se acredite no contrário. Existe uma inversão de valores muito difundida segundo a qual a introdução, o instrumental crítico, a bibliografia são usados como cortina de fumaça para esconder aquilo que o texto tem a dizer e que só pode dizer se o deixarmos falar sem intermediários que pretendam saber mais do que ele. Podemos concluir que:

> *8. Um clássico é uma obra que provoca incessantemente uma nuvem de discursos críticos sobre si, mas continuamente a repele para longe.*

O clássico não necessariamente nos ensina algo que não sabíamos; às vezes descobrimos nele algo que sempre soubéramos (ou acreditávamos saber) mas desconhecíamos que ele o dissera primeiro (ou que de algum modo se liga a ele de maneira particular). E mesmo esta é uma surpresa que dá muita satisfação, como sempre dá a descoberta de uma origem, de uma relação, de uma pertinência. De tudo isso poderíamos derivar uma definição do tipo:

*9. Os clássicos são livros que, quanto mais pensamos conhecer por ouvir dizer, quando são lidos de fato mais se revelam novos, inesperados, inéditos.*

Naturalmente isso ocorre quando um clássico "funciona" como tal, isto é, estabelece uma relação pessoal com quem o lê. Se a centelha não se dá, nada feito: os clássicos não são lidos por dever ou por respeito mas só por amor. Exceto na escola: a escola deve fazer com que você conheça bem ou mal um certo número de clássicos dentre os quais (ou em relação aos quais) você poderá depois reconhecer os "seus" clássicos. A escola é obrigada a dar-lhe instrumentos para efetuar uma opção: mas as escolhas que contam são aquelas que ocorrem fora e depois de cada escola.

É só nas leituras desinteressadas que pode acontecer deparar-se com aquele que se torna o "seu" livro. Conheço um excelente historiador da arte, homem de inúmeras leituras e que, dentre todos os livros, concentrou sua preferência mais profunda no *Documentos de Pickwick* e a propósito de tudo cita passagens provocantes do livro de Dickens e associa cada fato da vida com episódios pickwickianos. Pouco a pouco ele próprio, o universo, a verdadeira filosofia tomaram a forma do *Documentos de Pickwick* numa identificação absoluta. Por esta via, chegamos a uma ideia de clássico muito elevada e exigente:

*10. Chama-se de clássico um livro que se configura como equivalente do universo, à semelhança dos antigos talismãs.*

Com esta definição nos aproximamos da ideia de livro total, como sonhava Mallarmé. Mas um clássico pode estabelecer uma relação igualmente forte de oposição, de antítese. Tudo aquilo que Jean-Jacques Rousseau pensa e faz me agrada, mas tudo me inspira um irresistível desejo de contradizê-lo, de criticá-lo, de brigar com ele. Aí pesa a sua antipatia particular num plano temperamental, mas por isso seria melhor que o deixasse de lado; contudo não posso deixar de incluí-lo entre os meus autores. Direi portanto:

> 11. *O "seu" clássico é aquele que não pode ser-lhe indiferente e que serve para definir a você próprio em relação e talvez em contraste com ele.*

Creio não ter necessidade de justificar-me se uso o termo *clássico* sem fazer distinções de antiguidade, de estilo, de autoridade. (Para a história de todas essas acepções do termo, consulte-se o exaustivo verbete "Clássico" de Franco Fortini na Enciclopédia Einaudi, vol. III). Aquilo que distingue o clássico no discurso que estou fazendo talvez seja só um efeito de ressonância que vale tanto para uma obra antiga quanto para uma moderna mas já com um lugar próprio numa continuidade cultural. Poderíamos dizer:

> 12. *Um clássico é um livro que vem antes de outros clássicos; mas quem leu antes os outros e depois lê aquele reconhece logo o seu lugar na genealogia.*

A esta altura, não posso mais adiar o problema decisivo de como relacionar a leitura dos clássicos com todas as outras leituras que não sejam clássicas. Problema que se articula com perguntas como: "Por que ler os clássicos em vez de concentrar-nos em leituras que nos façam entender mais a fundo o nosso tempo?" e "Onde encontrar o tempo e a comodidade da mente para ler clássicos, esmagados que somos pela avalanche de papel impresso da atualidade?".

É claro que se pode formular a hipótese de uma pessoa feliz que dedique o "tempo-leitura" de seus dias exclusivamente a ler Lucrécio, Luciano, Montaigne, Erasmo, Quevedo, Marlowe, o *Discours de la méthode*, *Wilhelm Meister*, Coleridge, Ruskin, Proust e Valéry, com algumas divagações para Murasaki ou para as sagas islandesas. Tudo isso sem ter de fazer resenhas do último livro lançado nem publicações para o concurso de cátedra e nem trabalhos editoriais sob contrato com prazos impossíveis. Essa pessoa bem-aventurada, para manter sua dieta sem nenhuma contaminação, deveria abster-se de ler os jornais, não se deixar tentar nunca pelo último romance nem pela última pesquisa sociológica. Seria preciso verificar quanto um rigor semelhante poderia ser justo e profícuo. O dia de hoje pode ser banal e mortificante, mas é sempre um ponto em que nos situamos para olhar para a frente ou para trás. Para poder ler os clássicos, temos de definir "de onde" eles estão sendo lidos, caso contrário tanto o livro quanto o leitor se perdem numa nuvem atemporal. Assim, o rendimento máximo da leitura dos clássicos advém para aquele que sabe alterná-la com a leitura de atualidades numa sábia dosagem. E isso não presume necessariamente uma equilibrada calma interior: pode ser também o fruto de um nervosismo impaciente, de uma insatisfação trepidante.

Talvez o ideal fosse captar a atualidade como o rumor do lado de fora da janela, que nos adverte dos engarrafamentos do trânsito e das mudanças do tempo, enquanto acompanhamos o discurso dos clássicos, que soa claro e articulado no interior da casa. Mas já é suficiente que a maioria perceba a presença dos clássicos como um reboar distante, fora do espaço invadido pelas atualidades como pela televisão a todo volume. Acrescentemos então:

*13. É clássico aquilo que tende a relegar as atualidades à posição de barulho de fundo, mas ao mesmo tempo não pode prescindir desse barulho de fundo.*

*14. É clássico aquilo que persiste como rumor mesmo onde predomina a atualidade mais incompatível.*

Resta o fato de que ler os clássicos parece estar em contradição com nosso ritmo de vida, que não conhece os tempos longos, o respiro do *otium* humanista; e também em contradição com o ecletismo da nossa cultura, que jamais saberia redigir um catálogo do classicismo que nos interessa.

Eram as condições que se realizavam plenamente para Leopardi, dada a sua vida no solar paterno, o culto da antiguidade grega e latina e a formidável biblioteca doada pelo pai Monaldo, incluindo a literatura italiana completa, mais a francesa, com exclusão dos romances e em geral das novidades editoriais, relegadas no máximo a um papel secundário, para conforto da irmã ("o teu Stendhal", escrevia a Paolina). Mesmo suas enormes curiosidades científicas e históricas, Giacomo as satisfazia com textos que não eram nunca demasiado up-to-date: os costumes dos pássaros de Buffon, as múmias de Federico Ruysch em Fontenelle, a viagem de Colombo em Robertson.

Hoje, uma educação clássica como a do jovem Leopardi é impensável, e sobretudo a biblioteca do conde Monaldo explodiu. Os velhos títulos foram dizimados, mas os novos se multiplicaram, proliferando em todas as literaturas e culturas modernas. Só nos resta inventar para cada um de nós uma biblioteca ideal de nossos clássicos; e diria que ela deveria incluir uma metade de livros que já lemos e que contaram para nós, e outra de livros que pretendemos ler e pressupomos possam vir a contar. Separando uma seção a ser preenchida pelas surpresas, as descobertas ocasionais.

Verifico que Leopardi é o único nome da literatura italiana que citei. Efeito da explosão da biblioteca. Agora deveria reescrever todo o artigo, deixando bem claro que os clássicos servem para entender quem somos e aonde chegamos e por isso os italianos são indispensáveis justamente para serem confrontados com os estrangeiros, e os estrangeiros são indispensáveis exatamente para serem confrontados com os italianos.

Depois deveria reescrevê-lo ainda uma vez para que não se pense que os clássicos devem ser lidos porque "servem" para qualquer coisa. A única razão que se pode apresentar é que ler os clássicos é melhor do que não ler os clássicos.

E se alguém objetar que não vale a pena tanto esforço, citarei Cioran (não um clássico, pelo menos por enquanto, mas um pensador contemporâneo que só agora começa a ser traduzido na Itália): "Enquanto era preparada a cicuta, Sócrates estava aprendendo uma ária com a flauta. 'Para que lhe servirá?', perguntaram-lhe. 'Para aprender esta ária antes de morrer'".

1981

# AS ODISSEIAS NA *ODISSEIA*

Quantas odisseias contém a *Odisseia*? No início do poema, a "Telemaquia" é a busca de uma narrativa que não existe, aquela narrativa que será a *Odisseia*. No palácio de Ítaca, o cantor Fêmio já sabe os *nostoi* dos outros heróis; só lhe falta um, o de seu rei; por isso, Penélope não quer mais ouvi-lo cantar. E Telêmaco parte em busca dessa narrativa junto aos veteranos da Guerra de Troia: se a encontrar, termine ela bem ou mal, Ítaca sairá da situação amorfa sem tempo e sem lei em que se encontra há tantos anos.

Como todos os veteranos, também Nestor e Menelau têm muito para contar; mas não a história que Telêmaco procura. Até que Menelau aparece com uma fantástica aventura: disfarçado de foca, capturou o "velho do mar", isto é, Proteu das infinitas metamorfoses, e obrigou-o a contar-lhe o passado e o futuro. Certamente Proteu já conhecia toda a *Odisseia* de ponta a ponta: começa a relatar as aventuras de Ulisses do mesmo ponto que Homero, com o herói na ilha de Calipso; depois se interrompe. Naquela altura, Homero pode substituí-lo e continuar a narração.

Tendo chegado à corte dos feacos, Ulisses ouve um aedo cego como Homero que canta as peripécias de Ulisses; o herói explode em lágrimas; depois se decide a narrar ele próprio. No relato, chega ao Hades para interrogar Tirésias e este lhe conta a sequência da história. Mais tarde, Ulisses encontra as sereias que cantam; o que cantam? Ainda a *Odisseia*, quem sabe igual àquela que estamos lendo, talvez muito diferente. Este retorno-narrativa é algo que já existe, antes de se completar: preexiste à própria atuação. Já na "Telemaquia", encontramos as expressões "pensar o retorno", "dizer o retorno". Zeus não "pensava no retorno" dos atridas (III, 160); Menelau pede à filha de Proteu que lhe "diga o retorno" (IV, 379) e ela lhe explica como obrigar o pai a contá-lo (390), e assim o atrida pode capturar Proteu e pedir-lhe: "Diga-me o retorno, como velejarei no mar piscoso" (470).

O retorno deve ser identificado, pensado e relembrado: o perigo é que possa ser esquecido antes que ocorra. De fato, uma das primeiras etapas da viagem contada por Ulisses, aquela na terra dos lotófagos, comporta o risco de perder a memória, por ter comido o doce fruto do lótus. Que a prova do esquecimento se apresente no início do itinerário de Ulisses, e não no fim, pode parecer estranho. Se, após ter superado tantos desafios, suportado tantas travessias, aprendido tantas lições, Ulisses tivesse esquecido algo, sua perda teria sido bem mais grave: não extrair experiências do que sofrera, nenhum sentido daquilo que vivera.

Contudo, "pensando bem, a perda da memória é uma ameaça que nos cantos IX-XII se repropõe várias vezes: primeiro com o convite dos lotófagos, depois com os elixires de Circe e mais tarde com o canto das sereias. Em todas as situações Ulisses deve estar atento, se não quiser esquecer de repente... Esquecer o quê? A Guerra de Troia? O assédio? O cavalo? Não: a casa, a rota da navegação, o objetivo da viagem. A expressão que Homero usa nesses casos é "esquecer o retorno".

Ulisses não deve esquecer o caminho que tem de percorrer, a forma de seu destino: em resumo, não pode esquecer a *Odisseia*. Porém, mesmo o aedo que compõe improvisando ou o rapsodo que repete de cor trechos de poemas já cantados não podem olvidar se querem "dizer o retorno"; para quem canta versos sem o apoio de um texto escrito, *esquecer* é o verbo mais negativo que existe; e para eles "esquecer o retorno" significa olvidar os poemas chamados *nostoi*, cavalo de batalha de seu repertório.

Sobre o tema "esquecer o futuro" publiquei há anos algumas considerações (*Corriere della Sera*, 10/8/75) que assim concluíam:

> O que Ulisses salva do lótus, das drogas de Circe, do canto das sereias, não é apenas o passado e o futuro. A memória conta realmente — para os indivíduos, as coletividades, as civilizações — só se mantiver junto a marca do passado e o projeto do futuro, se permitir fazer sem esquecer aquilo que se pretendia fazer, tornar-se sem deixar de ser, ser sem deixar de tornar-se.

Ao meu texto seguia-se uma intervenção de Edoardo Sanguineti no *Paese Sera* (agora no *Giornalino 1973-1975*, Turim, Einaudi, 1976) e uma réplica de cada um, minha e dele. Sanguineti objetava:

> Porque não se pode esquecer que a viagem de Ulisses não é de jeito nenhum uma viagem de ida, mas de retorno. E então é preciso interrogar-se um momento, exatamente, que tipo de futuro ele tem pela frente: pois aquele futuro que Ulisses anda procurando é de fato o seu passado. Ulisses vence as bajulações da Regressão porque se acha todo voltado para uma Restauração.
>
> Compreende-se que um dia, por despeito, o verdadeiro Ulisses, o grande Ulisses, tenha se tornado aquele da Última viagem: para o qual o futuro não é de modo nenhum um passado, mas a Realização de uma Profecia — isto é, de uma verdadeira Utopia. Ao passo que o Ulisses homérico logra recuperar seu passado como um presente: sua sabedoria é a Repetição e isso pode ser bem reconhecido pela Cicatriz que traz e que o marca para sempre.

Em resposta a Sanguineti, lembrava eu que (*Corriere della Sera*, 14/10/75) "na linguagem dos mitos, bem como na das fábulas e do romance popular, toda empresa portadora de justiça, reparadora de ofensas, resgate de uma condição miserável, vem em geral representada como a restauração de uma ordem ideal anterior; o desejo de um futuro a ser conquistado é garantido pela memória de um passado perdido".

Se examinarmos as fábulas populares, verificaremos que elas apresentam dois tipos de transformação social, sempre com final feliz: primeiro de cima para baixo e depois de novo para cima; ou então simplesmente de baixo para cima. No primeiro tipo, existe um príncipe que por alguma circunstância desastrosa se vê reduzido a guardador de porcos ou alguma outra condição miserável, para depois reconquistar sua condição real; no segundo tipo, existe um jovem que não possui nada desde o nascimento, pastor ou camponês e talvez também pobre de espírito, que por virtude própria ou ajudado por seres mágicos consegue se casar com a princesa e tornar-se rei.

Os mesmos esquemas valem para as fábulas com protagonista feminina: no primeiro tipo, a donzela de uma condição real ou pelo menos privilegiada cai numa situação despojada pela rivalidade de uma madrasta (como Branca de Neve) ou de meias-irmãs (como Cinderela) até que um príncipe se apaixona por ela e a conduz ao vértice da escala social; no segundo tipo, se encontra uma verdadeira pastora ou camponesa pobre que supera todas as desvantagens de seu humilde nascimento e realiza núpcias principescas.

Poderíamos pensar que as fábulas do segundo tipo são as que exprimem mais diretamente o desejo popular de uma reviravolta dos papéis sociais e dos destinos individuais, ao passo que as do primeiro tipo deixam aparecer tal desejo de forma mais atenuada, como restauração de uma hipotética ordem precedente. Mas, pensando bem, os destinos extraordinários do pastorzinho ou da pastorinha representam apenas uma ilusão miraculosa e consoladora que será depois largamente continuada pelo romance popular e sentimental. Todavia, os infortúnios do príncipe ou da rainha desventurada associam a imagem da pobreza com a ideia de um *direito subtraído*, de uma justiça a ser reivindicada, isto é, estabelecem (no plano da fantasia, onde as ideias podem deitar raízes sob a forma de figuras elementares) um ponto que será fundamental para toda a tomada de consciência social da época moderna, da Revolução Francesa em diante.

No inconsciente coletivo, o príncipe disfarçado de pobre é a prova de que cada pobre é na realidade um príncipe que sofreu uma usurpação e que deve reconquistar seu reino. Ulisses ou Guerin Meschino ou Robin Hood, reis ou filhos de reis ou nobres cavaleiros caídos em desgraça, quando triunfarem sobre seus inimigos hão de restaurar uma sociedade dos justos em que será reconhecida sua verdadeira identidade.

Mas será ainda a mesma identidade de antes? O Ulisses que desembarca em Ítaca como um velho mendigo irreconhecível a todos talvez não seja mais a mesma pessoa que o Ulisses que partiu para Troia. Não por acaso salvara a vida trocando o nome para Ninguém. O único reconhecimento imediato e espontâneo vem do cão Argos, como se a continuidade do indivíduo só se manifestasse por meio de sinais perceptíveis para um olho animal.

Para a ama de leite sua identidade é comprovada por uma cicatriz de garra de javali, o segredo da fabricação do leito nupcial com uma raiz de oliveira é a prova para a esposa e, para o pai, uma lista de árvores frutíferas; todos eles signos que não têm nada de régio, que associam o herói com um caçador, um marceneiro, um homem do campo. A esses sinais se acrescentam a força física e uma combatividade impiedosa contra os inimigos; e sobretudo o favor manifestado pelos deuses, que é aquilo que convence também Telêmaco, mas só enquanto ato de fé.

Por seu lado Ulisses, irreconhecível, despertando em Ítaca não reconhece sua pátria. Atenas terá de intervir para garantir-lhe que Ítaca é mesmo Ítaca. A crise de identidade é geral, na segunda metade da *Odisseia*. Só a narrativa garante que as personagens são as mesmas personagens e os lugares são os mesmos lugares. Mas também a narrativa muda. O relato que o irreconhecível Ulisses faz ao pastor Eumeu, depois ao rival

Antinous e à própria Penélope é uma outra odisseia, completamente diversa; as peregrinações que levaram de Creta até ali a personagem fictícia que ele afirma ser, uma história de naufrágios e piratas muito mais verossímil do que aquela que ele mesmo fizera ao rei dos feacos. Quem nos garante que não seja esta a "verdadeira" odisseia? Mas esta nova odisseia remete a uma outra odisseia ainda: o cretense encontrara Ulisses em suas viagens; assim, eis que Ulisses narra de um Ulisses em viagem por países em que a *Odisseia* considerada "verdadeira" não o fizera passar.

Que Ulisses era um mistificador já se sabia antes da *Odisseia*. Não foi ele quem inventou o grande engodo do cavalo? E, no início da *Odisseia*, as primeiras evocações de sua personagem são dois flashbacks sobre a Guerra de Troia narrados um depois do outro por Helena e Menelau: duas histórias de simulação. Na primeira, ele penetra com vestimentas falsas na cidade assediada para ali introduzir a chacina; na segunda, é encerrado dentro do cavalo com seus companheiros e consegue impedir que Helena os desmascare induzindo-os a falar.

(Em ambos os episódios, Ulisses se encontra perante Helena; no primeiro como aliada, cúmplice da simulação; no segundo enquanto adversária que imita as vozes das mulheres dos aqueus para induzi-los a trair-se. O papel de Helena é contraditório, mas sempre marcado pela simulação. Do mesmo modo, Penélope também se apresenta como fingidora, com o estratagema do tecido; o bordado de Penélope é um estratagema simétrico ao do cavalo de Troia e, como ele, é um produto da habilidade manual e da contrafação: as duas principais qualidades de Ulisses são também características de Penélope.)

Se Ulisses é um simulador, todo o relato que ele faz ao rei dos feacos poderia ser mentiroso. De fato, suas aventuras marítimas, concentradas em quatro livros centrais da *Odisseia*, rápida sucessão de encontros com seres fantásticos (que surgem nas fábulas do folclore de todos os tempos e lugares: o ogro Polifemo, os vinte encerrados no odre, os encantos de Circe, sereias e monstros marinhos), contrastam com o restante do poema, em que dominam os tons graves, a tensão psicológica, o crescendo dramático gravitando sobre um objetivo: a reconquista do reino e da mulher cercados pelos prócios. Também aqui se encontram motivos comuns às fábulas populares, como o tecido de Penélope e a prova de arco e flecha, mas estamos num terreno mais próximo dos critérios modernos de realismo e verossimilhança: as intervenções sobrenaturais concernem somente às aparições dos deuses olímpicos, em geral encobertos por feições humanas.

Porém, é preciso recordar que as mesmas aventuras (sobretudo a de Polifemo) são evocadas igualmente em outras passagens do poema, portanto o próprio Homero vai confirmá-las; e não é só isso: os próprios deuses discutem-nas no Olimpo. E que também Menelau, na "Telemaquia", conta uma aventura com a mesma matriz fabular que a de Ulisses: o encontro com o velho do mar. Só nos resta atribuir as diversidades de estilo fantástico àquela montagem de tradições de diferentes origens transmitidas pelos aedos e depois desembocadas na *Odisseia* homérica, e que no relato de Ulisses na primeira pessoa revelaria seu substrato mais arcaico.

Mais arcaico? Segundo Alfred Heubeck, as coisas poderiam ter ocorrido de maneira exatamente oposta. (Ver Homero, *Odissea*, Livros I-IV, introdução de A. Heubeck, texto e comentário de Stephanie West, Milão, Fundação Lorenzo Valla/Mondadori, 1981.)

Antes da *Odisseia* (incluindo-se a *Ilíada*), Ulisses sempre fora um herói épico, e os heróis épicos, como Aquiles e Heitor na *Ilíada*, não têm aventuras fabulares daquele tipo, na base de monstros e encantos. Mas o autor da *Odisseia* deve manter Ulisses longe de casa por dez anos, desaparecido, inalcançável para os familiares e para os ex-companheiros de armas. Para conseguir isso, deve fazê-lo sair do mundo conhecido, entrar em outra geografia, num mundo extra-humano, num além (não por acaso suas viagens culminam na visita aos Infernos). Para tal extrapolação dos territórios da épica, o autor da *Odisseia* recorre a tradições (estas, sim, mais arcaicas) como as peripécias de Jasão e dos argonautas.

Portanto, constitui a *novidade* da *Odisseia* ter colocado um herói épico como Ulisses às voltas "com bruxas e gigantes, com monstros e devoradores de homens", isto é, em situações de um tipo de saga mais *arcaico*, cujas raízes devem ser buscadas "no mundo da antiga fábula e até de primitivas concepções mágicas e xamanísticas".

É aqui que o autor da *Odisseia* manifesta, segundo Heubeck, sua verdadeira modernidade, aquela que o torna próximo e atual: se tradicionalmente o herói épico era um paradigma de virtudes aristocráticas e militares, Ulisses é tudo isso e ainda mais, é o homem que suporta as experiências mais duras, as fadigas, a dor e a solidão. "Certamente ele arrasta seu público a um mítico mundo de sonho, mas esse mundo de sonho se torna simultaneamente a imagem especular do mundo real em que vivemos, no qual dominam necessidades e angústia, terror e dores, e no qual o homem se acha imerso sem escapatória."

No mesmo volume, Stephanie West, embora partindo de premissas diferentes das de Heubeck, formula uma hipótese que daria validade ao discurso dele: a hipótese de que tenha existido uma odisseia alternativa, um outro itinerário do retorno, anterior a Homero. Homero (ou quem quer que fosse o autor da *Odisseia*), considerando esse discurso de viagens muito pobre e pouco significativo, tê-lo-ia substituído pelas aventuras fabulosas, mas inspirando-se nas viagens do pseudocretense. De fato, no proêmio existe um verso que deveria apresentar-se como a síntese de toda a *Odisseia*: "De muitos homens vi as cidades e conheci os pensamentos". Que cidades? Quais pensamentos? Tal hipótese se adaptaria melhor ao relato das viagens do pseudocretense...

Porém, assim que Penélope o reconheceu, no leito reconquistado, Ulisses volta a falar de ciclopes, sereias... Será que a

*Odisseia* não é o mito de todas as viagens? Talvez para Ulisses-Homero a distinção mentira/ verdade não existisse, talvez ele narrasse a mesma experiência ora na linguagem do vivido ora na linguagem do mito, como ainda hoje para nós cada viagem, pequena ou grande, sempre é odisseia.

1983

# XENOFONTE, *ANÁBASE*

A impressão mais forte que Xenofonte causa para quem o lê hoje é a de estar vendo um velho documentário de guerra, como os que são reapresentados de vez em quando no cinema ou na televisão. O fascínio do preto e branco, do filme meio apagado, com fortes contrastes de sombras e movimentos acelerados, vem espontaneamente ao nosso encontro em trechos como este (capítulo v do Livro iv):

> Sempre em cima de muita neve acumulada percorrem mais quinze parasangas em três dias. O terceiro dia é particularmente terrível por causa do vento tramontana que sopra no sentido contrário ao da marcha: sopra furiosamente por todos os cantos, queimando tudo e congelando os corpos... Para defender os olhos da reverberação da neve, os soldados, ao andar, colocam alguma coisa negra sobre os olhos; contra o perigo de congelamento, o remédio mais eficaz é mexer sempre os pés, não ficar parado nunca e sobretudo desatar os sapatos à noite... Um grupo de soldados, tendo ficado para trás por tais dificuldades, vislumbra não muito distante, numa vala em meio ao manto de neve, uma poça escura: é neve derretida, pensam. De fato, a neve se desfez naquele ponto, pela presença de uma nascente que brota ali perto, exalando vapores para o céu.

Mas citar Xenofonte não dá certo: aquilo que conta é a sucessão contínua de detalhes visuais e de ação; é difícil encontrar uma passagem que represente plenamente o prazer sempre variado da leitura. Tentemos esta, duas páginas antes:

> Alguns gregos que se afastaram do campo contam ter vislumbrado à distância algo similar à massa de um exército e muitas fogueiras surgindo na noite. Ao ouvir isso, os estrategos consideram pouco seguro permanecer acampados de modo disperso e reúnem novamente o exército. Os soldados instalam-se todos ao ar livre, pois parece que vai haver bom tempo. Como se tivesse sido programado, durante a noite cai neve suficiente para cobrir armas, animais e homens encolhidos no chão; as bestas têm os membros tão enrijecidos pelo gelo que não conseguem erguer-se sobre as pernas; os homens hesitam em levantar-se, porque a neve depositada sobre os corpos e ainda não derretida transmite calor. Então, Xenofonte se levanta corajosamente e, despindo-se, começa a dar machadadas na lenha; a exemplo dele, alguém se ergue, arranca-lhe o machado das mãos e prossegue a obra; outros mais se levantam e acendem o fogo; todos untam braços e pernas não com óleo mas com unguentos encontrados na aldeia, feitos com sementes de gergelim, amêndoas amargas e almecegueira, misturados com gordura. Extraído das mesmas substâncias existe até um tipo de unguento perfumado.

A rápida mudança de uma representação visual para outra e daí para a anedota e de novo para o registro de costumes exóticos: este é o tecido que serve de fundo para um contínuo desenrolar de episódios aventurosos, de obstáculos imprevistos na marcha de um exército errante. Cada obstáculo é superado, em geral, mediante uma astúcia de Xenofonte: toda cidade fortificada a ser assaltada, toda tropa inimiga que se opõe em campo aberto, todo vau, toda intempérie exigem um achado, uma centelha de gênio, uma invenção estratégica do narrador-protagonista-comandante.

Às vezes, Xenofonte parece uma daquelas personagens infantis de histórias em quadrinhos que, em cada capítulo, superam dificuldades impossíveis; ou melhor, muitas vezes os protagonistas do episódio são dois, os dois oficiais rivais, Xenofonte e Quirísofo, o ateniense e o espartano, e a invenção de Xenofonte é sempre a mais astuta, generosa e decisiva.

Em si mesmo, o tema da *Anábase* seria adequado a um conto picaresco ou herói-cômico: 10 mil mercenários gregos, engajados com pretexto mentiroso por um príncipe persa, Ciro, o jovem, numa expedição ao interior da Ásia Menor destinada na realidade a derrubar o irmão Artaxerxes II, são derrotados na batalha de Cunaxa e se encontram sem chefes, distantes da pátria, tendo de forçar o caminho de retorno entre populações inimigas. Só querem voltar para casa, mas, o que quer que façam, eles constituem um perigo público: são 10 mil, armados, famintos, aonde chegam depredam e destroem, como uma nuvem de gafanhotos; e arrastam um enorme séquito de mulheres.

Xenofonte não era o tipo de deixar-se tentar pelo estilo heroico da epopeia nem de explorar — a não ser raramente — os aspectos truculento-grotescos de uma situação como aquela. Escreve o memorial técnico de um oficial, um diário de viagem com todas as distâncias e os pontos de referência geográficos e informações sobre os recursos vegetais e animais, e uma resenha de problemas diplomáticos, logísticos, estratégicos e respectivas soluções.

O relato é entremeado de "atas de reuniões" do estado-maior e dos discursos de Xenofonte às tropas ou aos embaixadores dos bárbaros. Dessas passagens oratórias eu conservava, desde os bancos de escola, a lembrança de um grande tédio, mas me equivocava. O segredo, ao ler a *Anábase*, é jamais pular nada, acompanhar tudo ponto por ponto. Em cada um daqueles discursos existe um problema político: de política externa (as tentativas de relações diplomáticas com os príncipes e os chefes dos territórios através dos quais se pede passagem) ou de política interna (as discussões entre os chefes helênicos, com as habituais rivalidades entre atenienses e espartanos etc.). E como o livro é escrito em polêmica com outros generais, sobre as responsabilidades de cada um na condução daquela retirada, o fundo de polêmicas abertas ou apenas referidas precisa ser extraído daquelas páginas.

Como escritor de ação, Xenofonte é exemplar; se o confrontarmos com o autor contemporâneo que mais lhe corresponde — o coronel Lawrence — verificamos de que modo a mestria do inglês consiste em suspender — subentendido à exatidão, pura concretude, da prosa — um halo de maravilha estética e ética ao redor das histórias e das imagens; no grego não, a exatidão e a secura não deixam subentender nada: as duras virtudes do soldado não pretendem ser nada além das duras virtudes do soldado.

Existe, sim, um páthos da *Anábase*: é a ânsia do retorno, a angústia do país estrangeiro, o esforço de não se perder, pois enquanto estiverem juntos de algum modo carregam a pátria consigo. Essa luta pela volta de um exército conduzido à derrota numa guerra que não é sua e abandonado a si mesmo, esse combater só para abrir uma brecha contra ex-aliados e ex-inimigos, tudo isso aproxima a *Anábase* de um filão de nossas leituras recentes: os livros de memória sobre a retirada da Rússia dos alpinos italianos. Não é uma descoberta de agora: em 1953, Elio Vittorini, ao apresentar aquele que viria a tornar-se um livro exemplar no gênero, *Il sergente nella neve* de Mario Rigoni Stern, o definia como "pequena anábase dialetal". E, de fato, os capítulos de retirada na neve da *Anábase* (dos quais extraí as citações anteriores) são ricos em episódios que poderiam ser tomados pelos do *Sergente*.

Característica de Rigoni Stern e de outros dentre os melhores livros italianos sobre a retirada da Rússia é que o narrador-protagonista é um bom soldado, tal como Xenofonte, e fala das ações militares com empenho e competência. Para eles como para Xenofonte as virtudes guerreiras, no desmoronamento geral das ambições mais pomposas, voltam a ser virtudes práticas e solidárias segundo as quais se mede a capacidade de cada um de ser útil não apenas a si mesmo mas também aos outros. (Lembremos *La guerra dei poveri* de Nuto Revelli pelo apaixonado furor do oficial desiludido; e um outro bom livro injustamente negligenciado, *I lunghi fucili*, de Cristoforo M. Negri.)

Porém, acabam aí as analogias. As memórias dos alpinos nascem do contraste de uma Itália humilde e sensata com as loucuras e o massacre da guerra total; nas memórias do general do século V, o contraste se dá entre a situação de nuvem de gafanhotos a que se reduziu o exército de mercenários helênicos e o exercício das virtudes clássicas, filosófico-cívico-militares, que Xenofonte e os seus tratam de adaptar às circunstâncias. E acontece que esse contraste não possui em absoluto a tragicidade comovente do outro: Xenofonte parece convencido de haver conciliado os dois termos. O homem pode reduzir-se a gafanhoto e mesmo assim aplicar a tal condição um código de disciplina e decoro — numa palavra: um "estilo"; e dar-se por satisfeito; não discutir nem muito nem pouco o fato de ser gafanhoto mas somente o modo de sê-lo. Em Xenofonte, já está bem delineada com todos os seus limites a ética moderna da perfeita eficiência técnica, do estar "à altura da situação", do "fazer bem as coisas que têm de ser feitas" independentemente da avaliação da própria ação em termos de moral universal. Continuo a chamar de moderna essa ética porque assim era na minha juventude e era este o sentido que se extraía de tantos filmes americanos e também dos romances de Hemingway, e eu oscilava entre a adesão a esta moral "técnica" e "pragmática" e a consciência do vazio que se abria por baixo. Mas ainda hoje, quando parece tão longe do espírito da época, creio que tinha algo de bom.

Xenofonte tem o grande mérito, no plano moral, de não mistificar, de nunca idealizar a posição que defende. Se em relação aos costumes dos "bárbaros" manifesta frequentemente o distanciamento e a aversão do "homem civilizado", deve ser dito que a hipocrisia "colonialista" lhe era estranha. Sabe que comanda uma horda de bandidos em terra estrangeira, sabe que a razão não pertence a ele mas aos bárbaros invadidos. Em suas exortações aos soldados não deixa de relembrar as razões dos inimigos: "Uma outra consideração vocês precisam fazer. Os inimigos terão tempo para destruir-nos e possuem boas razões para preparar-nos ciladas, já que ocupamos suas propriedades...". Ao tentar conferir um estilo, uma norma, a essa movimentação biológica de homens ávidos e violentos entre as montanhas e as planícies da Anatólia, encontra-se toda a sua dignidade: dignidade limitada, não trágica, no fundo burguesa. Sabemos que se pode muito bem conseguir dar aparência de estilo e dignidade às piores ações, mesmo quando não ditadas como essas por um estado de necessidade. O exército dos helenos que serpenteia entre os desfiladeiros das montanhas e os vaus, entre contínuas emboscadas e saques, não mais distinguindo onde passa de vítima a opressor, circundado também na frieza dos massacres pela suprema hostilidade da indiferença e do acaso, inspira uma angústia simbólica que talvez só nós possamos entender.

1978

# OVÍDIO E A CONTIGUIDADE UNIVERSAL

> Existe no alto céu uma via que se vê quando faz bom tempo. Láctea se chama e brilha justamente por sua brancura. Por ali passam os deuses dirigindo-se à moradia do Senhor Supremo dos Trovões, no palácio. À direita e à esquerda, com as portas abertas, acham-se os átrios dos deuses nobres, sempre cheios de gente. A plebe mora dispersa noutros lugares. Os deuses mais poderosos e ilustres estabeleceram aqui seu domicílio, em frente ["... a fronte potentes/ caelicolae clarique suos posuere penates"]. Se a expressão não parecesse irreverente, ousaria dizer que esse lugar é o Palatino do grande céu.

Assim Ovídio, na abertura das *Metamorfoses*, para introduzir-nos no mundo dos deuses celestes, começa aproximando-o tanto a ponto de torná-lo idêntico à Roma de todos os dias, enquanto urbanismo, divisão em classes sociais, hábitos cotidianos (como no caso de *clientes* se amontoando). E enquanto religião: os deuses mantêm seus protetores nas casas onde residem, o que implica que os soberanos dos céus e da terra tributam por sua vez um culto a seus pequenos deuses domésticos.

Aproximação não quer dizer redução ou ironia: estamos num universo em que as formas preenchem densamente o espaço trocando de modo contínuo qualidades e dimensões, e o fluir do tempo é ocupado por uma proliferação de contos e de ciclos de contos. As formas e as histórias terrestres repetem formas e histórias celestes, mas umas e outras se entrelaçam reciprocamente numa dupla espiral. A contiguidade entre deuses e seres humanos — parentes dos deuses e objeto de seus amores compulsivos — é um dos temas dominantes das *Metamorfoses*, mas não passa de um caso particular da contiguidade entre todas as figuras ou formas de tudo o que existe, antropomorfas ou não. Fauna, flora, reino mineral, firmamento englobam em sua substância comum aquilo que costumamos considerar humano enquanto conjunto de qualidades corpóreas, psicológicas e morais.

A poesia das *Metamorfoses* se radica sobretudo nesses limites imprecisos entre mundos diferentes, e já no Livro II encontra uma ocasião extraordinária no mito de Faetonte, que ousa conduzir o carro do Sol. O céu aí aparece como espaço absoluto, geometria abstrata e ao mesmo tempo teatro de uma aventura humana recriada com tal precisão de detalhes que não nos deixa perder o fio da meada nem por um segundo, levando o envolvimento emocional até a dor.

Não é apenas a precisão nos dados concretos mais materiais, como o movimento do carro que derrapa e pula por causa da leveza insólita da carga, ou nas emoções do jovem cocheiro desajeitado, mas na visualização de modelos ideais, como o mapa celeste. Digamos logo que se trata de uma precisão aparente, de dados contraditórios que comunicam sua sugestão quando considerados um por um e também como efeito narrativo geral, mas não podem juntar-se numa visão coerente: o céu é uma esfera atravessada por caminhos que sobem e descem, identificáveis pelos sulcos das rodas, mas ao mesmo tempo giratória, turbilhão que vai na direção contrária à do carro solar; encontra-se suspenso numa altura vertiginosa sobre as terras e os mares que se veem ao fundo; ora aparece como uma abóbada suspensa em cuja parte mais alta encontram-se fixadas as estrelas; ora como uma ponte que sustenta o carro no vazio, provocando em Faetonte um terror igual tanto para prosseguir quanto para recuar ("Quid faciat?

Multum caeli post terga relictum/ ante oculos plus est. Animo metitur utrumque"); é vazio e deserto (não é o céu-cidade do Livro I, portanto: "Talvez imagine que existam bosques sagrados e cidades de deuses e templos cheios de oferendas?", diz Febo), povoado por figuras de bestas ferozes que são apenas *simulacra*, formas de constelações, mas nem por isso menos ameaçadoras; aí se reconhece uma pista oblíqua, a meia altura, que evita o polo austral e a Ursa; mas se sairmos da estrada e nos perdermos pelos precipícios, acabamos por passar sob a Lua, chamuscar as nuvens, atear fogo à Terra.

Após a cavalgada celeste suspensa no vazio, que é a parte mais sugestiva do relato, começa a grande descrição da Terra, do mar fervente no qual flutuam corpos de focas de barriga para cima, uma das páginas clássicas do Ovídio catastrófico, que faz pendant com o dilúvio do Livro I. Ao redor da *Alma Tellus*, da Terra-Mãe, refluem todas as águas. As fontes esgotadas tentam ocultar-se de novo no escuro útero materno ("fontes/ qui se condiderant in opacae viscera matris..."). E a Terra, exibindo os cabelos crestados e os olhos injetados de cinza, pede clemência a Júpiter com o fio de voz que resta à sua garganta sedenta, advertindo-o de que se os polos se incendiarem ruirão também os palácios dos deuses. (Os polos terrestres ou os celestes? Fala-se até do eixo da Terra, que Atlas já não consegue sustentar, pois está incandescente. Mas naquele tempo os polos eram uma noção astronômica e, além disso, o verso seguinte precisa: *regia caeli*. Então o palácio celeste era mesmo lá em cima? Como é que Febo o excluía e Faetonte não o encontrou? Por outro lado, tais contradições não se encontram só em Ovídio: também em Virgílio, como em outros sumos poetas da Antiguidade, é difícil ter uma ideia clara de como os antigos "viam" de fato o céu.)

O episódio culmina com a destruição do carro solar atingido pelo raio de Júpiter, numa explosão de pedaços sem fim: "Illic frena iacent, illic temone revulsus/ axis, in hac radii fractarum parte rotarum...". (Este não é o único acidente de trânsito nas *Metamorfoses*: uma outra mudança de rumo com grande velocidade é a de Hipólito no último livro do poema, onde a riqueza de detalhes ao se referir ao acidente passa da mecânica para a anatomia, descrevendo a dilaceração das vísceras e dos membros arrancados.)

A mescla deuses-homens-natureza implica não uma ordem hierárquica unívoca mas um intricado sistema de interações em que cada nível pode influir sobre os outros, mesmo que em medidas diferentes. O mito, em Ovídio, é o campo de tensão em que tais forças se defrontam e se equilibram. Tudo depende do espírito com que o mito é narrado: às vezes os próprios deuses relatam os mitos dos quais são partes interessadas como exemplos morais para admoestar os mortais; em outros casos, os mortais usam os mitos de modo polêmico ou como desafio aos deuses, como fazem as Piérides ou Aracne. Ou quem sabe existem mitos que os deuses gostam de ouvir contar e outros que preferem sejam silenciados. As Piérides conhecem uma versão da escalada dos Gigantes ao Olimpo, vista da parte dos Gigantes, com deuses assustados e obrigados a fugir (Livro v). Ela é contada depois de terem desafiado as musas na arte de narrar e as musas respondem com outra série de mitos, que restabelecem as razões do Olimpo; depois punem as Piérides transformando-as em pegas. O desafio aos deuses implica uma intenção irreverente ou blasfema no relato: a tecelã Aracne desafia Minerva na arte de tecer e representa numa tapeçaria os pecados dos deuses libertinos (Livro vi).

A precisão técnica com que Ovídio descreve o funcionamento dos teares durante o desafio pode indicar-nos uma possível identificação do trabalho do poeta com a tecelagem de uma tapeçaria de púrpura multicolorida. Mas qual? A de Palas-Minerva, onde, ao redor das grandes figuras olímpicas com seus tradicionais atributos são representadas, em cenas minúsculas nos quatro cantos da tela, emolduradas por ramos de oliveira, quatro punições divinas a mortais que desafiaram os deuses? Ou então a de Aracne, em que as seduções insidiosas de Júpiter, Netuno e Apolo, que Ovídio já havia narrado por extenso, ressurgem como emblemas sarcásticos entre guirlandas de flores e festões de hera (não sem o acréscimo de alguns detalhes preciosos: Europa que, transportada através do mar na garupa do touro, ergue os pés para não se molhar: "... tactumque vereri/ adsilientis aquae timidasque reducere plantas")?

Nem uma coisa nem outra. Na grande amostragem de mitos que é o poema inteiro, o mito de Palas e Aracne pode conter por sua vez duas amostragens em escala reduzida, com direcionamentos ideológicos opostos: um para infundir temor sacro e o outro para incitar à irreverência e à relatividade moral. Quem daí concluísse que o poema inteiro deve ser lido do primeiro modo — dado que o desafio de Aracne é cruelmente punido — ou do segundo — uma vez que a transcrição poética favorece o culpado e a vítima — estaria enganado: as *Metamorfoses* pretendem representar o conjunto do que é passível de ser narrado transmitido pela literatura com toda a força de imagens e de significados que ele comporta, sem decidir — segundo a ambiguidade propriamente mítica — entre as chaves de leitura possíveis. Só reunindo no poema todos os contos e as intenções de conto que fluem em todas as direções, que se acumulam e pressionam para canalizar-se na extensão ordenada de seus hexâmetros, o autor das *Metamorfoses* terá a certeza de não corresponder a um desenho parcial mas à multiplicidade vivente, que não exclui nenhum deus conhecido ou desconhecido.

O caso de um deus novo e estrangeiro, difícil de ser reconhecido como tal, um deus-escândalo em contraste com todo modelo de beleza e virtude, é largamente lembrado nas *Metamorfoses*: Baco-Dionísio. É de seu culto orgíaco que as devotas de Minerva (as filhas de Mínias) se recusam a participar, continuando a tecer e a cardar a lã nos dias das festas báquicas, aliviando a longa fadiga com os contos. Eis assim um outro uso da narrativa, que leigamente se justifica com o divertimento puro ("quod tempora longa videri/ non sinat") e com a contribuição à produtividade ("utile opus manuum vario sermone levemus"), mas que sempre condiz com Minerva, *melior dea* para aquelas moças laboriosas a quem repugnavam as orgias e os desperdícios dos cultos de Dionísio, que se expandiam pela Grécia depois de ter conquistado o Oriente.

Certamente a arte de narrar, apreciada pelas tecelãs, tem uma conexão com o culto de Palas-Minerva. Já o verificamos com Aracne, que por ter desprezado a deusa é transformada em aranha; mas podemos vê-lo também no caso oposto, num culto excessivo por Palas que leva a não reconhecer os outros deuses. Também as filhas de Mínias, de fato (Livro IV), culpadas enquanto muito seguras de sua virtude, demasiado exclusivas em sua devoção (*intempestiva Minerva*), serão punidas de modo horrível, com a metamorfose em morcegos, pelo deus que não conhece o trabalho mas a embriaguez, que não ouve os contos mas o canto arrebatador e obscuro. Para não ser transformado também ele em morcego, Ovídio se preocupa bastante em deixar todas as portas de seu poema abertas a deuses passados, presentes e futuros, locais e estrangeiros, ao Oriente, que para além da Grécia faz pressão sobre o mundo das fábulas, e à restauração augusta da romanidade, que preme a atualidade político-intelectual. Mas não logrará convencer o deus mais próximo e executivo, Augusto, que o transformará para sempre num exilado, num habitante da distância, ele que desejava tornar tudo contemporâneo e próximo.

Do Oriente ("de algum antepassado das *Mil e uma noites*", diz Wilkinson) lhe vem a romântica novela de Píramo e Tisbe (que uma das filhas de Mínias escolhe numa lista de outras com a mesma origem misteriosa), com a parede que abre passagem às palavras sussurradas mas não aos beijos, com a noite branca de lua sob a branca amoreira, que mandará seus reflexos até o estimulante verão elisabetano.

Do Oriente, por meio do romance alexandrino, vem até Ovídio a técnica de multiplicação do espaço interior à obra mediante os relatos encadeados uns nos outros, que aqui fazem aumentar a impressão de densidade, de aglomeração, de enredamento. Como a floresta em que uma caça ao javali envolve os destinos de heróis ilustres (Livro VIII), não distante dos redemoinhos do Aqueloo, que detêm os que retornam da caça. Estes são hospedados na moradia do deus fluvial, que se apresenta como obstáculo e simultaneamente como refúgio, como pausa na ação, oportunidade para narrar e refletir. Uma vez que entre os caçadores encontra-se Teseu, curioso em conhecer tudo aquilo que vê, e, além dele, encontra-se também Pirítoo, descrente e insolente ("deorum/ spretor erat mentisque ferox"), o rio se sente encorajado a contar histórias maravilhosas de metamorfoses, imitado pelos hóspedes. Assim, continuamente se decantam nas *Metamorfoses* novas concreções de histórias como nas conchas das quais pode se gerar a pérola: é o caso do humilde idílio de Filêmon e Báucis, que contém todo um mundo minucioso e um ritmo inteiramente diverso.

Observe-se que Ovídio só se vale de tais complicações estruturais ocasionalmente: a paixão que domina seu talento compositivo não é a sistematicidade mas a acumulação, que anda junto com as variações de perspectiva, as mudanças de ritmo. Por isso, quando Mercúrio, para adormecer Argos, cujas cem pálpebras jamais se abaixam todas juntas, começa a contar as metamorfoses da ninfa Sírinx num tufo de caniços, sua narração é feita por extenso e igualmente resumida numa única frase, pois a continuação do conto se torna implícita pelo emudecer do deus, tão logo vê que todos os olhos de Argos cederam ao sono.

As *Metamorfoses* são o poema da rapidez, tudo deve seguir-se em ritmo acelerado, impor-se à imaginação, cada imagem deve sobrepor-se a uma outra imagem, adquirir evidência, dissolver-se. É o princípio do cinematógrafo: cada verso como cada fotograma deve ser pleno de estímulos visuais em movimento. O *horror vacui* domina tanto o espaço quanto o tempo. Ao longo de páginas e mais páginas todos os verbos estão no presente, tudo acontece diante de nossos olhos, os fatos premem-se, toda distância é negada. E, quando Ovídio sente a necessidade de mudar de ritmo, a primeira coisa que faz não é mudar o tempo dos verbos mas a pessoa, passar da terceira para a segunda, isto é, introduzir a personagem sobre a qual está para falar dirigindo-se a ela diretamente com o *tu*: "Te quoque mutatum torvo, Neptune, iuvenco...". O presente não se encontra só no tempo verbal mas é a própria presença da personagem que é evocada. Mesmo quando os verbos estão no passado, o vocativo provoca uma aproximação repentina. Este procedimento é muitas vezes usado quando vários sujeitos executam ações paralelas, para evitar a monotonia na listagem. Se de fulano se falou na terceira pessoa, Tântalo e Sísifo entram em ação por meio do *tu* e do vocativo. Também as plantas têm direito à segunda pessoa ("Vos quoque, flexipedes hedene, venistis...") e não há por que maravilhar-se, sobretudo quando são as plantas que se movem como pessoas e acorrem ao som da cítara do viúvo Orfeu, agrupando-se num denso viveiro de flora mediterrânea (Livro IX).

Existem também os momentos — e esse de que agora falamos é um deles — em que o relato deve ser menos célere, passar para um andamento mais calmo, fazer do transcorrer do tempo algo suspenso, uma distância velada. Nesses casos, o que faz Ovídio? Convém esclarecer que a narração não tem pressa, detém-se para fixar os menores detalhes. Por exemplo, Filêmon e Báucis acolhem em sua humilde casa os visitantes desconhecidos, os deuses. "... Mensae sed erat pes tertius impar:/ testa parem fecit; quae postquam subdita clivum/ sustulit, aequatam mentae tersere virentes..."

> Mas uma das três pernas da mesa é muito curta. Um pedaço de cerâmica serve para equilibrá-la; colocado embaixo elimina a pendência e o plano depois é limpo com folhas de hortelã verde. E por cima se dispõem azeitonas de duas cores, consagradas à singela Minerva, frutos de corniso outonal imersos em molho, chicória, rabanetes, uma fôrma de leite coalhado e ovos delicadamente envoltos em cinzas não muito quentes: tudo com louça de terracota... [Livro VIII]

Continuando a enriquecer o quadro é que Ovídio atinge um resultado de rarefação e pausa. Porque o gesto de Ovídio é sempre o de acrescentar, sem jamais subtrair; o de descrever cada vez mais os detalhes, sem se perder no evanescente. Procedimento que gera efeitos diversos conforme a entoação, aqui submissa às coisas miúdas e solidária com elas, mais adiante excitada e impaciente por saturar o maravilhoso da fábula com a observação objetiva dos fenômenos da realidade natural. Como no momento em que Perseu luta contra o monstro marinho de dorso incrustado de conchas e pousa a cabeça hirta de serpentes da Medusa, rosto para baixo sobre um escolho, depois de ter estendido ali — para que não fosse molestada pelo contato da areia áspera — uma camada de algas e de ramos nascidos debaixo d'água. Ao ver as frondes se transformarem em pedra ao contato com a Medusa, as ninfas se divertem provocando a mesma transformação em outros pequenos ramos: assim nasce o coral que, mole sob a água, se petrifica ao contato com o ar; assim Ovídio conclui a aventura fabular com chave de lenda etiológica, em seu gosto pelas formas bizarras da natureza.

Uma lei de máxima economia interna domina esse poema aparentemente voltado para o dispêndio desenfreado. É a economia própria das metamorfoses que pretende que as novas formas recuperem tanto quanto possível os materiais das velhas. Após o dilúvio, no transformar das pedras em seres humanos (Livro I) "se havia nelas uma parte úmida de algum suco ou terrosa, ela passou a funcionar como corpo; aquilo que era sólido, impossível de ser dobrado, mudou-se em ossos; aquelas que eram veias permaneceram, com o mesmo nome". Aqui a economia se estende ao nome: "quae modo vena fuit, sub eodem no mine mansit". Dafne (Livro I), que chama mais a atenção pelos cabelos desgrenhados (tanto que o primeiro pensamento de Febo ao vê-la é: "Imagine se os penteasse!" "Spectat inornatos collo pendere capillos/ et 'Quid, si comantur?' ait...", já está predisposta nas linhas flexíveis de sua fuga na metamorfose vegetal: "... in frondem crines, in ramos bracchia crescunt;/ pes modo tam velox pigris radicibus haeret...". Ciane (Livro v) só faz levar ao extremo a consumação em lágrimas ("lacrimisque absumitur omnis") até dissolver-se no pequeno lago do qual era a ninfa. E os camponeses da Lícia (Livro vi), que à errante Latona que deseja acalmar a sede de seus recém-nascidos vociferam injúrias e turvam o lago mexendo na lama, já não eram muito diferentes das rãs em que se convertem por justo castigo: basta que desapareça o pescoço, as costas se colem na cabeça, o dorso se torne verde e o ventre esbranquiçado.

Essa técnica da metamorfose foi estudada por Sceglov num ensaio muito claro e persuasivo. Diz ele:

> Todas essas transformações concernem justamente aos fatos distintivos físico-espaciais que Ovídio costuma isolar nos objetos também fora da metamorfose ("pedra dura", "corpo longo", "espinha encurvada")... Graças ao seu conhecimento das propriedades das coisas, o poeta faz com que a transformação percorra a via mais breve, pois sabe antecipadamente o que o homem tem em comum com o delfim, o que lhe falta ou o que tem a mais em relação a ele. O fato essencial é que, graças à representação do mundo inteiro como um sistema de propriedades elementares, o processo da transformação — este fenômeno inverossímil e fantástico — se reduz a uma sucessão de processos bastante simples. O evento não é mais apresentado como uma fábula mas como uma soma de fatos habituais e verossímeis (crescimento, diminuição, endurecimento, amolecimento, curvatura, retificação, conjunção, rarefação etc.).

A escritura de Ovídio, como Sceglov a define, conteria em si o modelo ou pelo menos o programa do Robbe-Grillet mais rigoroso e frio. É claro que uma tal definição não esgota o que podemos buscar em Ovídio. Mas o importante é que este modo de designar *objetivamente* os objetos (animados e inanimados) "como diferentes combinações de um número relativamente pequeno de elementos fundamentais, simplicíssimos" corresponde à única filosofia segura das *Metamorfoses*: "aquela da unidade e parentesco de tudo aquilo que existe no mundo, coisas e seres vivos".

Com o relato cosmogônico do Livro I e a profissão de fé de Pitágoras do último, Ovídio quis dar uma sistematização teórica a essa filosofia natural, talvez em sintonia com o bem distante Lucrécio. Sobre o valor a ser atribuído a tais enunciações discutiu-se muito, mas talvez a única coisa que conte para nós seja a coerência poética no modo que Ovídio tem de representar e narrar o seu mundo: essa efervescência e acúmulo de histórias tantas vezes similares e sempre diferentes, em que se celebra a continuidade e a mobilidade do conjunto.

Nem bem terminou o capítulo das origens do mundo e das catástrofes primordiais e já Ovídio começa a série dos amores dos deuses pelas ninfas ou pelas moças mortais. As histórias de amor (que ocupam predominantemente a parte mais viva do poema, os primeiros onze livros) apresentam várias constantes: conforme mostra mais adiante Bernardini, trata-se de amores à primeira vista, um apelo incitante, sem complicações psicológicas, que exige uma satisfação imediata. E, como a criatura desejada em geral recusa e foge, o motivo da perseguição nos bosques é recorrente; a metamorfose pode acontecer em momentos diversos, como disfarce do sedutor ou como salvação da vítima do assédio ou punição da seduzida por parte de outra divindade enciumada.

Comparados à pressão contínua dos desejos masculinos, os casos de iniciativa amorosa feminina são mais raros; mas em compensação se trata de amores mais complexos, não de caprichos extemporâneos mas de paixões, que comportam uma riqueza psicológica maior (Vênus apaixonada por Adônis), implicam frequentemente um componente erótico mais suave (a ninfa Sálmacis que, no abraço com Hermafrodito, se funde numa criatura bissexual), e em alguns casos se trata de paixões ilícitas, incestuosas (como as trágicas personagens de

Mirra, de Bíblis; o modo como se revela a esta última a paixão pelo irmão, o sonho, as perturbações, é uma das mais belas páginas de Ovídio psicólogo), ou homossexuais (como Ífis), ou de ciúme desenfreado (como Medeia). As histórias de Jasão e Medeia abrem no coração do poema (Livro VII) o espaço de um verdadeiro romance, em que se entrelaçam aventura e abismo passional e o grotesco "negro" da receita dos filtros enfeitiçados, que passará tal e qual para o *Macbeth*.

A transcorrência sem intervalos de uma história a outra é sublinhada pelo fato de que, como observa Wilkinson

> o final de uma história raramente coincide com o fim dos livros em que se acha dividido o poema. Ovídio pode começar uma história nova quando lhe faltam poucos versos para o final do livro, e este é em parte o velho expediente do romancista de folhetim que aguça o apetite do leitor para o próximo capítulo, mas é também um sinal da continuidade da obra, que não teria sido dividida em livros se, devido ao tamanho, não tivesse necessitado de um certo número de rolos. Assim nos é transmitida a impressão de um mundo real e coerente em que se verifica uma interação entre eventos que, em geral, são considerados isoladamente.

As histórias podem ter semelhanças, mas jamais se repetem. Não é casual que a história mais tenebrosa (Livro III) seja a do infeliz amor da ninfa Eco, condenada à repetição dos sons, pelo jovem Narciso, condenado à contemplação da própria imagem repetida no espelho líquido. Ovídio atravessa correndo essa floresta de histórias amorosas todas parecidas e todas diferentes, perseguido pela voz de Eco que repercute entre as rochas: "Coëamus!" "Coëamus!" "Coëamus!" [Unamo-nos!].

1979

# O CÉU, O HOMEM, O ELEFANTE

Para o prazer da leitura, na *História natural* de Plínio, o Velho, aconselharia concentrar-se sobretudo em três livros: os dois que contêm os elementos de sua filosofia, isto é, o II (sobre a cosmografia) e o VII (sobre o homem), e, como exemplo de suas andanças entre erudição e fantasia, o VIII (sobre animais terrestres). Naturalmente podem ser descobertas páginas extraordinárias por todos os lados: nos livros de geografia (III-VI), de zoologia aquática, entomologia e anatomia comparada (IX-XI), de botânica, agronomia e farmacologia (XII-XX-XII), ou sobre os metais, as pedras preciosas e as belas-artes (XXXIII-XXXVII).

O uso que sempre se fez de Plínio, penso eu, foi o de consulta, tanto para saber o que os antigos conheciam ou acreditavam conhecer sobre determinado argumento quanto para compilar curiosidades e disparates. (Sob este último aspecto, não se pode negligenciar o Livro I, ou seja, o sumário da obra, cujas sugestões vêm de aproximações imprevistas: "Peixes que têm uma pedrinha na cabeça; peixes que se escondem no inverno; peixes que sentem a influência dos astros; preços extraordinários pagos por certos peixes", ou então: "A propósito da rosa: doze variedades, 32 remédios; três variedades de lírios: 21 remédios; Planta que nasce de uma lágrima; três variedades de narcisos; dezesseis remédios; Planta cuja semente é pintada para que nasçam flores coloridas; O açafrão: vinte remédios;

Onde dá as melhores flores; Que flores eram conhecidas no tempo da Guerra de Troia; Roupas que rivalizam com as flores", ou ainda: "Natureza dos metais; Do ouro; Da quantidade de ouro possuída pelos antigos; Da ordem equestre e do direito de usar anéis de ouro; Quantas vezes a ordem equestre mudou de nome?".) Mas Plínio é também um autor que merece uma leitura ampla, no movimento calmo de sua prosa, animada pela admiração por tudo aquilo que existe e pelo respeito à infinita diversidade dos fenômenos.

Poderíamos distinguir um Plínio poeta e filósofo, com um sentimento seu do universo, um páthos próprio do conhecimento e do mistério, e um Plínio neurótico colecionador de dados, compilador obsessivo, que parece preocupado somente em não desperdiçar nenhuma anotação de seu fichário mastodôntico. (Na utilização das fontes escritas era onívoro e eclético, mas não acrítico: existia o dado que considerava bom, outro que registrava enquanto inventário e outros que refutava como evidente embuste: só que o critério de suas avaliações parece bastante oscilante e imprevisível.) Porém, uma vez admitida a existência dessas duas faces, é preciso reconhecer de imediato que Plínio é sempre uno, assim como uno é o mundo que ele quer descrever na variedade de suas formas. Para atingir seu objetivo, não receia dar fundamento ao número interminável das formas existentes, multiplicado pelo número interminável de informações existentes sobre todas estas formas, porque formas e informações têm para ele o mesmo direito de fazer parte da história natural e de ser interrogadas por quem busca nelas aquele signo de uma razão superior que está convencido de que elas devam encerrar.

O mundo é o céu eterno e não criado, cuja abóbada esférica e giratória cobre todas as coisas terrenas (II, 2), mas o mundo dificilmente pode distinguir-se de Deus, que, para Plínio e para a cultura estoica a que ele pertence, é um Deus único, não identificável com algumas de suas porções ou aspectos, nem com a multidão de personagens do Olimpo (mas talvez sim com o Sol, alma ou mente ou espírito do céu, II, 13). Porém, o céu é feito ao mesmo tempo de estrelas eternas como ele (as estrelas tecem o céu e simultaneamente acham-se inseridas no tecido celeste: "aeterna caelestibus est natura intexentibus mundum intextuque concretis", II, 30), mas é também o ar (acima e abaixo da Lua) que parece vazio e difunde aqui embaixo o espírito vital e produz nuvens, granizo, trovões, raios, tempestades (II, 102).

Quando falamos de Plínio, não sabemos nunca até que ponto podemos atribuir a ele as ideias que exprime; de fato, ele faz questão de colocar o menos possível de seu, limitando-se ao que transmitem as fontes; e isso segundo uma ideia impessoal do saber, que exclui a originalidade individual. Para tentar compreender qual é realmente o seu sentido da natureza, que lugar ocupam nele a arcana majestade dos princípios e a materialidade dos elementos, devemos ater-nos àquilo que é certamente seu, isto é, a substância expressiva da prosa. Observem-se, por exemplo, as páginas sobre a Lua, onde o acento de comovida gratidão a este "astro último, o mais familiar para todos os que vivem sobre a Terra, remédio para as trevas" ("novissimum sidus, terris familiarissimum et in tenebrarum remedium...", II, 41), e por tudo aquilo que ele nos ensina com o movimento de suas fases e eclipses se une à funcionalidade ágil das frases para reproduzir esse mecanismo com nitidez cristalina. É nas páginas astronômicas do Livro II que Plínio demonstra poder ser algo mais que o compilador de gosto imaginativo que em geral se acredita, revelando-se um escritor que possui aquilo que será a qualidade principal da grande prosa científica: transcrever com nítida evidência o raciocínio mais complexo, extraindo dele um sentido de harmonia e beleza.

E isso sem se inclinar jamais para a especulação abstrata. Plínio se atém sempre aos fatos (àqueles que ele considera fatos ou que alguém julgou como tais): não aceita a infinidade dos mundos porque a natureza já é bastante difícil de ser conhecida e a infinidade não simplificaria o problema (II, 4); não acredita no som das esferas celestes, nem como fragor além do audível nem como indizível harmonia, pois "para nós, que estamos dentro dele, o mundo desliza noite e dia em silêncio" (II, 6).

Depois de ter despido Deus das características antropomórficas que a mitologia atribui aos imortais do Olimpo, por força da lógica Plínio tem de reaproximar Deus dos homens por causa dos limites impostos pela necessidade aos seus poderes (ao contrário, num caso Deus é menos livre que os homens porque não poderia matar-se nem que pretendesse): Deus não pode ressuscitar os defuntos nem fazer de modo que quem viveu não tenha vivido; não tem nenhum poder sobre o passado, sobre a irreversibilidade do tempo (II, 27). Como o Deus de Kant, não pode entrar em conflito com a autonomia da razão (não pode evitar que dez mais dez somem vinte), mas defini-lo nestes termos nos afastaria do imanentismo pânico de sua identificação com a força da natureza ("per quae declaratur haut dubie naturae potentia idque esse quod deum vocemus", II, 27).

Os tons líricos ou lírico-filosóficos que dominam os primeiros capítulos do Livro II correspondem a uma visão de harmonia universal que não tarda a romper-se; parte considerável do livro é dedicada aos prodígios celestes. A ciência de Plínio oscila entre a intenção de reconhecer uma ordem na natureza e o registro do extraordinário e do único: e o segundo aspecto acaba sempre vencendo. A natureza é eterna, sagrada e harmoniosa, mas deixa uma larga margem ao aparecimento de fenômenos prodigiosos inexplicáveis. Que conclusão geral podemos extrair disso? Que se trata de uma ordem monstruosa, feita só de exceções à regra? Ou que se trata de regras tão complexas que escapam ao nosso entendimento? Em ambos os casos, para cada fato deve existir uma explicação, mesmo que ainda seja desconhecida para nós: "São coisas de explicação incerta e oculta na majestade da natureza" (II, 101), e pouco mais adiante: "Adeo causa non deest" (II, 115), não são as causas que faltam, uma causa pode sempre ser encontrada. O racionalismo de Plínio exalta a lógica das causas e dos efeitos, mas ao mesmo tempo a minimiza: quando também você encontra a explicação dos fatos, nem por isso os fatos deixam de ser maravilhosos.

A máxima que citei por último conclui um capítulo sobre a origem misteriosa dos ventos; dobras de montanhas, cavidades de vales que reproduzem os sopros de vento como sons de eco, uma gruta na Dalmácia onde basta lançar qualquer coisa, mesmo leve, para desencadear uma tempestade marinha, uma rocha na Cirenaica onde basta tocar com uma das mãos para provocar um turbilhão de areia. Desses catálogos de fatos estranhos, não ligados entre si, Plínio nos oferece muitíssimos: aqueles sobre os efeitos do raio sobre o homem, com seus estragos frios (dentre as plantas o raio safa apenas o louro e dentre as aves, a águia, II, 146), aqueles sobre as chuvas extraordinárias (de leite, de sangue, de carne, de ferro ou esponjas de ferro, de lã, de tijolos cozidos, II, 147).

Contudo, Plínio limpa o terreno sobre tantas histórias, como os presságios dos cometas (por exemplo, ele refuta a crença de que um cometa que surja entre as partes pudendas de uma constelação — o que os antigos não viam no céu! — anuncie uma época de relaxamento dos costumes: "obscenis autem moribus in verendis partibus signorum", II, 93), mas todo prodígio se lhe apresenta como um problema da natureza, enquanto é a outra face da norma. Plínio se defende das superstições, mas nem sempre sabe reconhecê-las, e isso é bem mais verdadeiro no Livro VII, onde fala da natureza humana: mesmo sobre fatos facilmente observáveis transcreve crenças das mais estapafúrdias. Típico é o capítulo sobre as menstruações (VII, 63-6), mas é preciso observar que as informações de Plínio situam-se no campo dos mais antigos tabus religiosos concernentes ao sangue menstrual. Existe uma rede de analogias e de valores tradicionais que não entra em choque com a racionalidade de Plínio; como se esta também se enraizasse no mesmo terreno. Assim, às vezes, ele se inclina a construir explicações analógicas de tipo poético ou psicológico: "Os cadáveres dos homens flutuam de costas e os das mulheres de bruços, como se a natureza quisesse respeitar o pudor das mulheres mortas" (VII, 77).

Raramente Plínio registra fatos que sejam testemunhos de sua própria experiência direta: "de noite, durante os turnos das sentinelas em frente às trincheiras, vi luzes brilhando em forma de estrela sobre as lanças dos soldados" (II, 101); "durante o principado de Cláudio, vimos um centauro que ele trouxe do Egito, conservado no mel" (VII, 35); "eu mesmo vi na África um cidadão de Tisdro, transformado de mulher em homem no dia do casamento" (VII, 36).

Mas para um pesquisador como ele, protomártir da ciência experimental, que devia morrer asfixiado pelas exalações do Vesúvio em erupção, as observações diretas ocupam um espaço mínimo em sua obra e não contam nem mais nem menos do que as informações lidas nos livros, tendo maior autoridade quanto mais antigas forem. No máximo, se resguarda, declarando: "De qualquer modo, quanto à maioria desses fatos, não comprometeria minha palavra, prefiro dirigir-me às fontes, às quais remeto em todos os casos dúbios, sem me cansar de acompanhar os gregos, que são os mais exatos na observação e igualmente os mais antigos" (VII, 8).

Depois desse preâmbulo, Plínio se sente autorizado a lançar-se em sua famosa resenha das características "prodigiosas e incríveis" de certos povos do além-mar, que terá tanto sucesso na Idade Média e também mais tarde, e transformará a geografia num circo de fenômenos vivos. (Os ecos serão prolongados também nos relatos das viagens *verdadeiras*, como as de Marco Polo.) Que os territórios desconhecidos na fronteira da Terra alojem seres na fronteira do humano não deve causar espanto: os arimaspos com um olho só no meio da testa, que disputam as minas de ouro com os grifos; os habitantes das florestas de Abarimon, que correm velozmente com os pés virados ao contrário; os andróginos de Nasamona, que alternam os sexos quando se acasalam; os tíbios, que num olho têm duas pupilas e no outro, a figura de um cavalo. Mas o grande Barnum apresenta seus números mais espetaculares na Índia, onde pode ser encontrada uma população de caçadores com cabeça de cachorro; e uma outra de saltadores com uma perna só, que, para descansar na sombra, se deitam erguendo o único pé como um chapéu de praia; e outra ainda de nômades com pernas em forma de serpente; e os ástomos sem boca, que vivem cheirando perfumes. No meio de tudo isso, informações que agora sabemos serem verídicas, como a descrição dos faquires indianos (chamados de filósofos gimnosofistas), ou que continuam a alimentar as crônicas misteriosas que lemos em nossos jornais (onde se fala de pés imensos, poderia tratar-se do yeti do Himalaia), ou lendas cuja tradição prolongar-se-á pelos séculos afora, como a dos poderes taumatúrgicos dos reis (o rei Pirro, que curava as doenças do baço com o toque do dedão).

De tudo isso emerge uma ideia dramática da natureza humana, como algo precário, inseguro: a forma e o destino do homem acham-se suspensos por um fio. Muitas páginas são dedicadas à imprevisibilidade do parto, com os casos excepcionais, as dificuldades e os perigos. Também esta é uma zona de fronteira: quem existe poderia não existir ou ser diferente, e tudo é decidido aí mesmo.

> Nas mulheres grávidas, qualquer coisa, por exemplo, o modo de caminhar, influi no parto: se ingerem alimentos muito salgados, põem no mundo uma criança sem unhas; se não sabem prender a respiração, têm mais dificuldades para dar à luz; até um bocejo, durante o parto, pode ser letal; bem como um espirro durante o coito pode provocar o aborto. Compaixão e vergonha dominam quem pensa no quanto é precária a origem do mais soberbo dos seres vivos: frequentemente, para abortar basta o cheiro de uma lâmpada que se apagou. E dizer que de um início tão frágil pode

> nascer um tirano ou um carrasco! Você que confia em sua força física, que aperta nos braços os dons da fortuna e se considera não um pupilo mas um filho dela, você que possui ânimo dominador, você a quem apenas um êxito faz inchar o peito e já se acredita deus, imagine que tão pouco poderia destruí-lo. [VII, 42-4]

Que Plínio tenha tido sucesso na Idade Média cristã se compreende: "para pesar a vida numa balança justa, convém lembrar sempre a fragilidade humana".

O gênero humano é um território dos seres vivos que deve ser definido pela circunscrição das áreas fronteiriças: por isso, Plínio anota os limites extremos alcançados pelo homem em todos os campos e o Livro VII se torna algo não muito diferente daquilo que é hoje o *Guinness Book of Records*. Sobretudo primazias quantitativas: de força no levantamento de pesos, de velocidade na corrida, de acuidade auditiva bem como de memória, e também de extensão de territórios conquistados; e inclusive primados puramente morais, de virtudes, de generosidade, de bondade. Não faltam os recordes mais curiosos: Antônia, mulher de Druso, que jamais cuspia, o poeta Pompônio que nunca arrotava (VII, 80); ou então o preço mais alto pago por um escravo (o gramático Dafni custou 700 mil sestércios, VII, 128).

Só de um aspecto da vida humana Plínio não se sente em condições de indicar primazias ou tentar mensurações e confrontos: a felicidade. Quem é ou não feliz está fora de julgamento, dado que depende de critérios subjetivos e opinativos. ("Felicitas cui praecipua fuerit homini, non est humani iudicii, cum prosperitatem ipsam alius alio modo et suopte ingenio quisque determinet", VII, 130.) Caso se pretenda olhar de frente a verdade sem ilusões, nenhum homem pode ser considerado feliz: e aqui a casuística antropológica de Plínio alinha exemplos de destinos ilustres (extraídos sobretudo da história romana), para demonstrar como os homens mais favorecidos pela sorte foram obrigados a suportar a infelicidade e a desventura.

Na história natural do homem é impossível fazer entrar aquela variável que é o destino: este é o sentido das páginas que Plínio dedica às vicissitudes da fortuna, à imprevisibilidade da duração de cada vida, à inutilidade da astrologia, às doenças, à morte. A separação entre as duas formas de saber que a astrologia mantinha unidas — a objetividade dos fenômenos calculáveis e previsíveis, e o sentimento da existência individual com futuro incerto —, esta separação que serve de pressuposto à ciência moderna, podemos dizer que já se apresenta nessas páginas mas como uma questão ainda não decidida definitivamente, em favor da qual ainda é necessário reunir uma documentação exaustiva. Ao propor tais exemplos, Plínio parece um tanto atrapalhado: todo fato acontecido, toda biografia, toda anedota podem servir para provar que a vida, se considerada do ponto de vista de quem a vive, não suporta quantificações nem qualificações, não permite ser mensurada ou comparada a outras vidas. Seu valor é intrínseco; tanto mais que as esperanças e os medos de um além são ilusórios: Plínio partilha a opinião de que após a morte se inicie uma não existência equivalente e simétrica àquela que precede o nascimento.

É por isso que a atenção de Plínio se projeta sobre as coisas do mundo, corpos celestes e territórios do globo, animais, plantas e pedras. A alma, à qual toda sobrevivência é negada, se se dobra sobre si mesma, só pode fruir a existência no presente. "Etenim si dulce vivere est, cui potest esse vixisse? At quanto facilius certiusque sibi quemque credere, specimen securitas antegenitali sumere experimento!" (VII, 190). "Modelar a própria tranquilidade sobre a experiência anterior ao nascimento": ou seja, projetar-se na própria essência, única realidade segura antes de virmos ao mundo e depois da qual estaremos mortos. Eis então a felicidade de reconhecer a infinita variedade do outro em nós próprios que a *Naturalis historia* projeta diante de nossos olhos.

Se o homem é definido por seus limites, não poderia sê-lo também pelas magnitudes em que pode se superar? Plínio se sente na obrigação de incluir no Livro VII a glorificação das virtudes do homem, a celebração de seus triunfos: dirige-se à história romana como ao protocolo de todas as virtudes e é tentado a encontrar uma conclusão pomposa dando muito espaço à literatura de louvação imperial que lhe permitiria assinalar a culminância da perfeição humana na figura de César Augusto. Mas eu diria que não são estas as tônicas que caracterizam seu tratado: é a atitude titubeante, limitativa e amarga aquilo que mais se ajusta ao seu temperamento.

Poderíamos reconhecer aqui interrogações que acompanharam a constituição da antropologia como ciência. Uma antropologia precisa evitar uma perspectiva "humanista" para alcançar a objetividade de uma ciência da natureza? Os homens do Livro VII contam quanto mais forem "outros", diferentes de nós, talvez não mais ou ainda não homens? Mas será possível que o homem escape da própria subjetividade a ponto de considerar a si mesmo como objeto de ciência? A moral que Plínio reforça convida à cautela e à reserva: nenhuma ciência pode iluminar-nos sobre a *felicitas*, sobre a *fortuna*, sobre a economia do bem e do mal, sobre os valores da existência; todo indivíduo morre e carrega com ele o seu segredo.

Com essa nota desconsolada Plínio poderia concluir seu tratado, mas prefere acrescentar uma lista de invenções e descobertas, lendárias e históricas. Antecipando os antropólogos modernos que afirmam uma continuidade entre a evolução biológica e a tecnológica, dos utensílios paleolíticos à eletrônica, Plínio admite implicitamente que as contribuições do homem à natureza passam também elas a fazer parte da natureza humana. Daí até estabelecer que a verdadeira natureza do homem é a cultura só existe um passo. Mas Plínio, que não conhece as generalizações, procura o específico humano em invenções e costumes que possam ser considerados universais. São três, segundo Plínio (ou conforme suas fontes), os fatos culturais sobre os quais se estabeleceu um acordo tácito entre os povos ("gentium consensus tacitus", VII, 210): a adoção do alfabeto (grego e latino); a raspagem do rosto masculino pelo barbeiro; e o registro das horas do dia no relógio solar.

A tríade não poderia ser mais bizarra, pela aproximação incongruente dos três termos: alfabeto, barbeiro, relógio, nem mais discutível. De fato, não é verdade que todos os povos tenham sistemas de escritura afins, nem é verdade que todos cortem a barba, e, quanto às horas do dia, o próprio Plínio se ocupa em traçar uma breve história dos vários sistemas de subdivisão do tempo. Mas aqui não queremos sublinhar a perspectiva "eurocêntrica" que não é privativa de Plínio nem de sua época, e sim a direção em que ele se move: a intenção de fixar os elementos que se repetem constantemente nas culturas mais diversas para definir aquilo que é especificamente humano tornar-se-á um princípio de método da etnologia moderna. E, fixado este ponto do "gentium consensus tacitus", Plínio pode encerrar seu tratado do gênero humano e passar "ad reliqua animalia", aos demais seres animados.

O Livro VIII, que passa em revista os animais terrestres, começa pelo elefante, ao qual é dedicado o capítulo mais longo. Por que tal prioridade para o elefante? Porque é o maior dos animais, certamente (e o tratado de Plínio procede segundo uma ordem de importância que muitas vezes coincide com a ordem de grandeza física); mas também e sobretudo porque, espiritualmente, é esse o animal "mais próximo do homem"! "Maximum est elephas proximumque humanis sensibus", assim começa o Livro VIII. De fato, o elefante — logo depois é explicado — reconhece a linguagem da pátria, obedece aos mandamentos, conhece a paixão amorosa e a ambição da glória, pratica virtudes "raras inclusive entre os homens" como a probidade, a prudência, a equidade, e tributa uma veneração religiosa às estrelas, ao Sol e à Lua. Plínio não gasta nem uma palavra (exceto aquele superlativo *maximum*) para descrever esse animal (aliás representado com fidelidade nos mosaicos romanos da época), mas transcreve apenas as curiosidades lendárias que encontrou nos livros:

os ritos e os costumes da sociedade elefantina são apresentados como os de uma população de cultura diferente da nossa mas digna de respeito e compreensão.

Na *Naturalis historia*, o homem, desgarrado em meio ao mundo multiforme, prisioneiro da própria imperfeição, tem por um lado o consolo de saber que também Deus é limitado em seus poderes ("Inperfectae vero in homine naturae praecipua solacia, ne deum quidem posse omnia", II, 27) e, por outro, tem como seu próximo imediato o elefante, que pode lhe servir de modelo no plano espiritual. Contraído entre essas duas grandezas imponentes e benignas, o homem certamente parece diminuído, mas não esmagado.

Dos elefantes, a resenha dos animais terrestres passa — como numa visita infantil ao zoológico — para os leões, as panteras, os tigres, os camelos, as girafas, os rinocerontes, os crocodilos. Seguindo uma ordem decrescente de dimensões, passa-se para as hienas, os camaleões, os porcos-espinhos, os animais que se entocam, e também para as lesmas e lagartixas; os animais domésticos são reunidos no final do livro.

A fonte principal é a *Historia animalium* de Aristóteles, mas Plínio recupera de autores mais crédulos ou mais fantasiosos as lendas que o estagirita descartava ou transcrevia somente para refutar. Isso ocorre tanto para as informações sobre os animais bem conhecidos quanto para a menção e descrição de animais fantásticos, cuja listagem se mistura à dos primeiros: assim, falando dos elefantes, uma digressão nos informa sobre os dragões, seus inimigos naturais; e, a propósito dos lobos, Plínio registra (embora recriminando a credulidade dos gregos) as lendas dos lobisomens. É dessa zoologia que fazem parte a cobra-de-duas-cabeças, o basilisco, o catóblepa, as crocotas, as leucocrotas, os leontofontes, as mantícoras, que dessas páginas passarão a povoar os bestiários medievais.

A história natural do homem se prolonga na dos animais ao longo de todo o Livro VIII, e isso não só porque as noções registradas concernem em grande parte à criação dos animais domésticos e à caça dos selvagens, bem como à utilidade prática que o homem obtém de uns e outros, mas porque aquilo em que Plínio nos guia é também uma viagem pela fantasia humana. O animal, seja verdadeiro ou falso, tem um lugar privilegiado na dimensão do imaginário: assim que é nomeado se investe de um poder fantasmagórico; torna-se alegoria, símbolo, emblema.

Por isso, recomendo ao leitor errante deter-se não só nos livros mais "filosóficos", II e VII, mas também no VIII, como o mais representativo de uma ideia da natureza que se encontra expressa difusamente ao longo de todos os 37 livros da obra: a natureza como aquilo que é externo ao homem mas que não se distingue daquilo que é mais intrínseco à sua mente, o alfabeto dos sonhos, a chave que decifra a imaginação, sem a qual não se produz razão nem pensamento.

1982

# *AS SETE PRINCESAS* DE NEZAMI

Pertencer a uma civilização poligâmica ao invés de monogâmica certamente muda muitas coisas. Pelo menos na estrutura narrativa (único terreno em que me sinto à vontade para opinar) abrem-se muitas possibilidades que o Ocidente ignora.

Por exemplo, um motivo muito difundido nas fábulas ocidentais, o herói que vê um retrato de uma bela mulher e se apaixona instantaneamente, vamos reencontrá-lo também no Oriente, porém multiplicado. Num poema persa do século XII, o rei Bahram vê sete retratos de sete princesas e se enamora de todas elas de uma vez só. Cada uma é filha de um soberano de um dos sete continentes; Bahram pede em casamento uma por uma e as desposa. Depois manda erguer sete pavilhões, em cores diferentes e "construídos segundo a índole dos sete planetas". A cada uma das princesas dos sete continentes corresponderá um pavilhão, uma cor, um planeta e um dia da semana; o rei fará uma visita semanal a cada uma das mulheres e delas ouvirá um conto. As roupas do rei serão da cor do planeta daquele dia e as histórias narradas pelas esposas serão igualmente combinadas segundo a cor e as virtudes do respectivo planeta.

Esses sete relatos são fábulas cheias de maravilhas do tipo *Mil e uma noites*, mas cada uma tem uma finalidade ética (embora nem sempre reconhecível sob o manto simbólico) pela qual o ciclo semanal do rei-marido é um reconhecimento das virtudes morais como correspondência humana das propriedades do cosmos. (Poligamia carnal e espiritual do único macho-rei sobre as muitas esposas-servas; na tradição, o papel de cada sexo é irreversível e nesse ponto não se pode esperar nenhuma surpresa.) Por sua vez, as sete narrativas compreendem aventuras amorosas que se apresentam de forma multiplicada em relação aos modelos ocidentais.

Por exemplo, o esquema típico da fábula de iniciação pretende que o herói supere várias provas para merecer a mão da donzela amada e um trono real. No Ocidente, esse esquema exige que as núpcias sejam reservadas para o final, ou então, se ocorrerem no decurso do relato, precedem novas vicissitudes, perseguições e encantamentos, em que a esposa (ou o marido) primeiro é perdida e depois reencontrada. Ao contrário, aqui lemos uma fábula em que o herói, a cada prova que supera, ganha uma nova mulher mais bem situada na escala social que a precedente; e essas esposas sucessivas não se excluem reciprocamente, mas se somam como os tesouros de experiência e sabedoria acumulados durante a vida.

Estou falando de um clássico da literatura persa medieval, hoje acessível num pequeno volume da BUR, publicado com zelo elogiável: Nezami, *Le sette principesse* [As sete princesas], introdução e tradução de Alessandro Bausani, notas de A. Bausani e Giovanna Calasso, Rizzoli. Acercar-nos das obras-primas da literatura oriental para nós, profanos, permanece na maioria dos casos uma experiência aproximativa, porque já é muito se, através das traduções e das adaptações, chega até nós um perfume distante, e resulta sempre uma tarefa árdua situar uma obra num contexto que não conhecemos; este poema em particular é certamente um texto bastante complexo no que concerne ao corte estilístico e implicações espirituais. Mas a tradução de Bausani (que parece aderir minuciosamente ao denso tecido das metáforas e não recua nem mesmo diante dos jogos de palavras, indicando entre parênteses os vocábulos persas), as notas copiosas, a introdução (e também o essencial conjunto de ilustrações) nos dão, penso eu, algo mais que a ilusão de entender o que seja esse livro e de saborear seus encantos poéticos, ao menos naquilo que uma tradução em prosa pode transmitir.

Assim, temos a sorte rara de agregar à nossa estante de obras-primas da literatura universal um livro altamente fruitivo e substancioso. Digo sorte rara porque tal ocasião é um privilégio para nós, italianos, dentre todos os leitores ocidentais, se é verdade o que diz a bibliografia do volume: que a única tradução inglesa completa, de 1924, é inadequada, a alemã, uma adaptação livre parcial, e que não existe nenhuma francesa. (Contudo, na bibliografia não se diz, mas é justo que se lembre, essa mesma tradução de Bausani já fora publicada anos antes pelas edições Leonardo da Vinci de Bari, embora oferecendo um conjunto de notas menos rico.)

Nezami (1141-1204), que nasceu e morreu em Ganjé (no Azerbaijão, que veio a integrar a URSS; tendo vivido, portanto, num território em que se enraízam as estirpes iraniana, curda e turca), um muçulmano sunita (naquela época, os xiitas ainda não tinham assumido a liderança no Irã), conta nas *Sete princesas* (*Haft peikar*, literalmente "as sete efígies", que se pode datar por volta de 1200, um dos cinco poemas escritos por ele) a história de um soberano do século V, Bahram V, da dinastia sassânida. Assim, Nezami rememora em chave de mística islâmica o passado da Pérsia zoroastriana; o seu poema celebra tanto a vontade divina à qual o homem deve entregar-se inteiramente quanto as várias potencialidades do mundo terrestre, com ressonâncias pagãs e gnósticas (e também cristãs; igualmente é louvado o grande taumaturgo Isu, ou seja, Jesus).

Antes e depois das sete fábulas narradas nos sete pavilhões, o poema ilustra a vida do príncipe, a educação, as caçadas (ao leão, ao onagro, ao dragão), suas guerras contra os chineses do Grande Khan, a construção do castelo, as festas e bebedeiras, os amores que incluíam as servas. Assim, o poema é antes de mais nada um retrato do soberano ideal, em que se fundem, como diz Bausani, a antiga tradição iraniana do "rei sagrado" e a islâmica do sultão piedoso, submetido à lei divina.

Um soberano ideal — pensamos nós — deveria ter um reino próspero e súditos felizes. Longe disso! Trata-se é de preconceito de nossa mentalidade terra a terra. Que um rei seja um prodígio de todas as perfeições não exclui que seu reino seja oprimido pelas injustiças mais cruéis, sob garras de ministros pérfidos e ávidos. Mas, dado que o rei desfruta das graças do céu, chegará o momento em que a triste realidade de seu reino se revelará perante seus olhos. Então ele punirá o vizir infame e dará satisfações a quem venha lhe contar as injustiças sofridas: eis assim as "histórias dos ofendidos", também elas em número de sete, mas sem dúvida menos atraentes que as anteriores.

Restabelecida a justiça no reino, Bahram pode reorganizar o exército e derrotar o Grande Khan da China. Cumprido assim o seu destino, só lhe resta desaparecer: de fato, some literalmente numa caverna, onde entrara a cavalo perseguindo o onagro que estava caçando. Em suma, o rei é, diz Bausani, "o Homem por excelência": aquilo que conta é a harmonia cósmica que nele se encarna, harmonia que em certa medida também se refletirá sobre o reino e os súditos mas que reside sobretudo em sua pessoa. (Ainda hoje, de resto, há regimes que pretendem ser louváveis em si e por si, independentemente do fato de que as pessoas vivam muitíssimo mal.)

Em resumo, *As sete princesas* funde em si mesmo dois tipos de conto "maravilhoso" oriental: o épico-celebrativo do *Livro dos reis* de Firdusi (o poeta persa do século X ao qual se filia Nezami) e o novelístico que, das antigas coletâneas indianas, conduzirá às *Mil e uma noites*. Certamente o nosso prazer de leitores é mais gratificado por este segundo filão (sugerimos portanto começar pelas sete fábulas e depois remontar à moldura), mas inclusive a moldura é rica em encantos fantásticos e refinamentos eróticos (muito apreciadas, por exemplo, as carícias com os pés: "O pé do rei nas cadeiras daquela ladra de corações se insinuava entre a seda e o brocado"), assim como nas fábulas o sentimento cósmico-religioso toca extremidades muito elevadas (como na história da viagem realizada por um homem que se submete à vontade de Deus e um homem que deseja explicar racionalmente todos os fenômenos: a caracterização psicológica dos dois é tão persuasiva que é impossível não torcer pelo primeiro, o qual não perde de vista a complexidade do todo, ao passo que o segundo é um espertalhão malévolo e mesquinho; a moral que podemos daí extrair é que, mais do que a posição filosófica, o que conta é o modo de vida em harmonia com a própria verdade).

De qualquer modo, separar as várias tradições que convergem nas *Sete princesas* é impossível porque a vertiginosa linguagem figurada de Nezami termina por absorvê-las em seu molho e estende sobre cada página uma lâmina dourada esmaltada de metáforas que se encastram umas nas outras como pedras preciosas de um colar deslumbrante. Razão pela qual a unidade estilística do livro parece uniforme e se estende também pelas partes introdutórias sapienciais e místicas. (Dentre estas últimas, relembrarei a visão de Maomé que sobe ao céu montado num cavalo-arcanjo, até o ponto em que as três dimensões desaparecem e "o profeta vislumbrou Deus sem espaço, ouviu palavras sem lábios e sem som".)

Os acabamentos dessa tapeçaria verbal são tão luxuriantes que os nossos paralelos com as literaturas ocidentais, para além das analogias, das temáticas medievais e, atravessando a plenitude fantástica do Renascimento de Ariosto e de Shakespeare, desembocam naturalmente no barroco mais carregado; contudo, até o *Adone* de Marino e o *Pentamerone* de Basile parecem de uma sobriedade lacônica comparados com a proliferação de metáforas que recobre densamente a narrativa de Nezami, desenvolvendo um broto de relato em cada imagem.

Esse universo metafórico tem características e constantes muito peculiares. O onagro, burro selvagem do altiplano iraniano — que, visto nas enciclopédias e, se bem me lembro, nos zoológicos, tem todo o jeito de um modesto burrinho —, nos versos de Nezami se reveste da dignidade dos mais nobres animais heráldicos, e podemos dizer que aparece em cada página. Nas caçadas do príncipe Bahram, os onagros constituem a presa mais ambicionada e difícil, frequentemente citados ao lado dos leões como adversários contra os quais o caçador mede sua força e destreza. E nas metáforas o onagro é imagem de força, inclusive de força sexual viril, mas igualmente de presa amorosa (o burro presa do leão) e de beleza feminina e em geral de juventude. E, como possui também uma carne deliciosa, eis que "donzelas com olhos de onagro assavam no forno coxas de onagro".

Outro elemento de metáfora polivalente é o cipreste: evocado para indicar robustez viril e naturalmente também símbolo fálico, vamos encontrá-lo como modelo de beleza feminina (a estatura é sempre muito apreciada) e associado às melenas femininas, mas também às águas que correm e ao sol matinal. Quase todas as funções metafóricas do cipreste valem também para o círio aceso e muitas outras mais. Em suma, o delírio das similitudes é tamanho que qualquer coisa pode significar tudo.

Como trechos de mestria feitos de metáfora uma depois da outra fazem pensar numa descrição do inverno, em que a uma série de imagens gélidas ("o ímpeto do frio fizera espada da água e água da espada"; a nota explica: as espadas dos raios solares tornam-se chuva e a chuva se transforma em espadas de relâmpagos; mesmo que a explicação não seja verdadeira, constitui sempre uma bela imagem) se sucede uma apoteose do fogo e uma simétrica descrição da primavera, inteiramente de animação vegetal, do tipo "a brisa entregou-se como penhor ao manjericão".

Catalisadoras de metáforas são também as cores, que dominam nas sete fábulas. Como se faz para narrar uma história só de uma cor? O sistema mais simples é vestir as personagens com aquela cor, como na fábula negra em que se fala de uma senhora que se vestia sempre de negro porque fora criada de um rei que trajava sempre negro porque encontrara um estrangeiro vestido de negro que lhe contara sobre uma região da China cheia de gente vestida de negro...

Mais adiante, a ligação é apenas simbólica, baseada nos significados atribuídos a cada cor: o amarelo é a cor do sol e portanto do rei; assim o conto amarelo falará de um rei e culminará numa sedução, comparável ao arrombamento de um escrínio que encerrasse ouro.

O conto branco é inesperadamente o mais erótico de todos, imerso numa luz láctea em que vemos mover-se "donzelas com seios de jacinto e pernas de prata". Mas é também o conto da castidade, como tratarei de explicar, embora no resumo tudo se perca. Um jovem que entre os vários motivos de perfeição tem o de ser casto vê o seu jardim invadido por moças belíssimas que dançam. Duas delas, após tê-lo fustigado pensando tratar-se de um ladrão (um certo prazer masoquista não está excluído), reconhecem-no como patrão, beijam-lhe mãos e pés e convidam-no a escolher a que mais lhe agrada. Ele observa as moças enquanto tomam banho, faz sua escolha e (sempre com a ajuda das duas guardiãs ou "polícias femininas" que ao longo do relato lhe orientarão os movimentos) se encontra sozinho com a favorita. Mas nesse e nos encontros seguintes sempre sucede algo no momento culminante impedindo a conjunção: desaba o pavimento do quarto, ou um gato a ponto de agarrar um passarinho desmorona em cima dos dois amantes abraçados, ou então um rato rói o talo de uma abóbora numa pérgula e o baque da abóbora que cai quebra a inspiração amorosa do jovem. E assim por diante até a conclusão edificante: o jovem compreende que antes deve casar com a moça, pois Alá não quer que ele cometa um pecado.

O amplexo que sofre várias interrupções é um motivo difundido também no conto popular ocidental, mas sempre em chave grotesca: num *cunto* de Basile, os imprevistos que se sucedem assemelham-se muito aos de Nezami, mas daí surge um quadro infernal de miséria humana, sexofobia e escatologia. O de Nezami, ao contrário, é um mundo visionário de tensão e trepidação erótica simultaneamente sublimado e rico em nuances psicológicas, onde o sonho poligâmico de um paraíso de *huris* se alterna com a realidade íntima de um casal, e a licenciosidade desenfreada da linguagem figurada introduz as perturbações da inexperiência juvenil.

1982

# TIRANT LO BLANC

O herói do primeiro romance de cavalaria ibérico, Tirant lo Blanc, entra em cena dormitando em cima de seu cavalo. O cavalo se detém para beber numa fonte, Tirant acorda e vê, sentado ao lado da água, um eremita de barba branca que está lendo um livro. Tirant manifesta ao eremita sua intenção de entrar para a ordem da cavalaria. O eremita, que fora cavaleiro, se oferece para instruir o jovem nas regras da ordem.

> *— Hijo mío — dijo el ermitaño —, toda la orden está escrita en ese libro, que algunas veces leo para recordar la gracia que Nuestro Señor me ha hecho en este mundo, puesto que honraba y mantenía la orden de caballería con todo mi poder.*

Desde suas primeiras páginas, o primeiro romance de cavalaria da Espanha parece querer nos advertir de que todo livro de cavalaria pressupõe um livro de cavalaria precedente, necessário para que o herói se torne cavaleiro. “Tot l’ordre és en aques llibre escrit.” Desse postulado podem ser extraídas muitas conclusões: inclusive a de que talvez a cavalaria não tenha nunca existido antes dos livros de cavalaria ou até que só existiu nos livros.

Assim, é possível compreender como o último depositário das virtudes cavaleirescas, Dom Quixote, será alguém que construiu a si mesmo e a seu próprio mundo exclusivamente por meio dos livros. Uma vez que Cura, Barbero, Sobrina e Ama tenham ateado fogo à biblioteca, a cavalaria terminou: Dom Quixote permanecerá como o último exemplar de uma espécie sem sucessores.

No auto de fé doméstico, o Padre salva os livros arquetípicos, *Amadís de Gaula* e *Tirante el Blanco*, bem como os poemas em versos de Boiardo e de Ariosto (no original italiano, não em tradução, em que perdem "su natural valor"). Em relação a tais livros, à diferença de outros aceitos porque considerados conformes à moral (como *Palmerín de Inglaterra*), parece que a indulgência tem sobretudo motivações estéticas; mas quais? Constatamos que as qualidades que valem para Cervantes (mas até que ponto estamos seguros de que as opiniões de Cervantes coincidem com as do Padre e do Barbeiro, mais do que com as de Dom Quixote?) são a originalidade literária (*Amadís* é definido como "único en su arte") e a verdade humana (*Tirante el Blanco* é elogiado porque "aquí comen los caballeros, y duermen y mueren en sus camas, y hacen testamento antes de su muerte, con otras cosas de que los demás libros de este género carecen"). Portanto, Cervantes (aquela parte de Cervantes que se identifica etc.) respeita os livros de cavalaria quanto mais se afastem das regras do gênero; não é mais o mito da cavalaria que conta, mas o valor do livro enquanto livro. Um critério de juízo oposto ao de Dom Quixote (e do lado de Cervantes que se identifica com seu herói), o qual se recusa a distinguir entre os livros e a vida e quer encontrar o mito fora dos livros.

Qual será a sorte do mundo romanesco da cavalaria, quando o espírito analítico intervém para estabelecer os limites entre o reino do maravilhoso, o reino dos valores morais, o reino da realidade verossímil? A catástrofe repentina e grandiosa em que o mito da cavalaria se dissolve pelas desoladas estradas da Mancha é um evento de dimensão universal mas que não tem correspondência nas outras literaturas. Na Itália, e mais precisamente nas cortes da Itália setentrional, o mesmo processo ocorrera durante o século precedente de forma menos dramática, como sublimação literária da tradição. O declínio da cavalaria fora celebrado por Pulci, Boiardo, Ariosto num clima de festa renascentista, com matizes burlescos mais ou menos marcados, porém com nostalgia pela ingênua fabulação popular dos contadores de histórias; aos rudes despojos do imaginário cavaleiresco ninguém atribuía nenhum valor além de um repertório de motivos convencionais, mas o céu da poesia se abria para acolher seu espírito.

Pode ser interessante lembrar que, muitos anos antes de Cervantes, em 1526, já encontramos uma fogueira de livros de cavalaria ou, mais precisamente, uma seleção dos livros a serem condenados ao fogo e daqueles a serem salvos. Falo de um texto decididamente menor e não muito conhecido: o *Orlandino*, poema breve em versos italianos de Teofilo Folengo (famoso com o nome de Merlin Cocai por causa de *Baldus*, poema em latim macarrônico misturado com o dialeto de Mântua). No primeiro canto do *Orlandino*, Folengo conta ter sido levado por uma bruxa, voando na garupa de um bode, para uma caverna dos Alpes onde são conservadas as verdadeiras crônicas de Turpin, lendária matriz de todo o ciclo carolíngio. Do confronto com as fontes, resultam verdadeiros os poemas de Boiardo, Ariosto, Pulci e do "Cego de Ferrara", embora com acréscimos arbitrários.

> *Mas* Trebisunda, Ancroja, Spagna *e* Bovo
> *Com todo o resto ao fogo sejam dadas,*
> *Apócrifas são todas e as reprovo*
> *Como inimigas de quaisquer verdades;*
> *Boiardo, Ariosto, Pulci e o Cego*
> *Autenticados são e eu junto sigo.*

"El verdadero historiador Turpin", também lembrado por Cervantes, era um ponto de referência habitual no jogo dos poetas cavaleirescos italianos do Renascimento. Também Ariosto, quando sente que conta casos muito exagerados, se protege com a autoridade de Turpin: "O bom Turpin, que sabe dizer o vero, e vai deixar crer o que o homem ouve com agrado, conta admiráveis coisas de Ruggiero, que, só de ouvir, de mentiroso sim seria chamado" (*O. F.*, XXVI, 23).

A função do lendário Turpin, Cervantes irá atribuí-la a um misterioso Cide Hamete Benengeli de cujo manuscrito árabe ele seria apenas o tradutor. Mas Cervantes age agora num mundo radicalmente diverso: a verdade para ele deve fazer as contas com a experiência cotidiana, com o senso comum e também com os preceitos da religião da Contrarreforma. Para os poetas italianos do Quatrocentos e do Quinhentos (até Tasso, excluído, pois com ele a questão se complica), a verdade era ainda fidelidade ao mito, como para o Cavaleiro da Mancha.

Podemos verificar isso também num epígono como Folengo, a meio caminho entre poesia popular e poesia culta: o espírito do mito, transmitido pela noite dos tempos, é simbolizado por um livro, o de Turpin, que está na origem de todos os livros, livro hipotético, só alcançável pela magia (também Boiardo, diz Folengo, era amigo das bruxas), livro mágico além de ser relato de magias.

Nos países de origem, França e Inglaterra, a tradição literária cavaleiresca se apagara antes (na Inglaterra, em 1470, recebendo uma forma definitiva no romance de Thomas Malory, exceto se considerarmos uma nova encarnação com as fadas elisabetanas de Spencer; na França, declinando lentamente após ter conhecido a consagração poética mais precoce no século XII com as obras-primas de Chrétien de Troyes). O *revival* cavaleiresco do século XVI envolve sobretudo Itália e Espanha. Quando Bernal Díaz del Castillo, para exprimir a maravilha dos conquistadores perante as visões de um mundo inimaginável como o do México de Montezuma, escreve: "Decíamos que parecía a las cosas de encantamiento que cuentan en el libro de Amadís", temos a impressão de que compara a realidade mais nova com a tradição de textos antiquíssimos. Mas, se observarmos as datas, vemos que Díaz del Castillo narra fatos ocorridos em 1519, quando *Amadís* ainda podia ser considerado quase uma novidade editorial... Compreendemos assim que a descoberta do Novo Mundo e a Conquista foram acompanhadas, no imaginário coletivo, por aquelas histórias de gigantes e de encantamentos das quais o mercado de livros oferecia vasto sortimento, assim como a primeira difusão europeia do ciclo francês acompanhara, alguns séculos antes, a mobilização publicitária para as Cruzadas.

O milênio que está para se encerrar foi o milênio do romance. Nos séculos XI, XII e XIII, os romances de cavalaria foram os primeiros livros profanos cuja difusão marcou profundamente a vida das pessoas comuns e não somente dos doutos. Dante é testemunho disso, falando-nos de Francesca, a primeira personagem da literatura mundial que vê sua vida mudada pela leitura dos romances, antes de Dom Quixote, antes de Emma Bovary. No romance francês *Lancelot*, o cavaleiro de Galehaut convence Guenièvre a beijar Lancelot; na *Divina comédia*, o livro *Lancelot* assume a função que Galehaut tivera no romance, convencendo Francesca a deixar-se beijar por Paolo. Provocando uma identificação entre a personagem do livro enquanto age sobre as outras personagens e o livro enquanto age sobre seus leitores ("Galeotto foi o livro e quem o escreveu"), Dante executa uma primeira operação vertiginosa de metaliteratura. Nos versos de uma concentração e sobriedade insuperáveis, acompanhamos Francesca e Paolo que "sem nenhuma suspeita" se deixam prender pelas emoções da leitura e, de vez em quando, se olham nos olhos, empalidecem, e quando chegam ao ponto em que Lancelot beija a boca de Guenièvre ("o desejado riso") o desejo escrito no livro torna explícito o desejo experimentado na vida e a vida toma a forma narrada no livro: "a boca me beijou toda trêmula...".

1985

# A ESTRUTURA DO *ORLANDO*

*Orlando furioso* é um poema que se recusa a começar e se recusa a acabar. Recusa-se a começar porque se apresenta como a continuação de um outro poema, *Orlando innamorato*, de Matteo Maria Boiardo, interrompido pela morte do autor. E se recusa a acabar porque Ariosto não para nunca de trabalhar dentro de nós. Após tê-lo publicado em sua primeira edição de 1516, em quarenta cantos, procura fazê-lo crescer, inicialmente tentando dar-lhe uma sequência, que foi truncada (os chamados *Cinque canti*, publicados postumamente), depois inserindo novos episódios nos cantos centrais, de modo que na terceira e definitiva edição, que é de 1532, os cantos passaram a ser 46. Nesse meio-tempo, houve uma edição de 1521, que testemunha outro modo de não se considerar o poema definitivo, isto é, a limpeza, o ajuste da língua e da versificação, que Ariosto continua a buscar. Por toda a vida, poderíamos dizer, pois para chegar à primeira edição de 1516, Ariosto havia trabalhado doze anos e outros dezesseis sofre para publicar a edição de 1532 e, no ano seguinte, morre. Essa dilatação a partir do interior, fazendo proliferar episódios de episódios, criando novas simetrias e novos contrastes, me parece que explica bem o método de construção de Ariosto; e permanece para ele o verdadeiro modo de alargar esse poema de estrutura policêntrica e sincrônica, cujas vicissitudes se difundem em todas as direções e se bifurcam continuamente.

Para acompanhar as aventuras de tantas personagens principais e secundárias o poema precisa de uma "montagem" que permita abandonar uma personagem ou um teatro de operações e passar para outro. Essas passagens às vezes ocorrem sem romper a continuidade da narrativa, quando duas personagens se encontram e a narrativa, que estava seguindo a primeira, se afasta para ir atrás da segunda; outras vezes, ao contrário, mediante cortes nítidos que interrompem a ação bem no meio de um canto. São em geral os dois últimos versos da oitava que informam sobre a suspensão e descontinuidade no relato, duplas de versos rimados como estes: "Segue Rinaldo, e d'ira si distrugge: ma seguitiamo Angelica che fugge" [Segue Rinaldo e com ira se desfaz: sigamos Angelica que sombra se faz]; ou então: "Lasciànlo andar, che farà buon camino, e torniamo a Rinaldo paladino" [Deixem-no ir, pois fará boa estrada, e voltemos a Rinaldo, alerta espada]; ou ainda: "Ma tempo è ormai di ritrovar Ruggiero che scorre il ciel su l'animal leggiero" [Mas já é tempo de encontrar Ruggiero que varre o céu no animal bem célere]. Enquanto essas cesuras da ação se situam no interior dos cantos, pelo contrário, o fecho de cada canto promete que o relato continuará no canto sucessivo; também aqui essa função didática é em geral atribuída ao par de versos rimados que concluem a oitava: "Come a Parigi appropinquosse, e quanto Carlo aiutò, vi dirà l'altro canto" [Como de Paris aprochegou-se, e quanto Carlo ajudou, dirá o outro canto].

Frequentemente, para fechar o canto, Ariosto finge de novo ser um aedo que recita seus versos numa noitada da corte: "Non più, Signor, non più di questo canto; ch'io son già rauco, e vo' posarmi alquanto" [Não mais, Senhor, não mais deste canto; que já estou rouco, vou pousar um tanto]; ou então se nos mostra — testemunho mais raro — no ato material de escrever: "Poi che da tutti i lati ho pieno il foglio, finire il canto, e riposar mi voglio" [Pois de todos os lados cheia folha já vejo, terminar o canto e recuperar-me desejo].

Ao contrário, o início do canto subsequente comporta quase sempre um alargamento do horizonte, um distanciamento da urgência da narração, sob a forma de introdução gnômica ou de peroração amorosa ou ainda de metáfora elaborada, antes de retomar a narrativa do ponto em que foi interrompida. E justamente na abertura dos cantos se situam as digressões sobre a atualidade italiana que são muitas sobretudo na última parte do poema. É como se por meio dessas conexões o tempo em que o autor vive e escreve irrompesse no tempo fabuloso da narrativa.

Definir sinteticamente a forma do *Orlando furioso* é portanto impossível, pois não estamos perante uma geometria rígida: poderíamos recorrer à imagem de um campo de força, que gera continuamente em seu interior outros campos de força. O movimento é sempre centrífugo; no começo já nos encontramos em plena ação, e isso vale para o poema como para cada canto e episódio.

O defeito de todo preâmbulo ao *Furioso* é que se começa dizendo: "é um poema que serve de continuação a um outro, o qual continua um ciclo de inúmeros poemas"; o leitor logo se sente desencorajado: se antes de iniciar a leitura terá de conhecer todos os precedentes, e os precedentes dos precedentes, quando é que conseguirá de fato começar o poema de Ariosto? Na realidade, todo preâmbulo logo se revela supérfluo: o *Furioso* é um livro único em seu gênero e pode ser lido — quase diria: deve — sem fazer referência a nenhum outro livro precedente ou consecutivo; é um universo em si no qual se pode viajar em todos os quadrantes, entrar, sair, perder-se.

Que o autor faça passar a construção desse universo por uma continuação, um apêndice, um — como ele diz — "acréscimo" a uma obra alheia pode ser interpretado como um indício da extraordinária discrição de Ariosto, um exemplo daquilo que os ingleses chamam de *understatement*, isto é, o especial espírito de ironia contra si mesmo que leva a minimizar as coisas grandes e importantes; mas pode também ser visto como sinal de uma concepção do tempo e do espaço que renega a configuração fechada do cosmos ptolomaico e se abre ilimitada na direção do passado e do futuro, bem como no sentido de uma incalculável pluralidade de mundos.

Desde o início o *Furioso* se anuncia como o poema do movimento, ou melhor, anuncia o tipo particular de movimento que o percorrerá de um extremo a outro, movimento de linhas quebradas, em zigue-zague. Poderíamos traçar o desenho geral do poema seguindo o contínuo cruzamento e divergência dessas linhas sobre um mapa da Europa e da África, mas já bastaria para defini-lo o primeiro canto, em que três cavaleiros perseguem Angelica que foge pelo bosque, numa sarabanda cheia de extravios, encontros fortuitos, descaminhos, mudanças de programa.

É com esse zigue-zague traçado pelos cavalos a galope e pelas intermitências do coração humano que somos introduzidos no espírito do poema; o prazer da rapidez da ação se mistura logo a um sentido de amplitude na disponibilidade do espaço e do tempo. O procedimento distraído não é só dos perseguidores de Angelica mas também de Ariosto: dir-se-ia que o poeta, iniciando sua narrativa, não conhece ainda o esquema da trama que em seguida o guiará com pontual premeditação, mas uma coisa já tem perfeitamente clara: aquele impulso e ao mesmo tempo aquela facilidade em narrar, ou seja, aquilo que poderíamos definir — com um termo denso de significados — o movimento "errante" da poesia de Ariosto.

Tais características do "espaço" ariostesco, podemos identificá-las na escala do poema inteiro ou dos cantos singulares bem como numa escala menor, a da estrofe ou do verso. A oitava é a medida na qual melhor reconhecemos aquilo que Ariosto tem de inconfundível: na estrofe de oito versos Ariosto se vira como quer, está em casa, seu milagre é feito sobretudo de desenvoltura.

Principalmente por duas razões: uma intrínseca à oitava, isto é, uma estrofe que se presta a discursos também longos e a alternar tons sublimes e líricos com tons prosaicos e jocosos; e uma intrínseca ao modo de poetar de Ariosto, que não se tolhe com limites de nenhum gênero, que não se propôs como Dante uma repartição rígida da matéria, nem uma regra de simetria que o obrigasse a um número de cantos preestabelecido e a um número de estrofes em cada canto. No *Furioso*, o canto mais breve tem 72 oitavas; o mais longo, 199. O poeta pode mover-se comodamente, se quiser, empregar mais estrofes para dizer algo que outros diriam num verso ou então concentrar num verso aquilo que poderia ser matéria de um longo discurso.

O segredo da oitava ariostesca está em seguir o ritmo variado da linguagem falada, na abundância daqueles que De Sanctis definiu como os "acessórios não essenciais da linguagem", assim como na desenvoltura da fala irônica; mas o registro coloquial é apenas um dos tantos que ele usa, que vão do lírico ao trágico e ao gnômico, e que podem coexistir na mesma estrofe. Ariosto pode ser de uma concisão memorável; muitos de seus versos se tornaram proverbiais: "Aí está o juízo humano que tanto erra!", ou então: "Oh, grande bondade dos cavaleiros antigos!". Mas não é só com esses parênteses que ele pratica suas mudanças de velocidade. Convém frisar que a própria estrutura da oitava se baseia numa descontinuidade de ritmo: aos seis versos unidos por uma dupla de rimas alternadas seguem-se dois versos com rimas emparelhadas, com um efeito que hoje definiríamos como *anticlímax*, de brusca mudança não só rítmica mas de clima psicológico e intelectual, do culto ao popular, do evocativo ao cômico.

Naturalmente, com tais volteios da estrofe, Ariosto joga do modo que lhe é próprio, mas o jogo poderia tornar-se monótono, sem a agilidade do poeta ao movimentar a oitava, introduzindo as pausas, os pontos fixos em posições diversas, adaptando diversos andamentos sintáticos ao esquema métrico, alternando períodos longos com breves, quebrando a estrofe e, em certos casos, encadeando-a numa outra, mudando continuamente os tempos da narrativa, saltando do pretérito perfeito para o imperfeito, para o presente e para o futuro, criando enfim uma sucessão de planos, de perspectivas da narração.

Essa liberdade, essa amplitude de movimentos que encontramos na versificação dominam ainda mais no nível das estruturas narrativas, da composição do enredo. As tramas principais, vale relembrar, são duas: a primeira conta como Orlando se torna, de apaixonado infeliz por Angelica, doido furioso, e como os exércitos cristãos, pela ausência de seu campeão, arriscam-se a perder a França, e como a razão perdida do louco foi reencontrada por Astolfo na Lua e devolvida ao legítimo proprietário, permitindo-lhe retomar seu lugar na tropa. Paralela a esta se desenvolve a segunda trama, a dos predestinados mas sempre adiados amores de Ruggiero, campeão do campo sarraceno, e da guerreira cristã Bradamante, e de todos os obstáculos que se interpõem ao destino nupcial deles, até que o guerreiro consegue mudar de lado, receber o batismo e arrebatar a robusta apaixonada. A trama Ruggiero-Bradamante não é menos importante que a de Orlando-Angelica, pois Ariosto (como antes Boiardo) quer transformar aquele casal em matriz da genealogia da família D'Este, isto é, não só justificar o poema aos olhos de seus comitentes, mas sobretudo ligar o tempo mítico da cavalaria às vivências contemporâneas, ao presente de Ferrara e da Itália. As duas tramas principais e suas numerosas ramificações vão adiante entrelaçadas, mas se prendem por seu lado ao redor do tronco mais propriamente épico do poema, ou seja, o desenrolar da guerra entre o imperador Carlos Magno e o rei da África, Agramante. Essa epopeia se concentra sobretudo num bloco de cantos que tratam o assédio de Paris visto pelos mouros, a contraofensiva cristã, as discórdias do lado de Agramante. O assédio de Paris é como o centro de gravidade do poema, assim como a cidade de Paris se apresenta como seu umbigo geográfico:

*Siede Parigi in uma gran pianura*
*ne l'ombilico a Francia, anzi nel core;*
*gli passa la riviera entro le mura*
*e corre et esce in altra parte fuore:*
*ma fa un'isola prima, e v'assicura*
*de la città una parte, e la migliore;*
*l'altre due (ch'in tre parti è la gran terra)*
*di fuor la fossa, e dentro il fiume serra.*
*Alla città che molte miglia gira*
*da molte parti si può dar battaglia;*
*ma perché sol da un canto assalir mira,*
*né volentier l'esercito sbarraglia,*
*oltre il fiume Agramante si ritira*
*verso ponente, acciò che quindi assaglia;*
*però che né cittade né campagna*
*ha dietro (se non sua) fino alla Spagna**
(XIV, 104 ss.)

De tudo o que foi dito, poderíamos acreditar que no assédio de Paris acabem por convergir os itinerários de todas as personagens principais. Mas isso não acontece: dessa epopeia coletiva está ausente a maior parte dos campeões mais famosos; só a gigantesca massa de Rodomonte sobressai na peleja. Onde se meteram todos os outros?

É preciso dizer que o espaço do poema tem também um

* "Centra-se Paris num grande descampado/ no umbigo da França, mais no coração;/ passa-lhe o rio dentro do amuralhado/ e corre e sai em distante dispersão:/ mas faz uma ilha antes, e resguardado/ da cidade um trecho, em boa condição;/ os outros dois (em três se parte a terra)/ lá fora da fossa, e dentro o rio encerra./ À cidade que muitas milhas gira/ de muitos lados se pode dar batalha;/ mas porque só de um canto assaltar mira,/ bem a contragosto o exército esfrangalha,/ além do rio o exército se retira/ rumo poente, negando combate à canalha;/ contudo nem cidade nem área de campanha/ tem por trás (senão sua) até a Espanha."

outro centro de gravidade, um centro em negativo, uma arapuca, uma espécie de turbilhão que engole uma a uma as principais personagens: o palácio encantado do mago Atlas. A magia de Atlas se deleita com arquiteturas ilusionistas: já no canto IV faz surgir, entre as alturas dos Pireneus, um castelo inteiramente de aço e depois o dissolve no nada; entre o canto XII e o XXII vemos elevar-se, não distante das costas da Mancha, um palácio que é um redemoinho de vazio, no qual se refratam todas as imagens do poema.

A Orlando em pessoa, enquanto está buscando Angelica, acontece ser vítima do encanto, conforme um procedimento que se repete quase idêntico para cada um desses audazes cavaleiros: vê sua bela ser raptada, persegue o raptor, entra num misterioso palácio, roda e rodeia por vestíbulos e corredores desertos. Ou seja: o palácio acha-se deserto daquilo que se busca e é frequentado apenas por quem procura algo.

Estes que vagueiam pelos pórticos e pelos vãos sob as escadas, que remexem debaixo das tapeçarias e baldaquinos são os mais famosos cavaleiros cristãos e mouros: todos foram atraídos para o palácio pela visão de uma mulher amada, de um inimigo inalcançável, de um cavalo roubado, de um objeto perdido. E agora não podem mais afastar-se daquelas paredes: se alguém tenta afastar-se, escuta um chamado, vira-se e a aparição inutilmente perseguida está ali, a dama a ser salva encontra-se numa janela, implorando socorro. Atlas deu forma ao reino da ilusão; se a vida é sempre variada, imprevista e cambiante, a ilusão é monótona, passa e repassa sempre no mesmo ponto. O desejo é uma corrida rumo ao nada, o encantamento de Atlas concentra todas as paixões insatisfeitas no interior de um labirinto, mas não muda as regras que governam os movimentos dos homens no espaço aberto do poema e do mundo.

Também Astolfo chega ao palácio, perseguindo — ou seja, imaginando perseguir — um pobre camponês que lhe roubou o cavalo Rabicano. Mas com Astolfo não há encanto que prevaleça. Ele possui um livro mágico onde se explica tudo sobre os palácios daquele tipo. Astolfo vai direto até a laje de mármore do umbral: basta levantá-la para que todo o palácio se transforme em fumaça. Naquele momento é alcançado por um bando de cavaleiros: quase todos são seus amigos, mas, em vez de dar-lhe boas-vindas, colocam-se contra ele como se quisessem enfiar-lhe a espada. Que acontecera? O mago Atlas, vendo-se em maus lençóis, recorrera a um último encanto: fazer com que Astolfo aparecesse aos vários prisioneiros do palácio como o adversário em cuja perseguição todos eles ali haviam entrado. Porém, Astolfo só precisa soprar em seu berrante para dispersar mago, magia e vítimas da magia. O palácio, teia de sonhos, desejos e invejas, se desfaz: ou seja, deixa de ser um espaço exterior a nós, com paredes, escadas e portas, para voltar a encerrar-se em nossas mentes, no labirinto dos pensamentos. Atlas devolve o livre curso pelas vias do poema às personagens que sequestrara. Atlas ou Ariosto? O palácio encantado se revela um astuto estratagema estrutural do narrador que, pela impossibilidade material de desenvolver simultaneamente um grande número de histórias paralelas, sente falta de retirar, durante alguns cantos, certas personagens da ação, pôr de lado determinadas cartas para continuar seu jogo e usá-las no momento oportuno. O encantador que pretende retardar o cumprimento do destino e o poeta-estratego que ora aumenta ora reduz as fileiras das personagens em campo, reúne-as para depois dispersá-las, sobrepõem-se até identificar-se.

A palavra *jogo* reapareceu várias vezes em nosso discurso. Mas não devemos esquecer que os jogos, dos infantis aos dos adultos, têm sempre um fundamento sério: são sobretudo técnicas para treinamento de faculdades e atitudes que serão necessárias na vida. O de Ariosto é o jogo de uma sociedade que se sente produtora e depositária de uma visão do mundo, mas sente também o vazio que se cria sob seus pés, entre ruídos de terremoto.

O último canto, XLVI, se abre com a enumeração de uma galeria de personas que constituem o público em que Ariosto pensava ao escrever seu poema. Esta é a verdadeira dedicatória do *Furioso*, mais do que a reverência obrigatória ao cardeal Ippolito d'Este, a "generosa hercúlea prole" ao qual o poema é dedicado, na abertura do primeiro canto.

A nave do poema está chegando ao porto e, para recebê-la, encontra perfiladas no píer as damas mais belas e gentis das cidades italianas, cavaleiros, poetas e doutos. Trata-se de uma panorâmica de nomes e rápidos perfis de seus contemporâneos e amigos, o que Ariosto desenha: é uma definição de seu público perfeito e ao mesmo tempo uma imagem de sociedade ideal. Para uma espécie de reviravolta estrutural, o poema sai de si mesmo e se observa através dos olhos de seus leitores, se define através do censo de seus destinatários. E por sua vez é o poema que serve de definição ou de emblema para a sociedade dos leitores presentes e futuros, para o conjunto de pessoas que participará de seu jogo, que nele se reconhecerá.

1974

# PEQUENA ANTOLOGIA DE OITAVAS

No quinto centenário de Ariosto, me perguntam o que significou o *Furioso* para mim. Porém, indicar onde, como e quanto a minha predileção por esse poema deixou traços nas coisas que escrevi me obriga a retomar sobre o trabalho já feito, enquanto o espírito ariostesco para mim sempre quis dizer impulso para diante, não olhar para trás. E, além disso, penso que tais traços de preferência são bastante evidentes para deixar que o leitor os encontre por conta própria. Prefiro aproveitar a ocasião para tornar a folhear o poema, e, um pouco na linha da memória, um pouco me deixando levar pelo acaso, tentarei uma antologia pessoal de oitavas.

A quinta-essência do espírito ariostesco para mim se encontra nos versos que antecipam uma nova aventura. Várias vezes essa situação é marcada pelo aproximar-se de uma embarcação à margem onde o herói se encontra por acaso (IX, 9):

*Con gli occhi cerca or questo lato or quello*
*lungo le ripe il paladin, se vede*
*(quando né pesce egli non è, né augello)*
*come abbia a por ne l'altra ripa il piede:*
*et ecco a sé venir vede un battello,*
*su le cui poppe una donzelta siede,*

*che di volere a lui venir fa segno;*
*né lascia poi ch'arrivi a terra il legno.**

Um estudo que gostaria de ter feito e que, se não fizer, alguém pode fazer em meu lugar concerne a esta situação: uma beira de mar ou de rio, uma personagem parada e um barco a pequena distância, portador de uma notícia ou de um encontro do qual nasce a nova aventura (em qualquer caso, o inverso: o herói está no barco e o encontro ocorre com uma personagem em terra). Uma resenha das passagens que narram situações semelhantes culminaria com uma oitava de pura abstração verbal, quase um *limerick* (XXX, 10):

*Quindi partito, venne ad una terra,*
*Zizera detta, che siede allo stretto*
*di Zibeltarro, o vuoi Zibelterra,*
*che l'uno o l'altro nome le vien detto;*
*ove una barca che sciogliea da terra*
*vide piena di gente da diletto*
*che solazzando all'aura matutina,*
*gìa per la tranquillissima marina.***

Entro assim num outro tema de estudo que gostaria de fazer mas que provavelmente já foi feito: a toponomástica do *Furioso*, que carrega sempre consigo uma brisa de nonsense. Em

* "Com os olhos busca ora este ora aquele lado/ ao longo das margens o paladino, quer ver/ (já que peixe ele não é, tampouco ser alado)/ como há de na outra margem o pé descer:/ e eis que chega alguém embarcado,/ sobre a popa uma donzela a languescer,/ que deseja até ele vir matreira;/ nem deixa que beije a terra a madeira."

** "Tendo partido, chegou a uma terra,/ Gigira dita, que fica no estreito/ de Gibraltarro,/ ou querendo, Gibralterra,/ pois um ou outro nome lhe é perfeito;/ onde um barco que se afasta da terra/ viu cheio de gente predileta/ que folgando pela aura matutina/ seguia na tranquilíssima marina."

especial a toponomástica inglesa fornece a matéria verbal com que Ariosto mais se diverte, qualificando-se como o primeiro anglômano da literatura italiana. Em particular, poder-se-ia pôr em evidência como os nomes com sonoridades extravagantes colocam em movimento um mecanismo de imagens extravagantes. Por exemplo, no quebra-cabeça heráldico do canto x, aparecem visões à Raymond Roussel (x, 81):

*Il falcon che sul nido i vanni inchina,*
*porta Raimondo, il conte di Devonia.*
*Il giallo e il negro ha quel di Vigorina;*
*il can quel d'Erba; un orso quel d'Osonia.*
*La croce che là vedi cristallina,*
*è del ricco prelato di Battonia.*
*Vedi nel bigio una spezzata sedia:*
*è del duca Ariman di Sormosedia.**

Como rimas insólitas, recordarei a estrofe 63 do canto XXXII, em que Bradamante se afasta de uma toponomástica africana para entrar nas intempéries hibernais que envolvem o castelo da rainha da Islândia. Num poema em geral estável do ponto de vista climático como o *Furioso*, este episódio — que se abre com a mais brusca variação térmica que se possa encontrar no espaço de uma oitava — destaca-se por sua atmosfera chuvosa:

*Leva al fin gli occhi, e vede il sol che 'l tergo*
*avea mostrato alle città di Bocco,*

* "O falcão que sobre o ninho o voo inclina,/ leva Raimundo, o conde de Devônia./ O amarelo e o negro tem aquele de Vigorina;/ o cão aquele d'Erba; um urso o de Osônia./ A cruz que lá você vê cristalina,/ é do rico prelado de Batônia./ Vê no cinza uma quebrada cadeira:/ é do duque de Sormosedeira."

*e poi s'era attuffato, come il mergo,*
*in grembo alla nutrice oltr'a Marocco:*
*e se disegna che la frasca albergo*
*le dia ne' campi, fa pensier di sciocco;*
*che soffia un vento freddo, e l'aria grieve*
*pioggia la notte le minaccia o nieve.**

Eu diria que a metáfora mais complicada pertence ao registro de Petrarca, mas Ariosto introduz ali toda a sua necessidade de movimento, e assim essa estrofe me parece atingir também o primado de um máximo de deslocações espaciais para definir um estado de ânimo sentimental (XXXII, 21):

*Ma di che debbo lamentarmi, ahi lassa,*
*fuor che del mio desire irrazionale?*
*ch'alto mi leva, e sì nell'aria passa,*
*ch'arriva in parte ove s'abbrucia l'ale;*
*poi non potendo sostener, mi lassa*
*dai ciel cader: né qui finisce il male;*
*che le rimette, e di nuovo arde: ond'io*
*non ho mai fine al precipizio mio.***

Ainda não exemplifiquei a oitava erótica, porém os exemplos mais insignes são todos muito conhecidos; e pretenden-

* "Ergue por fim os olhos, e vê o sol que as costas/ havia mostrado às cidades de Bocco,/ e depois se afundara, como o mergulhão,/ no colo das nutrizes além de Marrocos:/ e se desenha que o ramo abrigo/ lhe dê nos campos, pensa feito bobo;/ que sopra um vento frio e o ar não leve/ chuva à noite o ameaça ou neve."

** "Mas de que devo lamentar-me, ai cansaço,/ além do meu desejo irracional?/ quão alto me leva, e sim no ar passa,/ que chega até onde incendeia as asas;/ depois não podendo sustentar, me deixa/ do céu cair: nem aqui acaba o mal;/ que as refaz e de novo ardem: onde eu/ nunca mais ponho fim ao precipício meu."

do fazer uma opção mais singular acabo por esbarrar em alguns versos um tanto pesados. A verdade é que nos momentos sexualmente culminantes Ariosto perde a mão e a tensão se esvai. Inclusive nos episódios com efeitos eróticos mais sutis, como é o de Fiordispina e Ricciardetto (canto XXV), o refinamento está mais no relato e na vibração geral que na estrofe isolada. No máximo posso citar uma multiplicação de artes emaranhadas do tipo estampa japonesa: "Non con più nodi i flessuosi; acanti/ le colonne circondano e le travi,/ di quelli con che noi legammo stretti/ e colli e fianchi e braccia e gambe e petti" [Não com mais nós os flexíveis acantos/ as colunas circundam e as traves,/ daqueles com quem nos unimos estreitos/ e colos e flancos e braços e pernas e peitos].

O verdadeiro momento erótico para Ariosto não é o da realização mas o da espera, da trepidação inicial, dos preparativos. É então que atinge seus momentos mais altos. O desnudamento de Alcina é muito conhecido mas deixa sempre a respiração suspensa (VII, 28):

*ben che né gonna né faldiglia avesse;*
*che venne avolta in un leggier zendado*
*che sopra uma camicia ella si messe,*
*bianca e suttil nel più escellente grado.*
*Come Ruggiero abbracciò lei, gli cesse*
*il manto; e restò il vel suttile e rado,*
*che non copria dinanzi né di dietro,*
*più che le rose o i gigli un chiaro vetro.**

* "embora nem saia nem avental levasse;/ que veio envolta num leve cendal/ que sobre uma blusa ela fez pousar-se/ branca e sutil no mais excelso grau./ Quando Ruggiero abraçou-a, lhe cedeu/ o manto; e restou o véu sutil diáfano,/ que não cobria a frente nem o dorso,/ mais que rosas ou lírios, frágil escorço."

O nu feminino que Ariosto privilegia não é renascentistamente abundante; poderia caber no gosto atual por corpos adolescentes, com uma conotação de alvura-frieza. Diria que o movimento da oitava se aproxima do nu como uma lente de uma miniatura e depois se afasta, fazendo-o diluir-se no vazio. Para continuar entre os exemplos mais óbvios, na nudez-paisagem de Olimpia é a paisagem que acaba prevalecendo sobre o nu (XI, 68):

*Vinceano di candor le nievi intatte,*
*et eran più ch'avorio a toccar molli:*
*le poppe ritondette parean latte*
*che fuor dei giunchi allora allora tolli.*
*Spazio fra lor tal discendea, qual fatte*
*esser veggiàn fra piccolini colli*
*l'ombrose valli, in sua stagione amene,*
*che'l verno abbia di nieve allora piene.**

Esses resultados na técnica do "sfumato" não nos podem fazer olvidar que é a precisão um dos valores maiores que busca a versificação narrativa ariostesca. Para documentar quanta riqueza de detalhes e precisão técnica pode conter uma oitava, basta escolher entre as cenas de duelos. Vou me limitar a esta estrofe, no canto final (XLVI, 126):

*Quel gli urta il destrier contra, ma Ruggiero*
*lo cansa accortamente, e si ritira,*
*e nel passare, al fren piglia il destriero*

* "Venciam de candura as neves intactas,/ e eram mais que marfim a tocar moles:/ as tetas redondetas pareciam lácteas/ que fora dos juncos então tirei./ Vagueio entre elas tal descida, qual fadas/ seu ser veem entre pequeninas colinas/ sombreados vales, em sua estação amena,/ que o inverno tenha de neve então plena."

*con la man manca, e intorno lo raggira;*
*e con la destra intanto al cavalliero*
*ferire il fianco o il ventre o il petto mira;*
*e di due punte fe' sentirgli angoscia,*
*l'una nel fianco, e l'altra ne la coscia.**

Mas existe um outro tipo de precisão que não se deve negligenciar: a do raciocínio, da argumentação que se resolve no fechamento da forma métrica, articulando-se no modo mais circunstanciado e atento a todas as implicações. O máximo de agilidade que chamaria de causídica no argumentar está na defesa que Rinaldo, como um hábil advogado, faz do crime passional imputado a Ginevra e do qual ele ainda não sabe se ela é culpada ou inocente (IV, 65):

*Non vo' già dir ch'ella non l'abbia fatto;*
*che nol sappendo, il falso dir potrei:*
*dirò ben che non de' per simil atto*
*punizïon cadere alcuna in lei;*
*e dirò che fu ingiusto o che fu matto*
*chi fece prima li statuti rei;*
*e come iniqui rivocar si denno,*
*e nuova legge far con miglior senno.***

* "Aquele lhe atira o ginete contra, mas Ruggiero/ o cansa sagazmente, e se retira,/ e ao passar, nas rédeas pega o ginete/ com a mão canhota, e ao redor o volteia;/ e com a direita entanto ao cavaleiro/ ferir o flanco ou o ventre ou o peito anseia;/ e com duas pontas lhe faz sentir aflição,/ uma no flanco e outra na coxa lhe entram."

** "Não quero já dizer que ela o tenha feito;/ pois não sabendo, o falso dizer poderia:/ direi bem que não por esse ato/ punição nenhuma ela merecería;/ e direi que foi injusto ou que foi insano/ quem fez primeiro as regras para os réus;/ e como iníquas deve revogá-las também,/ e nova lei fazer como melhor convém."

Só me falta exemplificar a oitava truculenta, procurando aquela em que se concentram mais carnificinas. O único embaraço é o da escolha: muitas vezes são as mesmas fórmulas, os mesmos versos que são repetidos e arrumados diversamente. Num primeiro reconhecimento sumário, diria que o primado na importância dos danos numa oitava se encontra nos *Cinque canti*, IV, 7.

*Dui ne partì fra la cintura e l'anche:*
*restâr le gambe in sella e cadde il busto;*
*da la cima del capo un divise anche*
*fin su l'arcion, ch'andò in dui pezzi giusto;*
*tre ferì su le spalle o destre o manche;*
*e tre volte uscì il colpo acre e robusto*
*sotto la poppa dal contrario lato:*
*dieci passò da l'uno a l'altro lato.**

Notamos logo que a fúria homicida provocou um dano imprevisto: a repetição da palavra *lado* em rima com significado idêntico, evidentemente uma distração que o autor não teve tempo de corrigir. Ou melhor, examinando bem, o último verso inteiro, na lista de ferimentos que a estrofe passa em revista, resulta numa repetição, uma vez que a morte com aço de lança já fora exemplificada. A menos que não esteja subentendida esta distinção: ao passo que é claro que as três vítimas precedentes são atravessadas no sentido da espessura, as dez últimas poderiam apresentar uma penetração mais rara, lateral, de flanco a flanco. O uso de *lado* [*lato*] me parece mais apropriado no último verso, no sentido de flanco [*fianco*]. Enquanto

* "Dois lhe desfechou entre a cintura e as ancas:/ ficaram as pernas na sela e arriou o busto;/ lá de cima da cabeça outro dividiu também/ até o arção, que se abriu em dois pedaços justos;/ três feriu nas costas mãos direitas ou esquerdas;/ e três vezes saiu o golpe acre e robusto/ sob a mama do contrário lado:/ dez passou de um para outro lado."

no penúltimo verso *lado* poderia ter sido substituído facilmente por outra palavra em *ado*, por exemplo, *costado*: "sob a mama a meio costado", correção que Ariosto, penso, não teria deixado de fazer caso houvesse continuado a trabalhar naqueles que permaneceram os *Cinque canti*.

Com esta modesta e amigável participação ao seu trabalho *in progress*, encerro minha homenagem ao poeta.

1975

# GEROLAMO CARDANO

Qual é o livro que Hamlet está lendo quando entra em cena no segundo ato? Polônio, que lhe faz a pergunta, tem como resposta: "palavras, palavras, palavras", e nossa curiosidade permanece insatisfeita, mas, se podemos encontrar um traço de leituras recentes no monólogo do "ser ou não ser" que abre a entrada em cena do príncipe da Dinamarca, deveria ser um livro em que se discute sobre a morte como se fosse sono, visitado ou não por sonhos.

Ora, numa passagem de *De consolatione* de Gerolamo Cardano, livro traduzido em inglês, em 1573, numa edição dedicada ao conde de Oxford, portanto conhecido nos ambientes que Shakespeare frequentava, o tema é difusamente discutido. "Certamente o sono mais doce é aquele mais profundo", ali se diz, entre outras coisas, "quando estamos como mortos e não sonhamos nada, ao passo que é muito incômodo o sono leve, inquieto, interrompido por cochilos, atravessado por pesadelos e visões, como sói acontecer com os doentes".

Para concluir que o livro lido por Hamlet é sem dúvida o de Cardano, como fazem alguns estudiosos das fontes shakespearianas, talvez isso seja muito pouco. E muito pouco representativo da *genialitas* de Cardano é aquele pequeno tratado de filosofia moral para servir de pedestal a um encontro entre ele e William Shakespeare. Porém, naquela página se fala de sonhos e não é casualidade: sobre os sonhos, especialmente os seus próprios, Cardano insiste em vários lugares da própria obra e os descreve, comenta e interpreta. Não só porque nele a observação factual do cientista e o raciocínio do matemático abrem espaço para uma vivência dominada pelas premonições, pelos signos do destino astral, pelos influxos mágicos, pelas intervenções dos demônios, mas também porque a sua mente não exclui nenhum fenômeno da investigação objetiva e menos ainda aqueles que afloram da subjetividade mais secreta.

É possível que algo dessa inquietude do homem Cardano tenha reverberado através da tradução inglesa de seu latim pouco cultivado: consideramos hoje bem significativo o fato de que a fama europeia que Cardano desfrutou como médico e que se refletirá na sorte de sua obra, transbordante em todos os campos do saber, autorize a estabelecer um nexo Cardano-Shakespeare justamente às margens de sua ciência, no terreno vago que em seguida será percorrido em todos os sentidos pelos exploradores da psicologia, da introspecção, da angústia existencial e onde Cardano penetrou, numa época em que nada disso ainda tinha nome, nem sua investigação respondia a um propósito claro, mas somente a uma contínua e obscura necessidade interior.

Esse é o aspecto pelo qual nos sentimos próximos a Gerolamo Cardano, no IV centenário de sua morte, sem em nada diminuir a importância de suas descobertas, invenções e intuições que lhe permitem figurar na história das ciências entre os pais fundadores de várias disciplinas, nem à sua fama de mago, de homem dotado de poderes misteriosos, que sempre carregou consigo e que ele próprio cultivou amplamente, ora se vangloriando ora se mostrando surpreendido com isso.

A autobiografia (*De propria vita*) que Cardano escreveu em Roma pouco antes de morrer é o livro pelo qual ele vive para nós como personagem e como escritor. Escritor falido, pelo menos para a literatura italiana, pois se tivesse tentado se exprimir em língua vulgar (e certamente teria mostrado um italiano áspero e acidentado no gênero do de Leonardo) em vez de teimar em redigir toda a sua obra em latim (acreditava ele que esta era a condição para atingir a imortalidade), o nosso Quinhentos literário teria tido não um clássico mas um autor bizarro a mais, tanto mais excêntrico quanto representativo de seu século. Em vez disso, perdido nas águas magnas da latinidade renascentista, permanece como uma leitura para eruditos: não porque seu latim seja desengonçado, como pretendiam seus detratores (pelo contrário, quanto mais é elíptico e temperado de idiotismos maior é o gosto de lê-lo), mas certamente porque o coloca como detrás de um vidro espesso. (Creio que a tradução mais recente é aquela publicada, em 1945, na "Universale" Einaudi.)

Escrevia não só enquanto cientista que deve comunicar suas pesquisas, não só por ser polígrafo que tende à enciclopédia universal, não só porque maníaco da escrita que insiste em encher uma folha depois da outra, mas também enquanto escritor que persegue com as palavras algo que escapa à palavra. Eis uma passagem de memórias infantis que poderíamos incluir numa antologia ideal de precursores de Proust: a descrição de visões ou *rêveries* de olhos abertos, fugas de imagens ou alucinações psicodélicas que — entre os quatro e os sete anos — o retinham de manhã enquanto espreguiçava na cama. Cardano tenta transmitir com a máxima precisão o fenômeno inexplicável e simultaneamente o estado de ânimo de "espetáculo divertido" com o qual o vivenciava.

> Via imagens aéreas que pareciam compostas de minúsculos anéis de uma malha de ferro ("loriga"), embora eu jamais tivesse visto uma, e que apareciam no canto direito ao pé da cama, subiam lentamente traçando um semicírculo e desciam para o canto esquerdo onde desapareciam: castelos, casas, animais, cavalos com cavaleiros, ervas, árvores, instrumentos musicais, teatros, homens vestidos de diferentes maneiras, sobretudo trombeteiros que tocavam

> seus instrumentos, sem que se ouvisse som nem voz, e depois soldados, multidões, campos, formas nunca vistas anteriormente, selvas e bosques, uma quantidade de coisas que aconteciam sem confundir-se, porém meio aos empurrões. Figuras diáfanas, mas não como formas vãs e inexistentes, e sim ao mesmo tempo transparentes e opacas, figuras às quais faltava só a cor para que se pudesse chamá-las de perfeitas e que não eram produzidas só com ar. Divertia-me tanto apreciando esses milagres que certa vez minha tia me perguntou: "O que está olhando?", e eu silenciei, temendo que, se tivesse falado, a causa daquela pompa, fosse qual fosse, poderia degenerar e acabar com a festa.

Essa passagem figura na autobiografia num capítulo concernente aos sonhos e às particularidades naturais fora do comum que lhe couberam: ter nascido com cabelos compridos, o frio nas pernas durante a noite, os suores de manhã, o sonho repetido de um galo que parece a ponto de dizer algo terrível, ver a lua a brilhar todas as vezes que ergue os olhos da página escrita após ter resolvido um problema difícil, soltar cheiro de enxofre e de incenso, não acontecer nunca, quando se acha numa briga, ser ferido ou ferir ou ainda ver feridas outras pessoas, tanto que uma vez percebido esse seu dom (mas que conheceu vários desmentidos) se lança de coração leve em todas as badernas e tumultos.

Domina a autobiografia uma contínua preocupação por si mesmo, pela unicidade da própria pessoa e pelo próprio destino, segundo a observância astrológica, razão pela qual o acúmulo de particularidades díspares em que consiste o indivíduo encontra uma origem e uma razão na configuração do céu ao nascer.

Delicado e doentio, Cardano exerce sobre a saúde uma tríplice atenção: de médico, de astrólogo, de hipocondríaco ou, como diríamos hoje, de psicossomático. E assim sua ficha clínica é assaz minuciosa, das doenças que o mantêm muito tempo entre a vida e a morte até minúsculas espinhas no rosto.

Isso é matéria de um dos primeiros capítulos do *De propria vita*, que é uma autobiografia construída por temas: por exemplo, os pais ("mater fuit iracunda, memoria et ingenio pollens, parvae staturae, pinguis, pia"), o nascimento e seus astros, o retrato físico (minucioso, impiedado e satisfeito numa espécie de narcisismo ao contrário), a alimentação e os hábitos físicos, as virtudes e os vícios, as coisas que mais lhe dão prazer, a paixão dominante pelo jogo (dados, cartas, xadrez), a maneira de vestir, de andar, a religião e as práticas devotas, as casas onde morou, a pobreza e os danos ao patrimônio, os perigos que correu e os acidentes, os livros escritos, os diagnósticos e as terapias mais bem-sucedidas em sua carreira de médico etc.

O relato cronológico de sua vida ocupa só um capítulo, bem pouco para uma vida tão movimentada. Mas muitos episódios são contados mais difusamente nos vários capítulos do livro, das aventuras de jogador, na juventude (como logrou a golpes de espada fugir da casa de um trapaceiro, patrício veneziano) e na idade madura (naquele tempo se jogava xadrez a dinheiro e ele era um enxadrista imbatível a ponto de se ver tentado a deixar a medicina para ganhar a vida jogando), à extraordinária viagem através da Europa para chegar à Escócia, onde o arcebispo doente de asma esperava seus cuidados (após muitas tentativas, Cardano conseguiu obter melhorias proibindo ao religioso o travesseiro e o colchão de penas), à tragédia do filho decapitado por uxoricídio.

Cardano escreveu mais de duzentas obras de medicina, matemática, física, filosofia, religião, música. (Só não se avizinhou das artes figurativas, como se a sombra de Leonardo, espírito semelhante ao seu sob tantos aspectos, bastasse para cobrir aquele campo.) Escreveu também um elogio de Nero, um estudo sobre a podagra, um tratado de ortografia, um tratado sobre os jogos de azar (*De ludo aleae*). Esta última obra também é importante como primeiro texto de teoria da probabilidade: como tal ele é estudado num livro norte-americano que, capítulos técnicos à parte, é muito rico em informações e agradável, e me parece o último estudo publicado sobre ele até hoje (Oystein Ore, *Cardano the gambling scholar*, Princeton, 1953).

"The gambling scholar", "O douto jogador": seria esse o segredo dele? Certamente sua obra e sua vida parecem uma sucessão de partidas a serem jogadas uma por uma, para perder ou ganhar. A ciência renascentista não parece mais ser para Cardano uma unidade harmônica de macrocosmos e microcosmos, mas uma contínua interação de "acaso e necessidade" que se reflete na infinita variedade das coisas, na irredutível singularidade dos indivíduos e dos fenômenos. Iniciou-se o novo caminho do saber humano, destinado a desmontar o mundo parte por parte, mais do que mantê-lo unido.

"Esta terna estrutura, a terra", diz Hamlet, trazendo o livro na mão, "me parece que se tornou uma estéril excrescência e a excelsa abóbada celeste, o firmamento solidamente suspenso sobre nós, majestoso teto marchetado de ouro flamejante, surge como uma mistura explosiva de vapores perniciosos..."

1976

# O LIVRO DA NATUREZA EM GALILEU

A metáfora mais famosa na obra de Galileu — e que encerra em si o nó da nova filosofia — é a do livro da natureza escrito em linguagem matemática.

> A filosofia está escrita nesse imenso livro que continuamente se acha aberto diante de nossos olhos (falo do universo), mas não se pode entender se antes não se aprende a compreender a língua, e conhecer os caracteres nos quais está escrito. Ele vem escrito em linguagem matemática e os caracteres são triângulos, círculos e outras figuras geométricas, sem as quais é impossível para os homens entender suas palavras; sem eles é rodar em vão por um labirinto escuro. (*Saggiatore*, 6)

A imagem do livro do mundo já possuía uma longa história antes de Galileu, dos filósofos da Idade Média a Nicolas de Cues, a Montaigne, e era usada por contemporâneos de Galileu como Francis Bacon e Tommaso Campanella. Nas poesias de Campanella, publicadas um ano antes do *Saggiatore*, existe um soneto que começa com estas palavras: "O mundo é o livro em que a inteligência eterna escreve os próprios conceitos".

Já na *Istoria e dimostrazioni intorno alle macchie solari* (1613), ou seja, dez anos antes do *Saggiatore*, Galileu opunha a leitura direta (livro do mundo) à indireta (livros de Aristóteles).

Essa passagem é muito interessante, pois Galileu aí descreve a pintura de Arcimboldo, com juízos críticos que valem para a pintura em geral (e testemunham suas ligações com artistas florentinos como Ludovico Cigoli), e sobretudo com reflexões sobre a análise combinatória que podem ser aproximadas daquelas que serão lidas mais adiante.

> Restam somente em contradição alguns severos defensores de cada minúcia peripatética, os quais, daquilo que posso compreender, educados e nutridos desde a primeira infância de seus estudos nesta opinião que o filosofar não seja, nem possa ser outra coisa senão fazer grande prática sobre os textos de Aristóteles, e assim prontamente e em grande número possam acorrer de diferentes lugares e juntar-se para examinar algum problema proposto, não querem mais saber de levantar os olhos daqueles papéis, como se esse grande livro do mundo não fosse escrito pela natureza para ser lido por outros, a não ser por Aristóteles, e que seus olhos tivessem que ver por toda a posteridade. Esses, que se sujeitam a leis tão estritas, me fazem lembrar certas obrigações, às quais às vezes de brincadeira se restringem os caprichosos pintores, em querer representar um rosto humano ou outras figuras com a junção ora de instrumentos agrícolas ora somente de frutas ou de flores desta ou daquela estação, cujas bizarrices, embora propostas como divertimento, são belas e agradáveis, e mostram maior perspicácia nesse artífice do que naquele, conforme ele tenha sabido mais adequadamente escolher e aplicar isso ou aquilo à parte imitada; mas, se alguém, talvez por ter consumido todos os seus estudos em semelhante maneira de pintar, quisesse depois universalmente concluir que qualquer outro modo de pintar seria imperfeito e criticável, certamente Cigoli e outros pintores ilustres ririam dele.

A contribuição mais nova de Galileu à metáfora livro-mundo é a atenção ao seu alfabeto especial, aos "caracteres nos quais está escrito". Pode-se então precisar que a verdadeira relação metafórica se estabelece, mais do que entre mundo e livro, entre mundo e alfabeto. Conforme esta passagem do *Dialogo sopra i due massimi sistemi del mondo* (segunda jornada), o alfabeto é que é o mundo:

> Tenho um pequeno livro muito menor que o de Aristóteles e de Ovídio, no qual estão contidas todas as ciências, e com pouquíssimos outros estudos se pode formar uma ideia bem perfeita: e isso é o alfabeto; e não há dúvida de que aquele que souber combinar e ordenar bem esta e aquela vogal com essas e aquelas outras consoantes obterá respostas muito verdadeiras para todas as dúvidas e daí extrairá os ensinamentos de todas as ciências e de todas as artes, justamente daquela maneira que o pintor partindo de simples cores diferentes, separadamente colocadas sobre a tela, vai, com a mistura de um pouco desta com um pouco daquela e de outra mais, figurando homens, plantas, fábricas, pássaros, peixes e, em suma, imitando todos os objetos visíveis, sem que na tela apareçam nem olhos nem penas nem escamas nem folhas nem seixos: antes é necessário que nenhuma das coisas a serem imitadas ou certas partes delas estejam atualmente entre as cores, querendo que com elas possam ser representadas todas as coisas, e que, se aí estivessem, por exemplo, penas, estas só serviriam para pintar pássaros ou penachos.

Quando fala do alfabeto, Galileu pretende, portanto, um sistema combinatório em condições de dar conta de toda a multiplicidade do universo. Também aqui vemos Galileu introduzir a comparação com a pintura: a combinação das letras do alfabeto é o equivalente da combinação das cores na tela. Notar-se-á que se trata de uma combinação num nível diferente daquela da pintura de Arcimboldo na citação precedente: uma combinação de objetos já dotados de significado (quadro de Arcimboldo, *collage* ou *assemblage* de penas, centenas de citações aristotélicas) não pode representar a totalidade do real; para chegar até aí é preciso recorrer a uma combinação de elementos mínimos, como as cores simples ou as letras do alfabeto.

Numa outra passagem do *Diálogo* (no final da primeira jornada) que faz o elogio das grandes invenções do espírito humano, o lugar mais elevado toca ao alfabeto. Aqui de novo se fala de combinação e também de rapidez de comunicação: outro tema, o da rapidez, importantíssimo em Galileu.

> Mas sobre todas as invenções estupendas, que eminência de mente foi aquela de quem imaginou encontrar modo de comunicar seus próprios pensamentos mais recônditos a qualquer outra pessoa, mesmo que distante por enorme intervalo de lugar e de tempo? falar com aqueles que estão na Índia, falar com aqueles que ainda não nasceram e só nascerão dentro de mil ou 10 mil anos? e com que facilidade? Com as várias junções de vinte pequenos caracteres num pedaço de papel. Seja este o segredo de todas as admiráveis invenções humanas.

Se relermos a passagem do *Saggiatore* que citei no início à luz do que acaba de ser transcrito, entenderemos melhor como para Galileu a matemática e sobretudo a geometria têm uma função de alfabeto. Este ponto é explicitado numa carta de janeiro de 1641 (um ano antes da morte) a Fortunio Liceti.

> Mas eu considero de fato que o livro da filosofia é aquele que está perpetuamente aberto diante de nossos olhos; mas, porque se encontra escrito em caracteres diferentes daqueles do nosso alfabeto, não pode ser lido por todos: e são os caracteres de tal livro triângulos, quadrados, círculos, esferas, cones, pirâmides e outras figuras matemáticas, perfeitamente adequadas para tal leitura.

Pode-se observar que, em sua enumeração das figuras, Galileu, mesmo tendo lido Kepler, não fala de elipses. Porque em sua análise combinatória deve partir das formas mais simples? Ou porque sua batalha contra o modelo ptolomaico ainda se joga no interior de uma ideia clássica de proporção e perfeição da qual o círculo e a esfera permanecem como as imagens soberanas?

O problema do alfabeto do livro da natureza está ligado ao da "nobreza" das formas, como se vê nesta passagem da dedicatória do *Dialogo sopra i due massimi sistemi* ao grão-duque da Toscana:

> Quem olha mais alto se diferencia mais altamente; e voltar-se para o grande livro da natureza, que é o próprio objeto da filosofia, é o modo para erguer os olhos: livro no qual, embora tudo aquilo que se lê, como obra do Artífice onipotente, seja por isso extremamente proporcionado, aquele mesmo assim é mais expedito e mais digno, onde maior, em nossa opinião, parece a obra e o artifício. A constituição do universo dentre os naturais apreensíveis, no meu entender, pode ser colocada em primeiro lugar: pois se aquela, como contentora universal, em grandeza supera tudo o mais, como regra e manutenção de tudo deve também ser superior em nobreza. Porém, se a ninguém jamais tocou em excesso diferenciar-se pelo intelecto dos outros homens, Ptolomeu e Copérnico foram aqueles que tão elevadamente leram, se fixaram e filosofaram sobre a constituição do mundo.

Um quesito que Galileu se coloca várias vezes para ironizar o velho modo de pensamento é o seguinte: as formas geométricas regulares devem ser consideradas mais *nobres*, mais *perfeitas* que as formas naturais empíricas, acidentadas etc. É sobretudo a propósito das irregularidades da Lua que a questão é discutida: existe uma carta de Galileu para Gallanzone Gallanzoni inteiramente dedicada ao tema; mas bastará citar a passagem do *Saggiatore*, 38:

> E eu, quanto a mim, não tendo nunca lido as crônicas e as nobrezas particulares das figuras, não sei quais delas são mais ou menos nobres, mais ou menos perfeitas; mas creio que todas sejam antigas e nobres de algum modo ou, melhor dizendo, que quanto a elas próprias não são nem nobres nem perfeitas, nem ignóbeis e imperfeitas, senão enquanto para erguer paredes creio que as quadradas sejam mais perfeitas que as esféricas, mas para fazer rolar ou conduzir carroças sejam mais indicadas as redondas que as triangulares. Mas, voltando a Sarsi, ele diz que eu lhe ofereço inúmeros argumentos para provar a aspereza da superfície côncava do céu, porque eu próprio quero que a Lua e os outros planetas (corpos também eles ainda celestes e bastante mais que o próprio céu nobres e perfeitos) sejam de superfície montanhosa, áspera e irregular; e, se isso é, por que não se deve dizer que tal desigualdade se encontra ainda na figura celeste? Aqui pode o próprio Sarsi dar como resposta aquilo que ele responderia a alguém que lhe quisesse provar que o mar deveria estar cheio de espinhas e de escamas, pois assim são as baleias, os atuns e os outros peixes que o habitam.

Enquanto partidário da geometria, Galileu deveria apoiar a causa da superioridade das formas geométricas, mas enquanto observador da natureza ele recusa a ideia de uma perfeição abstrata e opõe a imagem da Lua "montanhosa, áspera e desigual" à pureza dos céus da cosmologia aristotélico-ptolomaica.

Por que uma esfera (ou uma pirâmide) deveria ser mais perfeita que uma forma natural, por exemplo, a de um cavalo ou de um gafanhoto? A questão é recorrente em todo o *Dialogo sopra i due massimi sistemi*. Nesta passagem da segunda jornada voltamos a encontrar a comparação com o trabalho do artista, aqui o escultor: "Contudo, gostaria de saber se a mesma dificuldade se encontra ao representar um sólido de qualquer outra figura, isto é, para explicar melhor, se maior dificuldade se encontra em querer reduzir um pedaço de mármore à figura de uma esfera perfeita do que a uma perfeita pirâmide ou a um perfeito cavalo ou então a um perfeito gafanhoto".

Uma das páginas mais belas e importantes do *Dialogo* (primeira jornada) é o elogio da Terra como objeto de alterações, mutações, gerações. Galileu evoca com espanto a imagem de uma Terra de jaspe, de uma Terra de cristal, de uma Terra incorruptível, como petrificada pela Medusa.

> Não posso sem grande admiração, e direi grande repugnância para meu intelecto, ouvir atribuições de grande nobreza e perfeição aos corpos celestes e integrantes do universo por serem impassíveis, imutáveis, inalteráveis etc., e ao contrário considerar grande imperfeição ser alterável, capaz de gerar, mutável etc.: julgo a Terra nobilíssima e admirável pelas tantas e tão diversas alterações, mutações, gerações etc. que nela incessantemente ocorrem; e quando, sem estar sujeita a nenhuma mutação, ela fosse toda uma vasta solidão de areia ou massa de jaspe ou que, no tempo do dilúvio, congelando-se as águas que a cobriam se transformasse num globo imenso de cristal, onde não nascesse nem se alterasse ou mudasse coisa nenhuma, eu a consideraria um corpanzil inútil no mundo, cheio de ócio e, para usar poucas palavras, supérfluo e como se não estivesse na natureza e não faria diferença entre estar viva ou morta; e o mesmo digo sobre a Lua, Júpiter e todos os outros globos do mundo. [...] Esses que tanto exaltam a incorruptibilidade, a inalterabilidade etc. creio que se reduzem a dizer tais coisas pelo grande desejo de viver muito e pelo terror que têm da morte; e não consideram que, quando os homens fossem imortais, não lhes tocaria vir ao mundo. Estes mereceriam encontrar-se numa cabeça de Medusa, que os transformasse em estátua de jaspe ou de diamante, para tornar-se mais perfeitos do que são.

Se associarmos o discurso sobre o alfabeto do livro da natureza a este elogio das pequenas alterações, mutações etc.

vemos que a verdadeira oposição se situa entre imobilidade e mobilidade, e é contra uma imagem de inalterabilidade da natureza que Galileu toma partido, evocando a carranca de Medusa. (A mesma imagem e argumento já se achavam presentes no primeiro livro astronômico de Galileu, *Istoria e dimostrazioni intorno alle macchie solari.*) O alfabeto geométrico ou matemático da natureza será aquele que, baseando-se em sua capacidade de ser decomposto em elementos mínimos e de representar todas as formas do movimento e da mudança, cancela a oposição entre céus imutáveis e elementos terrestres.

A dimensão filosófica dessa operação está bem ilustrada por esta fala do *Dialogo* entre o ptolomaico Simplicio e Salviati, porta-voz do autor, em que retorna o tema da "nobreza":

> SIMP.: Este modo de filosofar tende à subversão de toda a filosofia natural e a desordenar e arruinar o céu, a Terra e todo o universo. Mas acredito que os fundamentos dos peripatéticos sejam tais que não há perigo de que com a ruína eles possam construir novas ciências.
>
> SALV.: Não se preocupe com o céu nem com a Terra, nem tema sua subversão, como tampouco da filosofia; porque, quanto ao céu, é vão que temam aquilo que vocês mesmos consideram inalterável e impassível; quanto à Terra, tratamos de nobilitá-la e aperfeiçoá-la, enquanto procuramos fazê-la semelhante aos corpos celestes e de certo modo colocá-la quase no céu, de onde os seus filósofos a expulsaram.

1985

# CYRANO NA LUA

Na época em que Galileu entrava em choque com o Santo Ofício, um de seus partidários parisienses propunha um sugestivo modelo de sistema heliocêntrico: o universo é feito como uma cebola, que "conserva, protegida por cem películas que a envolvem, o precioso broto do qual 10 milhões de outras cebolas irão tirar sua essência... O embrião, na cebola, é o pequeno Sol deste pequeno mundo, que aquece e nutre o sal vegetativo de toda a massa" .

Com aqueles milhões de cebolas, do sistema solar passamos àquele dos infinitos mundos de Giordano Bruno; de fato, todos esses corpos celestes "que se veem ou não se veem, suspensos no azul do universo, não passam da espuma dos sóis que se depuram. Como poderiam subsistir esses grandes fogos, se não fossem alimentados por alguma matéria que os nutre?". Esse processo espumígero afinal não é muito diferente de como hoje nos explicam a condensação dos planetas da nebulosa primordial e as massas estelares que se contraem e se expandem:

> Todo dia, o Sol descarrega e se purga dos restos da matéria que alimenta o seu fogo. Mas quando tiver consumido inteiramente a matéria de que é composto, expandir-se-á de todos os lados para buscar outro alimento e se propagará para todos os mundos que um dia construíra e em particular aqueles que estiverem mais próximos. Então aquele grande fogo, tornando a fundir todos os

corpos, irá lançá-los desordenadamente de todos os lados como antes e, tendo se purificado pouco a pouco, começará a servir de Sol aos planetas que há de gerar, lançando-os fora de sua esfera.

Quanto ao movimento da Terra, são os raios do Sol que, "vindo a golpeá-la, com sua circulação fazem-na girar como fazemos girar um globo golpeando-o com a mão", ou então são os vapores da própria Terra aquecida pelo Sol que, "batidos pelo frio das regiões polares, caem-lhe por cima e, só podendo atingi-la de lado, fazem com que ela gire em círculo".

Este imaginoso cosmógrafo é Savinien de Cyrano (1619-55), mais conhecido como Cyrano de Bergerac, e a obra aqui citada é *Histoire comique des états et empires de la Lune*.

Precursor da ficção científica, Cyrano nutre suas fantasias com os conhecimentos científicos da época e com as tradições mágicas renascentistas e, assim fazendo, produz antecipações que somente nós, mais de três séculos depois, podemos apreciar como tais: os movimentos do astronauta que se livrou da força da gravidade (ele chega a isso mediante gotas de orvalho que são atraídas pelo Sol), os foguetes em vários estágios, os "livros sonoros" (carrega-se o mecanismo, coloca-se uma agulha sobre o capítulo desejado, ouvem-se os sons que saem de uma espécie de boca).

Mas sua imaginação poética nasce de um verdadeiro sentimento cósmico e o leva a imitar as comovidas evocações do atomismo lucreciano; assim ele celebra a unidade de todas as coisas, inanimadas ou vivas, e também os quatro elementos de Empédocles são um único, com os átomos ora mais rarefeitos ora mais densos.

> Vocês se maravilham de como esta matéria misturada confusamente, dependendo do acaso, pode ter constituído um homem, visto que havia tantas coisas necessárias para a construção de seu ser, mas não sabem que cem milhões de vezes essa matéria,

quando estava a ponto de produzir um homem, se deteve para formar, ora uma pedra, ora chumbo, ora coral, ora uma flor, ora um cometa, para as excessivas ou muito poucas figuras que eram necessárias para projetar um homem.

Essa combinação de figuras elementares que determina a variedade das formas vivas liga a ciência epicuriana à genética do DNA.

Os sistemas para ir à Lua já oferecem uma amostragem da inventividade cyranesca: o patriarca Enoch amarra sob as axilas dois vasos cheios de fumaça de um sacrifício que deve subir ao céu; o profeta Elias realizou a mesma viagem instalando-se numa pequena embarcação de ferro e lançando para o ar uma bola imantada; quanto a ele, Cyrano, tendo untado com unguento à base de miolo de boi as amassaduras resultantes das tentativas precedentes, sentiu-se erguido na direção do satélite, porque a Lua costuma sugar o miolo dos animais.

A Lua abriga entre outras coisas o Paraíso impropriamente chamado de terrestre, e Cyrano cai justamente sobre a Árvore da Vida, emplastando a cara com uma das famosas maçãs. Quanto à serpente, depois do pecado original, Deus a relegou ao corpo do homem: é o intestino, serpente enrolada sobre si mesma, animal insaciável que domina o homem e o condiciona aos seus desejos e o dilacera com seus dentes invisíveis.

Essa explicação é dada pelo profeta Elias a Cyrano, que não sabe conter uma salaz variação sobre o tema: a serpente é também aquela que sai do ventre do homem e se lança para a mulher a fim de espirrar seu veneno nela, provocando um inchaço que dura nove meses. Mas Elias de fato não gosta dessas brincadeiras de Cyrano e, diante de uma impertinência mais grave que as anteriores, expulsa-o do Éden. O que demonstra que nesse livro todo jocoso há brincadeiras que podem ser consideradas verdades e outras que não são ditas a sério, embora não seja fácil distingui-las.

Cyrano expulso do Éden visita as cidades da Lua: algumas móveis, com casas sobre rodas que podem mudar de aparência em cada estação; outras sedentárias, parafusadas no solo, onde podem enterrar-se durante o inverno para proteger-se das intempéries. Terá como guia uma personagem que esteve na Terra várias vezes em séculos diferentes: é o "demônio de Sócrates" do qual Plutarco falou num pequeno livro seu. Esse sábio espírito explica por que os habitantes da Lua não só se abstêm de comer carne, mas também tomam cuidados especiais em relação às hortaliças: só comem repolhos mortos de morte natural, pois decapitar um repolho é um assassinato para eles. De fato, nada nos garante que os homens, depois do pecado de Adão, sejam mais queridos por Deus que os repolhos nem que estes últimos sejam mais dotados de sensibilidade e beleza e feitos mais à imagem e semelhança de Deus.) "Portanto, se nossa alma não é mais o Seu retrato, não nos parecemos mais com Ele por causa das mãos, da boca, da testa, das orelhas que a planta por causa das folhas, das flores, do pedúnculo, do talo e da cabeça do repolho." E quanto à inteligência, mesmo admitindo que os repolhos não tenham uma alma imortal, talvez participem de uma inteligência universal e se de seus conhecimentos ocultos jamais se nos revelou nada talvez seja só porque não estejamos à altura de receber as mensagens que nos mandam.

Qualidade intelectual e qualidade poética convergem em Cyrano e fazem dele um escritor extraordinário, no Seiscentos francês e em termos absolutos. Intelectualmente é um "libertino", um polemista envolvido na confusão que está mandando para os ares a velha concepção do mundo: é partidário do sensualismo de Gassendi e da astronomia de Copérnico, mas é nutrido sobretudo pela "filosofia natural" do Quinhentos italiano: Cardano, Bruno, Campanella. (Quanto a Descartes, será em *Histoire comique des états et empires du Soleil*, seguido do livro sobre a Lua, que Cyrano o encontrará e fará com que seja acolhido naquele empíreo de Tommaso Campanella, que vai ao encontro dele e o abraça.)

Literariamente, é um escritor barroco (suas "cartas" contêm trechos de virtuose, como a *Descrição de um cipreste*, em que se diria que o estilo e o objeto descrito se tornam a mesma coisa) e sobretudo é escritor até o fundo, que não quer tanto ilustrar uma teoria ou defender uma tese quanto pôr em movimento um carrossel de invenções que equivalem, no plano da imaginação e da linguagem, àquilo que a nova filosofia e a nova ciência estão colocando em movimento no plano do pensamento. Em seu *Histoire ... Lune* não é a coerência das ideias que conta, mas o divertimento e a liberdade com que ele se vale de todos os estímulos intelectuais que mais aprecia. É o *conte philosophique* que começa: e isso não quer dizer narrativa com uma tese a ser demonstrada, mas narrativa em que as ideias aparecem e desaparecem e fazem troça umas das outras, pelo prazer de quem tem familiaridade com elas para brincar mesmo quando as leva a sério.

Poderíamos dizer que a viagem à Lua de Cyrano antecipa em algumas situações as viagens de Gulliver: na Lua como em Brobdignag o visitante se encontra no meio de seres humanos muito maiores que ele e que o exibem como um animalzinho. Assim como a sequência de desventuras e de encontros com personagens de sabedoria paradoxal antecipa as peripécias do Candide voltairiano. Mas o êxito literário de Cyrano foi mais tardio: esse livro saiu postumamente e mutilado pela censura de amigos temerosos e só veio à luz integralmente no século xx. Entretanto, a redescoberta de Cyrano ocorrera na época romântica: Charles Nodier primeiro e depois sobretudo Théophile Gautier haviam, baseando-se numa tradição anedótica dispersa, desenhado a personagem do poeta-espadachim e zombeteiro que depois o habilíssimo Rostand transformou no herói do bem-sucedido drama em versos.

Mas Savinien Cyrano na realidade não era nem nobre nem gascão, mas parisiense e burguês. (O predicado Bergerac fora acrescentado por ele, extraído do nome de uma propriedade de seu pai advogado.) O famoso nariz, é provável que o tivesse mesmo, dado que nesse livro encontramos um elogio dos narizes distintos, elogio que, embora pertencendo a um gênero comum na literatura barroca, é improvável que tivesse sido escrito por alguém de nariz pequeno, achatado ou parecido com focinho de cachorro. (Para saber a hora, os habitantes da Lua se valem de um meridiano natural formado pelo nariz comprido que projeta sua sombra sobre os dentes, usados como quadrante.)

Mas não se trata só de exibir o nariz: os lunares de condição nobre andam nus e como se não bastasse levam na cintura um pingente de bronze em forma de membro viril.

> "Esse uso me parece tão extraordinário", disse ao meu jovem hóspede, "porque em nosso mundo é sinal de nobreza usar a espada." Mas ele, sem se perturbar, exclamou: "Meu pequeno homem, como são fanáticos os grandes de seu mundo ao exibir um instrumento que designa o carrasco, construído só para destruir-nos, em suma, inimigo jurado de tudo aquilo que vive, e ao contrário esconder um membro sem o qual estaríamos na condição daquilo que não existe, o Prometeu de cada animal, o reparador incansável das debilidades da natureza! Infeliz lugar, em que os símbolos da procriação são objeto de vergonha e são honrados os da destruição! E, ainda por cima, vocês chamam aquele membro 'as partes vergonhosas', como se houvesse algo mais glorioso que dar a vida ou alguma coisa mais infame que tirá-la!".

Onde se demonstra que o belicoso espadachim de Rostand era na realidade um adepto do "fazer amor e não a guerra", mesmo tratando com indulgência uma ênfase procriadora que nossa época contraceptiva só pode considerar obsoleta.

1982

# ROBINSON CRUSOE, O DIÁRIO DAS VIRTUDES MERCANTIS

*A vida e as estranhas e surpreendentes aventuras de Robinson Crusoe de York, marinheiro, que viveu vinte e oito anos completamente sozinho numa ilha deserta nas costas da América, próximo à foz do grande rio Orinoco, tendo sido lançado à costa por um naufrágio, no qual todos pereceram menos ele, com um relatório sobre o modo pelo qual foi enfim também estranhamente libertado pelos piratas; escrito por ele mesmo.* Lia-se no frontispício da primeira edição do *Robinson Crusoe*, publicada em Londres, em 1719, por um editor popular: W. Taylor. Não aparecia o nome do autor, pois se devia considerá-lo um verdadeiro livro de memórias escritas pelo náufrago.

Era um momento em que as histórias de mar e de piratas faziam sucesso, e o tema do náufrago na ilha deserta já atraíra o público por um fato realmente ocorrido dez anos antes, quando o capitão Woodes Rogers havia encontrado na ilha de Juan Fernández um homem que vivera sozinho durante quatro anos, um marinheiro escocês, um certo Alexander Selkirk. Assim veio à cabeça de um panfletista em desgraça e sem dinheiro contar uma história do gênero como memórias de um marinheiro desconhecido.

Esse improvisado romancista era um homem de quase sessenta anos, Daniel Defoe (1660-1731), bastante conhecido pelas crônicas políticas da época inclusive por suas condenações ao pelourinho e autor de um mar de escritos de todos os gêneros, assinados ou mais frequentemente anônimos. (Suas bibliografias mais completas reúnem quase quatrocentos títulos, entre libelos de controvérsias religiosas e políticas, poemetos satíricos, livros de ocultismo, tratados históricos, geográficos, econômicos, e romances.)

Nasce, portanto, essa matriz do romance moderno, bem distante do terreno da literatura culta (que tinha então na Inglaterra o seu supremo moderador no classicista Pope): bem no meio do amontoado da produção livreira comercial, que se dirigia a um público de mulherzinhas, pequenos vendedores, garçons, camareiros, marinheiros, soldados. Mesmo visando reforçar os gostos desse público, tal literatura tinha sempre o escrúpulo, talvez não completamente hipócrita, de promover a educação moral, e Defoe não era de modo algum indiferente a essa exigência. Mas não são as pregações edificantes, sempre apressadas e genéricas, com as quais de vez em quando são floreadas as páginas do *Robinson*, que fazem dele um livro de sólida ossatura moral, mas o modo direto e natural com que um costume e uma ideia da vida, uma relação do homem com as coisas e as possibilidades ao alcance de sua mão se exprimem em imagens.

E não se pode dizer que uma origem tão "prática" de livro projetado como "negócio" desabone aquele que será considerado autêntica bíblia das virtudes mercantis e industriais, a epopeia da iniciativa individual. Nem está em contradição com a vida de Defoe, com sua figura controversa de pregador e aventureiro (primeiro comerciante, homem de confiança em fábricas de meias e de tijolos, envolvido em bancarrotas, fundador e conselheiro do partido *whig* que apoiava Guilherme de Orange, a favor dos "dissidentes", preso e salvo pelo ministro Robert Harley, um *tory* moderado, do qual se tornou porta-voz e agente secreto, fundador e único redator do jornal *The Review*, razão pela qual foi definido "inventor do jornalismo moderno"; reaproximando-se, após a queda de Harley, do partido *whig* e depois de novo do *tory*, até a crise que o transformou em romancista), aquela mescla de aventura, espírito prático e compunção moralista que serão dotes fundamentais do capitalismo anglo-saxão nas duas margens do Atlântico.

Uma veia segura de narrador de ficção já aflorava com frequência nos escritos anteriores de Defoe, especialmente em certas narrativas de fatos da atualidade ou da história, que ele carregava de detalhes fantásticos, e nas biografias de homens ilustres baseadas em testemunhos apócrifos.

Fortalecido com tais experiências, Defoe mergulhou em seu romance. O qual, segundo a impostação autobiográfica, não narra apenas as aventuras do naufrágio e da ilha deserta, mas começa *ab ovo* e prossegue até a velhice do protagonista, também nisso seguindo um pretexto moralista, de uma pedagogia, para ser franco, demasiado restrita e elementar para ser tomada a sério: a obediência ao pai, a superioridade da condição média, do modesto viver burguês, acima de qualquer miragem de audazes fortunas. É por ter transgredido tais ensinamentos que Robinson se meterá em tantas confusões.

> Depois de onze anos de absoluta solidão entre as cabras, os gatos nascidos do casamento daqueles de bordo, os selvagens e o papagaio com o qual ainda pode usar e ouvir palavras inteligíveis, imprevistamente uma pegada na praia lhe provoca terror. Pelo menos dois anos viveu entrincheirado em seu fortim: a ilha é periodicamente visitada por tribos de canibais que chegam de canoa para ali consumir seus desumanos banquetes. Um prisioneiro marcado para morrer tenta a fuga; Robinson o salva matando a golpes de fuzil os perseguidores: será Sexta-Feira, o fiel servidor e discípulo. Um segundo salvamento de canibais acrescenta outros dois súditos à colônia; um náufrago espanhol e um velho selvagem que, quanta casualidade, é o pai de Sexta-Feira. Na ilha desembarca depois um grupo de marinheiros ingleses amotinados que pretendem matar seus oficiais. Uma batalha de astúcias e golpes audaciosos se desenrola na ilha, uma vez libertados os oficiais, para conquistar o na-

vio dos amotinados; com eles Robinson pode finalmente regressar à pátria. Recuperados seus bens no Brasil, de repente se vê riquíssimo, e a organização de seus negócios lhe oferece ainda a ocasião de uma aventura surpreendente: uma travessia hibernal dos Pireneus, com Sexta-Feira; caçador de lobos e ursos.

Igualmente distanciada do inchaço setecentista e do colorido patético que assumirá a narrativa inglesa do Setecentos, a linguagem de Defoe (e aqui a primeira pessoa do marinheiro-comerciante, capaz de dispor em colunas como num livro mestre inclusive o "mal" e o "bem" de sua situação e de manter uma contabilidade aritmética dos canibais mortos, se revela um expediente poético, antes de ser prático) é de uma sobriedade, de uma economia que, à semelhança do estilo "de código civil" de Stendhal, poderíamos definir "de relatório comercial". Como um relatório comercial ou um catálogo de mercadorias e utensílios, a prosa de Defoe é despojada e ao mesmo tempo detalhada até o mínimo pormenor. O acúmulo de minúcias visa persuadir o leitor da veracidade do relato, mas também exprime do melhor modo possível o sentido da importância de cada objeto, de cada operação, de cada gesto na condição de náufrago (assim como em *Moll Flanders* e no *Coronel Jack* por meio da lista de objetos roubados será expressa a ansiedade e a alegria da posse).

Minuciosas até o exagero são as descrições das operações manuais de Robinson: como ele escava a casa na rocha, cerca-a com uma paliçada, constrói um barco que depois não consegue transportar até o mar, aprende a modelar e a cozer vasos e tijolos. Por esse empenho e prazer em descrever as técnicas de Robinson, Defoe chegou até nós como o poeta da paciente luta do homem com a matéria, da humildade e grandeza do fazer, da alegria de ver nascer as coisas de nossas mãos. De Rousseau até Hemingway, todos aqueles que nos indicaram como provas do valor humano o medir-se, o conseguir, o fracassar ao "fazer" uma coisa, pequena ou grande, podem reconhecer em Defoe o primeiro mestre.

*Robinson Crusoe* é sem dúvida um livro a ser relido linha por linha, fazendo-se sempre novas descobertas. Aquela sua renúncia, em poucas frases, nos momentos cruciais, a todo excesso de autocompaixão ou de júbilo para passar às questões práticas (como quando, tendo acabado de se dar conta de ser o único sobrevivente de toda a equipagem — "de fato, deles não vi mais nenhum traço, exceto três chapéus, um boné e dois sapatos sem par" —, após um rapidíssimo agradecimento a Deus passa a olhar em torno e a estudar a sua situação) pode parecer em contraste com o tom de homilia de certas páginas que virão adiante, depois que uma doença o reconduziu ao pensamento religioso.

Mas a conduta de Defoe é, em *Crusoe* e nos romances posteriores, bastante similar à do homem de negócios respeitador das normas que na hora do culto vai à igreja e bate no peito, e logo se apressa em sair para não perder tempo no trabalho. Hipocrisia? É demasiado aberto e vital para atrair uma tal acusação; conserva mesmo em suas bruscas alternativas um fundo de saúde e sinceridade que é o seu sabor inconfundível.

Quando encontra no navio parcialmente submerso as moedas de ouro e prata não nos poupa um pequeno monólogo "em voz alta" sobre a inutilidade do dinheiro; mas assim que fecha as aspas do monólogo: "de qualquer modo, pensando bem, levei tudo comigo".

Por vezes, mesmo a veia do humorismo chega aos campos de batalha das controvérsias político-religiosas da época: como quando assistimos às disputas do selvagem que não pode conceber a ideia do diabo e do marinheiro que não sabe explicá-la. Ou como naquela situação de Robinson, rei de "três súditos isolados que eram de três religiões diferentes. O meu Sexta-Feira era protestante, seu pai pagão e canibal, e o espanhol papista. Contudo, concedi liberdade de consciência em todos os meus domínios". Porém, isenta do mais tênue matiz irônico como esse, nos vem apresentada uma das situações mais paradoxais e significativas do livro: Robinson, depois de ter suspirado por muitos anos para voltar ao contato com o resto do mundo, toda vez que vê surgir uma presença humana ao redor da ilha, sente os perigos para sua vida redobrarem; e quando sabe da existência de um grupo de náufragos espanhóis numa ilha vizinha tem medo de unir-se a eles, pois teme que desejem entregá-lo às garras da Inquisição.

Também às margens da ilha deserta, portanto, "perto da foz do grande rio Orinoco", chegam as correntes de ideias, paixões e cultura da época. Certamente, por mais que em seu intento de narrador de aventuras Defoe enfatize o horror das descrições canibalescas, não lhe eram estranhas as reflexões de Montaigne sobre os antropófagos (as mesmas que já haviam deixado sua marca em Shakespeare, na história de uma outra ilha misteriosa, a da *Tempestade*), sem as quais talvez Robinson não tivesse chegado à conclusão de que "aquelas pessoas não eram assassinas mas homens de uma civilização diferente, que obedeciam às suas leis, não piores que os costumes de guerra do mundo cristão".

1955

# *CANDIDE* OU A VELOCIDADE

Personagens filiformes, animadas por uma mobilidade saltitante se alongam, se contorcem numa sarabanda com a leveza de pequenos arranhões: assim Paul Klee, em 1911, ilustrava o *Candide* de Voltaire, dando forma visual — e quase diria musical — à alegria energética que esse livro — para além do denso invólucro de referências a uma época e a uma cultura — continua a comunicar ao leitor de nosso século.

Hoje, em *Candide*, não é o "conto filosófico" o que mais nos fascina, não é a sátira, não é o tomar forma de uma moral e de uma visão do mundo: é o ritmo. Com velocidade e leveza, uma sucessão de desgraças, suplícios e massacres corre pela página, salta de capítulo em capítulo, se ramifica e multiplica sem provocar na emotividade do leitor outro efeito além de uma vitalidade alegre e primordial. Se bastam as três páginas do capítulo VIII para que Cunegundes se dê conta de como, tendo tido pai, mãe, irmão esquartejados pelos invasores, tenha sido violentada, destripada, curada, reduzida a lavadeira, transformada em objeto de negociação na Holanda e em Portugal, dividida em dias alternados entre dois protetores com profissões de fés diferentes, e assim tenha acabado por assistir ao auto de fé que tem como vítimas Pangloss e Cândido e por reunir-se a este último, menos de duas páginas do capítulo IX são suficientes para que Cândido se encontre com dois cadáveres entre os pés e Cunegundes possa exclamar: "Como conseguiu, você que nasceu tão manso, matar em dois minutos um judeu e um padre?". E quando a velha servente explica por que só tem uma nádega, após ter começado a contar sua vida desde quando, filha de um papa, aos treze anos de idade, em três meses passara pela miséria, escravidão, fora violentada quase todos os dias, vira a mãe ser cortada em quatro, suportara a fome e a guerra e fora vítima da peste na Argélia, deve falar também do assédio de Azov e do insólito recurso alimentar que os janízaros encontram nas nádegas femininas, aqui as coisas vão lentamente, são necessários dois capítulos inteiros, digamos seis páginas e meia.

O grande achado do Voltaire humorista é aquele que se tornará um dos efeitos mais seguros do cinema cômico: o acúmulo de desastres a grande velocidade. E não faltam as imprevistas acelerações de ritmo que conduzem ao paroxismo o sentido do absurdo: quando a série das desventuras já velozmente narradas em sua exposição "por extenso" é repetida num resumo de provocar tonturas. É um grande cinematógrafo mundial que Voltaire projeta em seus fulminantes fotogramas, é a volta ao mundo em oitenta páginas, que leva Cândido da Vestefália natal até a Holanda, Portugal, América do Sul, França, Inglaterra, Veneza, Turquia e se espalha nas voltas ao mundo supletivas das personagens coadjuvantes, homens e sobretudo mulheres, fáceis presas de piratas e de mercadores de escravos entre o Gibraltar e o Bósforo. Um grande cinematógrafo da atualidade mundial, sobretudo: com aldeias dizimadas na Guerra dos Setes Anos entre prussianos e franceses (os "búlgaros" e os "ávaros"), o terremoto de Lisboa de 1755, os autos de fé da Inquisição, os jesuítas do Paraguai que recusam o domínio espanhol e português, as míticas riquezas dos incas, e alguns flashes mais rápidos sobre o protestantismo na Holanda, a expansão da sífilis, a pirataria mediterrânea e atlântica, as guerras intestinais do Marrocos, a exploração de escravos negros na Guiana, deixando uma certa margem para as crônicas literárias e mundanas parisienses e para as entrevistas com os muitos reis destronados do momento, reunidos no Carnaval de Veneza.

Um mundo que caminha para a ruína, em que ninguém se salva em lugar nenhum, se excetuarmos o único país sábio e feliz, Eldorado. A conexão entre felicidade e riqueza deveria ser excluída, uma vez que os incas ignoram que a poeira de ouro de suas estradas e as pedras de diamantes tenham tanto valor para os homens do Velho Mundo: contudo, quanta casualidade, uma sociedade sábia e feliz, Cândido vai encontrá-la justamente entre as jazidas de metais preciosos. Lá, finalmente Pangloss poderia ter razão, o melhor dos mundos possíveis poderia ser realidade: acontece que Eldorado está escondido entre as mais inacessíveis cordilheiras dos Andes, talvez num farrapo de mapa: trata-se de um não lugar, de uma utopia.

Mas se esse Paraíso tem aquele algo de indefinido e de não muito convincente que é próprio das utopias, o resto do mundo, com suas atribulações torturantes, embora apenas esboçadas, não é de fato uma representação maneirista. "É por este preço que vocês comem açúcar na Europa!", diz o negro da Guiana Holandesa, após ter informado sobre seus suplícios em poucas linhas; e a cortesã, em Veneza:

> Ah, senhora, se pudesse imaginar o que significa ter de acariciar indiferentemente um velho comerciante, um advogado, um padre, um gondoleiro, um abade; ser exposta a todos os insultos, a todas as afrontas; ser muitas vezes reduzida a pedir emprestada uma saia para permitir que ela seja arrancada por um homem repugnante; ser roubada por um macho de tudo o que acabou de ganhar com outro; ser multada por oficiais de justiça e não ter outra perspectiva além de uma horrenda velhice, um hospital, um chiqueiro...

Certamente as personagens de *Candide* parecem feitas de borracha: Pangloss definha com a sífilis, enforcam-no, amarram--no aos remos de um navio e o reencontramos sempre vivo e fagueiro. Mas seria equivocado dizer que Voltaire passa ao largo do custo dos sofrimentos: que outro romancista tem a coragem de fazer-nos reencontrar a heroína que no início é "de colorido vivaz, fresca, gorda, apetitosa" transformada numa Cunegundes "escurecida, com os olhos cheios de remela, o peito achatado, as bochechas enrugadas, os braços vermelhos e gretados"?

Nesse ponto, nos damos conta de que a nossa leitura de *Candide*, que desejava ser totalmente externa, "superficial", conduziu-nos ao centro da "filosofia", da visão de mundo de Voltaire. Que não pode ser identificada somente na polêmica com o otimismo providencialista de Pangloss: pensando bem, o mentor que acompanha Cândido por mais tempo não é o infeliz pedagogo leibniziano, mas o "maniqueísta" Martin, o qual é levado a ver no mundo somente as vitórias do diabo; e se Martin sustenta a parte do anti-Pangloss, certamente não se pode dizer que ele seja o vencedor da partida. Inútil — diz Voltaire — é procurar uma explicação metafísica do mal, como fazem o otimista Pangloss e o pessimista Martin, pois este mal é subjetivo, indefinível e não mensurável; o credo de Voltaire é antifinalista, ou seja, se o seu Deus tem um fim, será um fim imperscrutável; um desenho do universo não existe ou, caso exista, cabe a Deus conhecê-lo e não ao homem; o "racionalismo" de Voltaire é uma atitude ética e voluntarista que toma forma contra um fundo teológico incomensurável para o homem como aquele de Pascal.

Se esse carrossel de desastres pode ser contemplado com um sorriso nos lábios é porque a vida humana é rápida e limitada; existe sempre alguém que se pode considerar mais infeliz que nós; e quem por acaso não tivesse nada de que se lamentar, dispusesse de tudo o que a vida pode oferecer de bom, terminaria como o senhor Pococurante, senador veneziano, que está sempre olhando para os outros com soberba, encontrando defeitos onde deveria achar apenas motivos de satisfação e de admiração. A verdadeira personagem negativa do livro é ele, o aborrecido Pococurante; no fundo, Pangloss e Martin, mesmo dando respostas insensatas às perguntas, se debatem nos tormentos e riscos que constituem a substância da vida.

A submissa veia de sabedoria que aflora no livro por meio de porta-vozes marginais como o anabatista Jacques, o velho inca, e aquele *savant* parisiense que se parece muito com o autor, se declara por fim pela boca do dervixe na famosa moral do "cultivar nosso jardim". Moral certamente muito redutiva: que deve ser entendida antes de mais nada em todo o seu significado intelectual antimetafísico — você não deve colocar-se outros problemas a não ser aqueles que pode resolver com sua aplicação prática direta. E no seu significado social: primeira afirmação do trabalho como substância de todo valor. Hoje, a exortação "*il faut cultiver notre jardin*" soa a nossos ouvidos carregada de conotações egoístas e burguesas: ainda mais dissonante se confrontada com nossas preocupações e angústias. Não é casual que ela seja enunciada na última página, já quase fora desse livro em que o trabalho só aparece como danação e em que os jardins são regularmente devastados: também é uma utopia, não menos que o reino dos incas; a voz da "razão" no *Candide* é toda utópica. Mas não é um acaso que seja a frase do *Candide* que teve mais sucesso, a ponto de se tornar proverbial. Não devemos esquecer a radical mudança epistemológica e ética que essa enunciação encerrava (estamos em 1759, exatamente trinta anos antes da tomada da Bastilha): o homem julgado não mais em sua relação com um bem e um mal transcendentes mas naquele pouco ou tanto que pode fazer. E daí derivam tanto uma moral do trabalho estritamente "produtivista", no sentido capitalista da palavra, quanto uma moral do empenho prático-responsável-concreto, sem o qual não existem problemas gerais que possam ser resolvidos. Em suma, as verdadeiras opções do homem de hoje partem dali.

1974

# DENIS DIDEROT, *JACQUES LE FATALISTE*

O espaço de Diderot entre os pais da literatura contemporânea vem aumentando continuamente e por mérito sobretudo de seu antirromance-metarromance-hiper-romance *Jacques, o Fatalista, e seu amo,* cuja riqueza e carga de novidade jamais se terminará de explorar.

Comecemos por dizer que, invertendo aquilo que já então era a intenção principal de todo romancista — fazer o leitor esquecer que está lendo um livro, para que se abandone à história narrada como se a estivesse vivendo —, Diderot põe em primeiro plano o duelo entre o autor que está contando sua história e o leitor que não deseja nada além de ouvi-la: as curiosidades, as expectativas, as desilusões, os protestos do leitor e as intenções, as polêmicas, os arbítrios do autor ao decidir a sequência da história são um diálogo que serve de moldura para o diálogo dos dois protagonistas, por sua vez moldura de outros diálogos...

Transformar a relação com o livro de aceitação passiva para questionamento contínuo ou até uma espécie de ducha escocesa que mantenha aceso o espírito crítico: esta é a operação com a qual Diderot antecipa de dois séculos aquilo que Brecht quis fazer com o teatro. Com a diferença de que Brecht o fará em função de suas pretensões didáticas precisas, ao passo que Diderot aparenta querer apenas eliminar todo preconceito.

Convém observar que Diderot joga um pouco com o leitor como o gato com o rato, abrindo-lhe o leque das várias possibilidades a cada nó da história, como para deixar-lhe a liberdade de escolher a continuação que mais lhe agradar, para depois desiludi-lo descartando todas exceto uma que é sempre a menos "romanesca". Aqui Diderot se adianta à ideia de "literatura potencial" cara a Queneau, mas também a desmente um pouco; de fato, Queneau irá elaborar um modelo de *Conto à sua maneira* em que parecem ecoar os convites de Diderot ao leitor para que escolha ele a continuação, mas na realidade Diderot queria demonstrar que a história só podia ser uma. (O que correspondia a uma opção filosófica precisa, como veremos.)

Obra que não se enquadra em nenhuma regra nem classificação, *Jacques le fataliste* é uma espécie de termo de comparação para testar um bom número de definições cunhadas pelos teóricos da literatura. O esquema do "relato diferido" (é Jacques que começa a narrar a história de seus amores e, entre interrupções, divagações, outras histórias colocadas em cena, só termina no final do livro), articulado em numerosos *emboîtements* de um relato no outro ("contos encadeados"), não é só ditado pelo gosto por aquilo que Bakhtin chamará de "conto polifônico" ou "menipeu" ou "rabelaisiano": é para Diderot a única imagem verdadeira do mundo vivo, que não é nunca linear, estilisticamente homogênea, mas cujas coordenações embora descontínuas revelam sempre uma lógica.

Em tudo isso não se pode negligenciar a influência de *Tristram Shandy* de Sterne, novidade explosiva daquele período no plano da forma literária e da atitude em relação às coisas do mundo, exemplo de uma narrativa livre e errante, antípoda do gosto setecentista francês. A anglofilia literária foi sempre um estímulo vital para as literaturas do continente; Diderot fez dela sua bandeira na cruzada pela "verdade" expressiva. Os críticos assinalaram frases e episódios que do romance de Sterne passaram para *Jacques*; e o próprio Diderot, para demonstrar quão pouco lhe importavam as acusações de plágio, antepõe a uma das cenas finais a declaração de tê-la copiado do *Shandy*. Na realidade, algumas páginas tomadas ao pé da letra ou parafraseadas não significam muito; em linhas gerais, *Jacques*, história picaresca de uma vagabundagem de duas personagens a cavalo que contam, ouvem e vivem várias aventuras, é bastante diferente do *Shandy*, que borda sobre episódios domésticos de um grupo de familiares e conterrâneos, especialmente sobre os detalhes grotescos de um parto e sobre as primeiras desventuras de uma criança. O parentesco entre as duas obras deve ser buscado num nível mais profundo: o verdadeiro tema de uma e de outra é a concatenação das causas, o inextricável conjunto de circunstâncias que determinam até o mínimo acontecimento e que tem para os modernos o papel de Fado.

Na poética de Diderot, não contava tanto a originalidade quanto o fato de que os livros se respondem, se combatem, se completam reciprocamente: é no conjunto do contexto cultural que cada operação do escritor ganha sentido. O grande legado de Sterne não só a Diderot mas à literatura mundial, que em seguida passaria a explorar o filão da ironia romântica, é o corte desenvolto, o desabafo de humores, as acrobacias da escritura.

E recordemos que um grande modelo declarado tanto por Sterne quanto por Diderot era a obra-prima de Cervantes; mas diversas são as heranças que dela extraem: um valendo-se da feliz mestria inglesa em criar personagens plenamente caracterizadas na singularidade de poucos traços caricaturais, o outro recorrendo ao repertório das aventuras picarescas de estalagem e de estrada principal na tradição do *roman comique*.

Jacques, o servidor, o escudeiro, vem antes — já no título —, precedendo o patrão, o cavaleiro (do qual não se sabe nem o nome, como se só existisse em função de Jacques, enquanto *son maître*; e também como personagem permanece mais apagado). Que as relações entre os dois sejam aquelas de patrão e empregado é certo, mas são também as de dois amigos sinceros;

as relações hierárquicas não foram ainda postas em discussão (a Revolução Francesa ainda há de tardar pelo menos dez anos), porém foram esvaziadas por dentro. (Sob todos esses aspectos, leia-se a ótima introdução de Michele Rago a *Jacques il fatalista e il suo padrone*, na coleção Einaudi "Centopagine", uma completa e precisa exposição tanto do quadro histórico quanto da poética e da filosofia desse livro.) É Jacques quem toma todas as decisões importantes; e, quando o patrão se torna imperioso, pode também recusar-se a obedecer, mas até um certo ponto e não demais. Diderot descreve um mundo de relações humanas baseadas nas influências recíprocas das qualidades individuais, que não cancelam os papéis sociais mas não se deixam esmagar por eles: um mundo que não é de utopia nem de denúncia dos mecanismos sociais, mas como se fosse visto de modo transparente numa situação de passagem.

(A mesma coisa se pode dizer quanto às relações entre os sexos: Diderot é "feminista" por sua mentalidade natural, não pelo partido tomado: para ele a mulher está no mesmo plano moral e intelectual que o homem, bem como no direito a uma felicidade dos sentimentos e dos sentidos. E aqui a diferença com *Tristram Shandy*, alegre e obstinadamente misógino, é insuperável.)

Quanto ao "fatalismo" do qual Jacques se faz porta-voz (tudo aquilo que acontece estava escrito no céu), vemos que, longe de justificar resignação ou passividade, leva Jacques a dar sempre provas de iniciativa e a jamais se dar por vencido, ao passo que o patrão, que parece inclinar-se mais para o livre-arbítrio e a vontade individual, tende a desencorajar-se e a deixar-se levar pelos acontecimentos. Como diálogos filosóficos, os deles são um tanto rudimentares, mas alusões esparsas remetem à ideia de necessidade em Spinoza e em Leibniz. Contra Voltaire, que polemiza com Leibniz em *Cândido, ou o Otimismo*, Diderot em *Jacques, o Fatalista* parece tomar o partido de Leibniz e mais ainda o de Spinoza, que sustentara a racionalidade objetiva de um mundo único, geometricamente inelutável. Se para Leibniz esse mundo era um dentre os muitos possíveis, para Diderot o único mundo possível é este, bom ou mau que seja (ou melhor, mesclado sempre de mal e de bem), e a conduta do homem, bom ou mau que seja (ou melhor, mesclado sempre também ele), vale enquanto está em condições de responder ao conjunto das circunstâncias em que se encontra. (Inclusive com a astúcia, o engano, a ficção enganosa; ver os "romances no romance" inseridos em *Jacques*: as intrigas de mme. de La Pommeraye e do padre Hudson que põem em cena na vida uma calculada ficção teatral. Estamos muito distantes de Rousseau, que exaltava a bondade e a sinceridade na natureza e no homem de natureza.)

Diderot intuíra que é justamente das concepções do mundo mais rigidamente deterministas que se pode extrair uma carga propulsora para a liberdade individual, como se vontade e livre escolha pudessem ser eficazes só se abrissem suas passagens na dura pedra da necessidade. Isso era verdadeiro nas religiões que mais exaltavam o querer de Deus acima do homem e será também verdadeiro nos dois séculos que se sucederão ao de Diderot e que hão de ver novas teorias tendencialmente deterministas serem afirmadas na biologia, na economia e sociedade, na psique. Podemos hoje dizer que elas abriram caminho para liberdades reais justamente quando estabeleciam a consciência da necessidade, ao passo que voluntarismos e ativismos só conduziram a desastres.

Contudo, não se pode absolutamente dizer que *Jacques, o Fatalista* "ensine" ou "demonstre" isso ou aquilo. Não existe axioma teórico que coincida com as variações e arrancos dos heróis diderotianos. Se por duas vezes o cavalo pega Jacques pela mão e o transporta a uma colina onde há forcas preparadas e, uma terceira vez, à casa de seu antigo proprietário, o carrasco, esse é certamente um epílogo iluminista contra a crença nos sinais premonitórios, mas é também uma antecipação do romantismo "negro" com os enforcados espectrais no alto de colinas áridas (embora ainda estejamos longe dos efeitos de Potocki). E se o final se precipita numa sequência de aventuras condensadas em poucas frases, com o patrão que mata um homem em duelo, Jacques que se torna bandido junto com Mandrin e depois reencontra o patrão e salva o castelo dele de um saque, reconhecemos a concisão setecentista que se choca com o páthos romântico do imprevisto e do destino como acontecerá em Kleist.

Os casos da vida em sua singularidade e variedade são irredutíveis a normas e classificações, embora cada um responda a uma lógica própria. A história dos dois oficiais inseparáveis, que não podem viver longe um do outro mas que, de vez em quando, precisam bater-se em duelo, é contada por Diderot com uma objetividade lacônica que não esconde a ambivalência de uma ligação passional.

Se *Jacques* é o anti-*Candide*, é porque pretende ser o anti-*conte philosophique*: Diderot está convencido de que não se pode encerrar a verdade numa forma, numa fábula que demonstre uma tese; a homologia que sua invenção literária quer atingir é aquela com uma vida inexaurível, não com uma teoria enunciável em termos abstratos.

A escritura livre de Diderot se opõe tanto à "filosofia" quanto à "literatura", mas hoje aquela que nós reconhecemos como a verdadeira estrutura literária é justamente a sua. Não é uma casualidade que *Jacques e seu amo* tenha sido recentemente "refeito" sob forma teatral e moderna por um escritor inteligente como Milan Kundera. E que o romance de Kundera, *A insustentável leveza do ser*, o revele como o mais diderotiano dos escritores contemporâneos por sua arte ao mesclar romance de sentimentos, romance existencial, filosofia, ironia.

1984

# GIAMMARIA ORTES

Havia um homem que desejava calcular tudo. Prazeres, dores, virtudes, vícios, verdades, erros: para cada aspecto do sentir e do agir humanos esse homem estava convencido de poder estabelecer uma fórmula algébrica e um sistema de quantificação numérica. Combatia a desordem da existência e a indeterminação do pensamento com a arma da "exatidão geométrica", isto é, de um estilo intelectual feito de contraposições nítidas e consequências lógicas irrefutáveis. O desejo do prazer e o temor da força eram para ele as únicas certezas das quais partir para penetrar na consciência do mundo humano: só por esta via podia chegar a estabelecer que também valores como a justiça e a abnegação tinham algum fundamento.

O mundo era um mecanismo de forças impiedosas; "o valor das opiniões são as riquezas, sendo notório que estas permutam e compram as opiniões"; "o homem é um feixe de ossos ligados por tendões, músculos e outras membranas". É natural que o autor dessas máximas tenha vivido no século XVIII. Do homem-máquina de La Mettrie ao triunfo da cruel volúpia da Natureza em Sade, o espírito do século não conhece meias medidas ao desmentir qualquer visão providencial do homem e do mundo. E é natural também que tenha vivido em Veneza: em seu lento crepúsculo, a Sereníssima se sentia mais que nunca prisioneira no jogo massacrante das grandes potências, obcecada pelos lucros e perdas dos balanços de seus tráficos; e mais que nunca imersa em seu hedonismo, nas salas de jogo, nos teatros, nas festas. Que lugar podia oferecer mais sugestões a um homem que desejava calcular tudo? Ele se sentia chamado a investigar o sistema para vencer como no jogo de faraó, bem como a encontrar a justa medida das paixões num melodrama; e também a discutir sobre a ingerência do governo na economia privada e sobre a riqueza e a pobreza das nações.

Mas a personagem da qual estamos falando não era um libertino na doutrina como Helvétius nem tampouco como Casanova na prática, e não era também um reformador que lutasse pelo progresso das Luzes, como seus contemporâneos milaneses da revista *Il Caffè*. (O *Discorso sull'indole del piacere e del dolore* de Pietro Verri sai em 1773, depois que o nosso veneziano publicara, em 1757, o seu *Calcolo de' piaceri e de' dolori della vita umana*.) Giammaria Ortes, assim se chamava, era um padre seco e irascível, que opunha a complexa couraça de sua lógica aos avisos de terremoto que serpenteavam pela Europa e que repercutiam nos fundamentos de sua Veneza. Pessimista como Hobbes, paradoxal como Mandeville, argumentador peremptório e escritor preciso e amargo, quando lido não deixa dúvidas quanto à sua colocação entre os mais desencantados defensores da Razão com erre maiúsculo; e temos de fazer um certo esforço para aceitar os outros dados que os biógrafos e os conhecedores de sua obra completa nos fornecem sobre sua intransigência em matéria religiosa e sobre um substancial conservadorismo. (Ver Gianfranco Torcellan que, em 1961, trouxe à luz na "Universale" Einaudi as *Riflessioni di um filosofo americano*, um dos mais significativos "opúsculos morais" de Ortes.) E que isso nos ensine a confiar nas ideias recebidas e nos clichês: como a imagem de um Setecentos em que se defrontavam uma religiosidade toda páthos e uma racionalidade fria e descrente; a realidade é sempre mais facetada e os mesmos elementos se encontram combinados e sistematizados segundo diferentes possibilidades. Por trás da visão mais mecânica e matemática da natureza humana pode bem se instalar o pessimismo católico sobre as coisas terrenas: as formas exatas e cristalinas emergem do pó e ao pó hão de voltar.

Veneza era então mais que nunca o palco ideal para personagens excêntricas, um caleidoscópio de caracteres goldonianos: esse padre misantropo e obcecado com a aritmomania, que um desenho da época retrata com uma peruca bem-composta, o queixo agudo e um sorrisinho meio birrento, podemos muito bem imaginá-lo entrando em cena com o ar de quem está habituado a se ver no meio de gente que não quer entender o que para ele é tão simples, e nem assim renuncia a dar sua opinião e a lamentar os erros alheios, até que o vemos perder-se ao longe, na pracinha, meneando a cabeça.

Não por acaso Ortes pertence a um século teatral e à cidade teatral por excelência. A frase com que ele costuma encerrar os próprios textos: "Quem pode me dizer se não estou fingindo?" nos insinua a dúvida de que suas demonstrações matemáticas não passem de paradoxos satíricos e o lógico inexorável que figura como autor seja apenas a máscara caricatural que oculta uma outra ciência, uma outra verdade. Seria só uma fórmula ditada por uma prudência compreensível, para prevenir condenações advindas da autoridade eclesiástica? Não por acaso Ortes admirava acima de qualquer outro Galileu, o qual punha no centro de seu *Dialogo* uma personagem, seu porta-voz Salviati, que declarava estar somente recitando o papel de Copérnico, mesmo sendo agnóstico, e de participar do debate apenas como de um jogo de máscaras... Um sistema desse tipo pode demonstrar-se uma preocupação mais ou menos eficaz (não o foi para Galileu, mas para Ortes, pelo que sabemos, funcionou), mas é de qualquer modo testemunho do prazer que o autor experimenta pelo jogo literário. "Quem pode me dizer se não estou fingindo?": na pergunta o jogo de luzes e sombras do teatro se instala no cerne do discurso, deste e quem sabe de todos os discursos humanos; quem decide se aquilo que está sendo dito é sustentado como verdade ou como ficção? Não o autor, dado que ele se sujeita ("quem pode *me* dizer") à decisão de seu público; mas nem o público, dado que a pergunta é dirigida a um hipotético "quem", que poderia também não existir. Talvez cada filósofo traga em si um ator que recita seu próprio papel, sem que o primeiro nele possa intervir; talvez cada filosofia, cada doutrina contenha um enredo de comédia que não se sabe bem onde começa e termina.

(Cerca de meio século depois, Fourier apresentará ao mundo uma figura igualmente contraditória e ainda completamente setecentista: também ele aritmomaníaco, também ele raciocinador radical mas inimigo dos *philosophes*, também ele hedonista e sensualista, e eudemonista na doutrina, também ele austero, solitário e carrancudo na vida, também ele apaixonado por espetáculos, também ele que se obriga a se colocar continuamente a pergunta: "Quem pode me dizer se não estou fingindo?"...)

"Todo homem por natureza é levado ao prazer dos sentidos", assim ressoa o início de *Calcolo sopra il valore delle opinioni umane*; e prossegue: "por isso, todos os objetos externos se tornam ao mesmo tempo objeto particular do desejo de cada homem". Para apropriar-se de tais objetos de desejo, o homem é levado a usar a força e entra em conflito com a força alheia; daí a necessidade do cálculo das forças que se neutralizam reciprocamente. A natureza não é para Ortes uma imagem materna como para Rousseau, e o contrato social que daí nasce é como um paralelogramo de forças num manual de física. Se os homens na busca do prazer não se destroem mutuamente, isso se deve à opinião, fundamento de todos os aspectos daquilo que hoje chamamos de cultura em sentido lato. A opinião é o "motivo pelo qual a força congregada de todos atua mais ou menos a favor de cada um". Não é a virtude, que é o dom celeste e como tal permite sacrificar-se pelo bem alheio; aqui estamos na terra, e vale somente a opinião, enquanto seu fim "é o interesse próprio". A respeito de como exemplos sublimes de heroísmo e amor pátrio da história romana se explicam como cálculo pelo interesse próprio, Ortes dá demonstrações que poderiam ser avalizadas pelo behaviorismo de B. F. Skinner ou pela sociobiologia de E. O. Wilson.

As "opiniões" são aquelas formas de pensamento que permitem aceitar que determinadas categorias de pessoas disponham, cada uma a seu modo, de determinadas riquezas ou privilégios. Ortes cita sobretudo quatro: da nobreza, do comércio, das armas, das letras; ele trata de definir a fórmula do "valor" de cada uma dessas opiniões, e por "valor" entende nem mais nem menos que a renda.

Em suma, a "opinião" equivaleria àquilo que em tempos mais próximos nos habituamos a chamar de "ideologia", e nesse caso particular a "ideologia de classe"; mas Ortes, muito mais brutalmente que qualquer outro materialista histórico, não perde tempo em observar as especificidades superestruturais e se apressa em traduzir tudo em termos econômicos, ou melhor, em cifras de lucros e custos.

A conclusão, que numa sociedade mais numerosa se desfrutam mais prazeres e se sofrem menos temores (em suma, seríamos mais livres) do que seria possível fora de qualquer sociedade ou numa sociedade mais restrita, é um axioma que poderia ser desenvolvido num tratado de sociologia, para ser confirmado, determinado com exatidão, corrigido segundo nossa experiência atual; bem como uma tipologia inteira e casuística de conformismos e rebeldias, julgados conforme sua relativa sociabilidade ou associabilidade, poder-se-ia extrair da frase final do ensaio, em que são contrapostos aquele que é "suscetível" de maior número de opiniões e o "suscetível de menor número": um "sempre mais tímido, mais cortês e mais simulado", o outro "mais sincero, mais livre e mais selvagem".

Construtor de sistemas e de mecanismos, Ortes não podia ter uma inclinação especial pela história, ou melhor, podemos dizer que pouco entendia do que fosse a história. Ele que demonstrara como a sociedade se baseia somente na opinião considera a verdade histórica só como testemunho ocular e num nível imediatamente inferior ao que se escuta de viva voz das testemunhas dos fatos. Mas, nas conclusões do *Calcolo sopra la verità dell'istoria*, Ortes revela um desejo de conhecimento cósmico direcionado para o detalhe infinitesimal e irrepetível: ele que sempre tende a exaurir o humano numa álgebra de elementos abstratos, que condena toda pretensão de conhecimento geral que não seja baseada numa inalcançável soma de todas as experiências particulares.

Claro, o seu método o conduzia às generalizações, reforçado pelo talento para as sínteses conceituais. Como nas caracterizações que ele traça do italiano, do francês, do inglês e do alemão, tratando do teatro das quatro nações: o francês baseado na mudança, o inglês na "fixação", o italiano na "primeira impressão" e o alemão na "última". "Primeira impressão" quer dizer, penso eu, imediatismo, e "última impressão", reflexão; o termo mais difícil a ser decodificado é *fixação*, mas, pensando que sem dúvida era Shakespeare que ele tinha em mente para o teatro inglês, creio que falasse de levar as paixões e as ações às últimas consequências, e também de um excesso nas caracterizações e nos efeitos. A partir daí Ortes postula uma afinidade entre italianos e ingleses, pois suas qualidades têm como pressuposto a "fantasia", e entre franceses e alemães, porque para eles conta mais a "razão".

Esse discurso abre o texto mais vivaz e mais rico de Giammaria Ortes, as *Riflessioni sul teatro per musica*, onde a "exatidão geométrica" de seu método é aplicada às simetrias e às inversões das situações do melodrama. Aqui, o hedonismo programático de Ortes aponta para um bem menos incerto que tantos outros: o "divertimento" que a civilização veneziana sabia colocar no centro da vida social. E aqui se vê quanto a experiência empírica, mais que a razão matematizante, é o fundamento das reflexões do autor. "Todo divertimento consiste num movimento diferente que se recebe no órgão do sentido. O prazer nasce daquela diversidade de movimento, como o tédio da sua continuação. Assim, alguém que deseje dar um prazer que ultrapasse as três horas esteja certo de provocar tédio."

Talvez a distração da música e do espetáculo, as emoções e as esperanças do jogador sejam os únicos prazeres não ilusórios. Quanto ao resto, um fundo de relativismo melancólico transparece sob todas as certezas. O *Calcolo de' piaceri e de' dolori della vita umana* se encerra com estas palavras: "Se essas doutrinas acreditam redundar em vergonha da espécie humana, eu próprio me considero dessa espécie sem me lamentar; e se concluo que todas as dores e os prazeres desta vida não passam de ilusões, posso acrescentar que todos os raciocínios humanos não passam de loucuras. E quando digo todos, não excetuo os meus cálculos".

1984

# O CONHECIMENTO ATOMIZADO EM STENDHAL

É durante o período milanês que Henri Beyle, até aquele momento homem mundano mais ou menos brilhante, diletante convocação indefinida e polígrafo de sucesso incerto, elabora algo que não podemos chamar de sua filosofia, pois se propõe a caminhar justamente em direção oposta à da filosofia; que não podemos chamar de sua poética de romancista, porque ele a define exatamente enquanto polêmica com os romances, talvez sem saber que se tornará ele próprio romancista dali a pouco; enfim, algo que nos resta somente chamar de seu método de conhecimento.

Esse método stendhaliano, baseado na vivência individual em sua singularidade irrepetível, se contrapõe à filosofia que tende à generalização, à universalidade, à abstração, ao desenho geométrico; mas também se contrapõe ao mundo do romance, visto como um mundo de energias concretas e unívocas, de linhas contínuas, de flechas vetoriais orientadas para um fim, enquanto pretende ser conhecimento de uma realidade que se manifesta sob forma de pequenos acontecimentos localizados e instantâneos. Estou tentando definir essa atenção cognitiva stendhaliana como independente de seu objeto; na realidade, aquilo que Beyle quer conhecer é um objeto psicológico, a natureza das paixões, ou melhor, da paixão por excelência: o amor. E é *De l'amour* o tratado que o ainda anônimo autor escreve em

Milão para aproveitar a experiência de seu mais longo e infeliz amor milanês: Matilde Dembowski. Mas bem que podemos tratar de extrair de *De l'amour* aquilo que hoje na filosofia da ciência é chamado de um "paradigma", e ver se ele vale não só para a psicologia amorosa mas para todos os aspectos da visão stendhaliana do mundo.

Num dos prefácios a *De l'amour*, podemos ler:

> O amor é como aquela que no céu denominamos Via Láctea, um amontoado brilhante formado de pequenas estrelas, cada uma das quais muitas vezes é uma nebulosa. Os livros registraram quatrocentos ou quinhentos dos pequenos sentimentos sucessivos que compõem esta paixão, e só os mais grosseiros, errando muito e considerando aquilo que é acessório como principal.[1*]

O texto prossegue polemizando com os romances setecentistas, dentre os quais *La nouvelle Heloïse* e *Manon Lescaut*; como na página precedente refutara a pretensão dos filósofos em descrever o amor como uma figura geométrica, embora complicada.

Digamos portanto que a realidade sobre a qual Stendhal quer fundar o conhecimento é puntiforme, descontínua, instável, uma poeira de fenômenos não homogêneos, isolados uns dos outros, subdivisíveis por sua vez em fenômenos ainda menores.

Na abertura do tratado, poderíamos dizer que o autor enfrenta seu tema com o espírito classificatório e catalogador que no mesmo período levava Charles Fourier a redigir suas minuciosas tabelas sinóticas das paixões em vista de suas harmônicas satisfações combinatórias. Mas o espírito de Stendhal é demasiado oposto a uma ordem sistemática e dela se afasta continuamente inclusive nesse que deveria ser seu livro mais

* O texto das notas encontra-se a partir da p. 154.

ordenado; seu rigor é de outro tipo; o discurso se organiza ao redor de uma ideia fundamental: aquilo que ele chama de cristalização; e dali se dissemina explorando o campo de significados que se estende sob a nomenclatura amorosa, bem como as áreas semânticas limítrofes do *bonheur* e da *beauté*.

Mesmo o *bonheur*, quanto mais se tenta enquadrá-lo numa definição palpável, mais se dissolve numa galáxia de instantes separados uns dos outros, como o amor. Porque (conforme se diz já no capítulo II) "a alma se satisfaz com tudo aquilo que é uniforme, inclusive com a felicidade perfeita"; e em nota se explicita: "A mesma nuance de existência só oferece um instante de felicidade perfeita; mas o modo de ser de um homem apaixonado muda dez vezes por dia".[2]

Contudo, esse *bonheur* fragmentário é uma entidade quantificável, numerável segundo unidades precisas de medida. Lemos de fato no capítulo XVII:

> Albéric encontra num palco uma mulher mais bonita que sua amante: permitam-me uma avaliação matemática; digamos uma mulher cujas feições prometem três unidades de felicidade em vez de duas. (Suponhamos que a beleza perfeita dê uma porção de felicidade traduzível com o número quatro.) Há razão para admirar-se se ele preferir as feições de sua amante que lhe prometem cem unidades de felicidade?[3]

Vemos logo que a matemática de Stendhal se torna imediatamente muito complicada: a porção de felicidade é, de um lado, uma grandeza objetiva, proporcional à quantidade de beleza; de outro, uma grandeza subjetiva, na sua projeção em escala hipermétrica da paixão amorosa. Não por acaso este capítulo XVII, um dos mais importantes de nosso tratado, se intitula "A beleza destronada pelo amor".

Mas então, também na *beauté* passa a linha invisível que divide cada signo e aí podemos distinguir um aspecto objetivo — aliás difícil de definir — de quantidade de beleza absoluta, e o aspecto subjetivo daquilo que é belo para nós, composto de "cada nova beleza que se descobre naquilo que se ama". A primeira definição de beleza que o tratado dá, no capítulo XI, é "uma nova atitude a dar-lhes prazer".[4] Segue-se uma página sobre a relatividade do que é beleza, exemplificada por duas personagens do livro: para Del Rosso o ideal de beleza é uma mulher que a todo instante sugere o prazer físico; para Lisio Visconti, deve incitar o amor-paixão.

Se pensarmos que tanto Del Rosso quanto Lisio são personificações de duas disponibilidades psicológicas do autor, as coisas se complicam ainda mais, pois o processo de fragmentação invade também o sujeito. Mas aqui entramos no tema da multiplicação do eu stendhaliano por meio dos pseudônimos. Também o eu pode se tornar uma galáxia do eu; "a máscara deve ser uma sucessão de máscaras e a pseudonímia uma 'polinímia' sistemática", diz Jean Starobinski em seu importante ensaio sobre *Stendhal pseudônimo*.

Mas não penetremos por enquanto nesse território e consideremos o sujeito apaixonado como alma singular e indivisível. Tanto mais que justamente naquele ponto existe uma nota que precisa a definição de beleza enquanto beleza *minha*, isto é, beleza para mim: "promessa de um caráter útil para a minha alma [...] acima da atração dos sentidos".[5] Surge o termo *promessa* que numa nota ao capítulo XVII caracteriza a definição que ficará mais famosa: "la beauté est la promesse du bonheur".

Sobre essa frase, seus antecedentes e pressupostos e seus ecos até Baudelaire, existe um ensaio muito rico do nosso Giansiro Ferrata,[6] que enfoca o ponto central da teoria da *cristallisation*, isto é, a transformação de um detalhe negativo do ser amado em polo de atração. Lembrarei que a metáfora da cristalização vem das minas de Salzburgo, onde são lançados ramos sem folhas que são retirados alguns meses depois recobertos de cristais de salgema, brilhantes como diamantes. O ramo permanece visível como era, mas cada nó, cada galho, cada espinho serve de suporte para uma beleza transfigurada; assim, a mente amorosa fixa cada particular do ser amado numa transfiguração sublime. E aqui Stendhal se detém num exemplo muito singular, que parece ter para ele um alto valor tanto no plano teórico geral quanto no plano da experiência vivida: a "marque de petite vérole" no rosto da mulher amada.

> Mesmo os pequenos defeitos do rosto [cito sempre do capítulo XVII], por exemplo, um sinal de varíola, enternecem o homem que ama, lançam-no numa fantasia profunda quando os descobre numa outra mulher. É que na presença daquele sinal de varíola ele viveu mil sentimentos, deliciosos em sua maioria, e todos do maior interesse, sentimentos que se renovam com incrível vivacidade à vista daquele sinal, embora visto no rosto de uma outra mulher.[7]

Dir-se-ia que todos os discursos de Stendhal sobre a beleza giram ao redor da *marque de petite vérole*, como se atravessando a espiral de feiura absoluta de uma cicatriz ele pudesse chegar à contemplação da beleza absoluta. Igualmente seria possível dizer que toda a sua casuística das paixões gira ao redor da situação mais negativa, a do "fiasco" dos poderes viris, e que quase todo o tratado *De l'amour* gravita sobre o capítulo "Des fiasco" e que o livro só foi escrito para chegar àquele famoso capítulo que depois o autor não ousou publicar e que só viu a luz postumamente.

Stendhal entra no assunto citando o ensaio de Montaigne que toca o mesmo tema, mas ao passo que para Montaigne esse é um exemplo numa meditação geral sobre os efeitos físicos da imaginação e, inversamente, sobre a *indocile liberté* das partes do corpo que não obedecem à vontade — um discurso que antecipa Groddeck e as modernas problemáticas do corpo —, para Stendhal, o qual procede sempre por subdivisão e não por generalização, trata-se de destrinçar um nó de processos psicológicos, amor-próprio e sublimação, imaginação e perda da espontaneidade. O momento mais desejado para ele, eterno enamorado, a primeira intimidade com uma nova conquista, pode se tornar o momento mais angustioso; mas é justamente sobre a consciência desse indício de negatividade absoluta, dessa vertigem de escuridão e de nada, que se pode fundar o conhecimento.

É partindo daqui que poderíamos imaginar um diálogo entre Stendhal e Leopardi, um diálogo leopardiano em que Leopardi exortaria Stendhal a extrair das experiências vividas as conclusões mais amargas sobre a natureza. Não faltaria o pretexto histórico, dado que os dois de fato se encontraram, em Florença, em 1832. Mas podemos imaginar também as reações de Stendhal; tendo como base, por exemplo, as páginas de *Rome, Naples et Florence* sobre as conversações intelectuais milanesas de quinze anos antes (1816), em que ele manifesta o cético distanciamento do homem mundano e conclui que, com os filósofos, ele acaba sempre por se tornar antipático, coisa que não lhe sucede com as belas senhoras. Assim Stendhal fugiria rapidamente do diálogo leopardiano e teria seguido seu caminho de quem não quer perder nada nem dos prazeres nem das dores, pois a variedade inexaurível de situações que daí derivam basta para dar interesse à vida.

Portanto, se quisermos ler *De l'amour* como um "discurso sobre o método", fica difícil enquadrar esse método entre aqueles atuantes em sua época. Mas talvez pudéssemos reinseri-lo naquele "paradigma indiciário" que um jovem historiador italiano[8] recentemente tentou identificar nas ciências humanas nos últimos vinte anos do século XIX. Podemos encontrar uma longa história desse saber indiciário, baseado na semiótica, na atenção sobre as marcas, os sintomas, as coincidências involuntárias, que privilegia o detalhe marginal, os descartes, aquilo que a consciência habitualmente se recusa a coletar. Não é fora de propósito situar Stendhal, seu conhecimento puntiforme que conecta o sublime com o ínfimo, o *amour-passion* com a *marque de petite vérole*, sem excluir que o traço mais obscuro possa ser o signo do destino mais luminoso.

Podemos dizer que a esse programa de método enunciado pelo anônimo autor do tratado *De l'amour* irá se manter fiel também o Stendhal dos romances e o Henry Brulard dos escritos autobiográficos? Quanto a Henry Brulard podemos responder sem dúvida que sim, pois seu propósito se define justamente em oposição ao do romancista. O romance (pelo menos em sua imagem mais evidente e vulgar) conta histórias com um desenho bem delineado, em que personagens bem caracterizadas seguem as próprias paixões dominantes com determinação coerente, ao passo que o Stendhal autobiográfico trata de captar a essência da própria vida, da própria singularidade individual na acumulação de fatos não essenciais, sem direção e sem forma. Conduzir semelhante exploração de uma vida acaba se tornando exatamente o contrário daquilo que se entende por "narrar".

> Terei a coragem de escrever estas confissões de maneira inteligível? [lemos no início da *Vie d'Henry Brulard*]. É necessário narrar e eu escrevo "considerações" sobre acontecimentos mínimos, mas que exatamente por suas dimensões microscópicas precisam ser contados de modo bem diverso. Quanta paciência lhe será necessária, ó leitor![9]

É a própria memória que se faz fragmentária por sua natureza e, várias vezes na *Vie d'Henry Brulard*, a memória é comparada a um afresco descascado.

> É sempre como nos afrescos do Campo Santo de Pisa, onde se distingue perfeitamente um braço, mas o pedaço que representava a cabeça caiu. Vejo uma sequência de imagens *perfeitamente nítidas* mas sem outra fisionomia a não ser aquela que tiveram em relação a mim. Ou melhor, essa fisionomia só a vejo por meio de lembrança do efeito produzido sobre mim.[10]

Por isso, "não existe originalidade nem verdade a não ser nos detalhes".

> Todo o caminho da existência [escreve Giovanni Macchia, num ensaio dedicado justamente a essa obsessão do detalhe, em *Stendhal tra romanzo e autobiografia*] acha-se envolto num círculo de pequenos fatos que parecem supérfluos e que assinalam e desvelam o ritmo da existência, como os segredos banais de uma jornada, à qual não damos atenção e que até buscamos destruir [...]. Daquele olhar tudo no nível do homem, daquela recusa de escolher, de corrigir, de adulterar, nasciam as anotações psicológicas mais fulminantes, suas iluminações sociais.[11]

Mas o caráter fragmentário não é só do passado; também no presente aquilo que é vislumbrado e involuntário pode ter um impacto mais forte, como quando, numa página do *Journal*, através de uma porta entreaberta ele olha uma jovem que se despe, esperando flagrar ora uma coxa ora um seio. "Uma mulher que estendida por inteiro na cama não me provocaria nenhum efeito vista sorrateiramente me dá sensações encantadoras; nessa situação ela é natural e eu *não estou preocupado com meu papel* e me abandono à sensação."[12]

E é muitas vezes partindo do momento mais obscuro e inconfessável que o processo cognitivo se desenvolve, não do momento de plena realização de si próprio. Aqui devemos remeter ao título escolhido por Roland Barthes para o seu discurso: "On échoue toujours à parler de ce qu'on aime". O *Journal* se encerra no momento de maior felicidade: a chegada a Milão em 1811; Henry Brulard começa constatando a própria felicidade no alto do Gianicolo na véspera dos cinquenta anos; e logo sente a necessidade de contar a tristeza de sua infância em Grenoble.

É chegado o momento de perguntar-me se este tipo de conhecimento vale também para os romances, de perguntar-me o que fazer com a imagem consagrada de Stendhal: aquela do romancista da energia vital, da vontade de afirmação própria, da fria decisão em perseguir o calor das paixões. Outro modo de formular a mesma pergunta: o Stendhal que me fascinou na juventude ainda existe ou era uma ilusão? A esta última questão posso responder logo: sim, existe, está ali tal e qual, sempre Julien contempla de sua rocha o gavião no céu, identificando-se com a força e o isolamento dele. Porém, agora me dou conta de que essa concentração energética me interessa menos e me pressiona mais a descobrir o que existe por baixo, todo o resto que não posso chamar de parte submersa do iceberg porque não está de fato oculta, mas que afinal sustenta e mantém unido todo o resto.

Acontece que o herói stendhaliano é caracterizado por uma linearidade de caráter, por uma continuidade da vontade, por uma compacidade do eu ao viver os próprios conflitos internos que parece levar-nos justamente ao extremo oposto de uma noção de realidade existencial que tratei de definir como puntiforme, descontínua, fragmentária. Julien é inteiramente determinado pelo conflito entre timidez e vontade que lhe impõe uma espécie de imperativo categórico de apertar a mão de mme. de Rênal na escuridão do jardim, naquelas extraordinárias páginas de batalha interior em que a realidade da atração amorosa acaba se impondo à suposta dureza de um e à suposta inconsciência da outra. Fabrizio é tão feliz sendo alérgico a toda forma de angústia que mesmo prisioneiro na torre não é jamais tocado pela depressão carcerária e a cadeia se transforma para ele num meio de comunicação amorosa incrivelmente articulada, torna-se quase a própria condição da realização de seu amor. Lucien é tão possuído por seu amor-próprio que o superar da mortificação de uma queda do cavalo ou um mal-entendido de uma frase imprudente a mme. de Chasteller ou a *gaucherie* de ter levado a mão dela aos lábios determina toda a sua conduta futura. Claro que o caminho dos heróis stendhalianos não é nunca linear: dado que o teatro de suas ações é tão distante dos campos de batalha napoleônicos de seus sonhos, para exprimir suas energias potenciais eles devem assumir a máscara mais oposta à própria imagem interior: Julien e Fabrizio envergam a sotaina e empreendem uma carreira eclesiástica que ignoro quanto seja crível do ponto de vista da verossimilhança histórica; Lucien se limita a adquirir um missal, mas sua máscara é dupla, de oficial orleanista e de nostálgico dos Bourbon.

Esta sólida consciência de si ao viver as próprias paixões é ainda mais decidida nas personagens femininas, mme. de Rênal, Gina Sanseverina, mme. de Chasteller, mulheres sempre superiores na idade ou na condição social a seus jovens amantes, e com mente mais lúcida, decidida e esperta do que a deles, capazes de sustentá-los em suas oscilações antes de passarem a vítimas. Talvez projeções de uma imagem de mãe que o escritor quase não conheceu e que em *Henry Brulard* fixou no instantâneo da jovem resoluta que com um salto de gazela sobe na cama do menino; quem sabe projeções de um arquétipo cujas marcas ele andava buscando nas crônicas antigas: como aquela jovem madrasta por quem se apaixonara um príncipe Farnese evocado como o primeiro hóspede da prisão na torre, quase a fixar emblematicamente o núcleo mítico da ligação entre Sanseverina e Fabrizio.

A esse entrelaçamento de vontade das personagens femininas e masculinas se agrega a vontade do autor, seu desenho da obra: mas toda vontade é autônoma e só pode propor ocasiões que as outras vontades possam colher ou recusar. Diz uma nota à margem do manuscrito de *Lucien Leuwen*: "O melhor perdigueiro só pode levar a caça ao alcance do tiro de fuzil do caçador. Se ele não dispara, o cão não pode fazer nada. O romancista é como o cachorro de seu herói".[13]

Dentre tais pistas seguidas pelo cão e pelos caçadores, no romance stendhaliano mais maduro, *Lucien Leuwen*, vemos tomar corpo uma representação do amor que é semelhante a uma Via Láctea densa de sentimentos, sensações e situações que se sucedem, sobrepõem e se cancelam, conforme o programa enunciado em *De l'amour*. Isso acontece sobretudo durante o baile em que pela primeira vez Lucien e mme. de Chasteller têm chance de conversar e conhecer-se, um baile que começa no capítulo XV e termina no XIX, numa sequência de incidentes mínimos, jogos de conversação não excepcionais, gradações de timidez, arrogância, hesitação, enamoramento, suspeita, vergonha, desdém tanto por parte do jovem oficial quanto por parte da dama.

Impressiona nessas páginas a profusão de detalhes psicológicos, a variedade das alternativas da emoção, de intermitências do coração — e o apelo a Proust que será o insuperável ponto de chegada nesse caminho só deixa mais evidente o quanto tudo aqui é realizado com uma extrema economia de meios descritivos, com uma linearidade de procedimentos que levam a concentrar a atenção no nó das relações essenciais da narrativa.

O olhar sobre a sociedade aristocrática da província legitimista durante a Monarquia de Julho é frio como o do zoólogo, atento à especificidade morfológica de uma fauna minúscula, conforme é dito naquelas páginas, com uma frase atribuída a Lucien: "Deveria estudá-los como se estuda a história natural. Dizia-nos Cuvier, no Jardin des Plantes, que estudar com método os vermes, os insetos, os caranguejos marinhos mais horríveis, anotando com cuidado diferenças e semelhanças, é um meio seguro para compensar a repulsa que provocam".[14]

Nos romances de Stendhal, os ambientes — ou pelo menos certos ambientes: as recepções, os salões — servem não enquanto atmosfera mas como localização de posições: os lugares são definidos por movimento das personagens, por suas posições no momento em que se produzem certas emoções e certos conflitos, e reciprocamente todo conflito é definido por sua produção naquele determinado lugar e naquele dado momento. Do mesmo modo, o Stendhal autobiográfico tem a curiosa necessidade de fixar os locais não os descrevendo mas esboçando mapas rudimentares em que, além de elementos sumários do décor, são assinalados os pontos em que se encontram as várias personagens, razão pela qual as páginas da *Vie d'Henry Brulard* se apresentam historiadas como um atlas. A que corresponde essa obsessão topográfica? À pressa que faz negligenciar as descrições para desenvolvê-las num segundo tempo tendo por base aquelas notas de pró-memória? Não só, creio eu. Dado que é a singularidade de cada acontecimento que lhe interessa, o mapa serve para fixar o ponto do espaço em que o fato se verifica, assim como o relato serve para fixá-lo no tempo.

As descrições ambientais nos romances são mais de exteriores que de interiores, as paisagens do Franco-Condado em *Rouge*, as da Brianza contempladas do campanário do abade Blanès na *Chartreuse*, mas o prêmio de paisagem stendhaliana eu o concederia àquela despojada e não poética de Nancy, como aparece no capítulo IV de *Leuwen*, em toda a sua esqualidez utilitária do início da era industrial. É uma paisagem que anuncia um drama na consciência do protagonista, encurralado entre o prosaísmo burguês e as aspirações a uma aristocracia transformada em larva de si mesma; é a negatividade objetiva preparada para o jovem lanceiro a cristalizar em gemas de beleza se investida pelo êxtase existencial e amoroso. O poder poético do olhar de Stendhal não é só o do entusiasmo e da euforia: é também o de uma repulsa fria por um mundo sem nenhum atrativo que ele se sente obrigado a aceitar como a única realidade possível: o subúrbio de Nancy aonde Lucien é mandado a fim de reprimir uma das primeiras agitações operárias, o desfile de soldados a cavalo pelas ruas miseráveis na manhã pálida.

Stendhal mostra as vibrações capilares dessas transformações sociais no comportamento dos indivíduos. Por que a Itália ocupa um lugar único em seu coração? Nós o ouvimos repetir continuamente que Paris é o reino da vaidade: em contraposição à Itália, país das paixões sinceras e desinteressadas. Mas não devemos esquecer que na geografia interior dele existe também um outro polo, a Inglaterra, uma civilização com a qual ele tenta continuamente identificar-se.

Nos *Souvenirs d'égotisme*, existe uma passagem em que entre a Inglaterra e a Itália ele prefere decididamente a Itália, e justamente por aquilo que hoje chamaríamos de subdesenvolvimento, ao passo que o modo de vida inglês que obriga os operários a trabalhar dezoito horas por dia lhe parece "ridículo". "O trabalho exorbitante do operário inglês nos vinga de Waterloo [...]. O pobre italiano todo esfarrapado está muito mais próximo da felicidade. Dispõe de tempo para fazer amor e se abandona oitenta ou cem dias por ano a uma religião tanto mais divertida porque lhe provoca um certo medo."[15]

A ideia de Stendhal é de um ritmo de vida em que haja lugar para muitas coisas, sobretudo para a perda de tempo. Seu ponto de partida é a recusa da mesquinhez provincial, o rancor em relação ao pai e a Grenoble. Procura a grande cidade e Milão é para ele uma grande cidade onde sobrevivem tanto os encantos discretos do Ancien Régime quanto os entusiasmos de sua juventude napoleônica, embora muitos aspectos daquela Itália de carolice e de miséria não sejam feitos para agradar-lhe.

Também Londres é uma cidade ideal, mas lá os aspectos que satisfazem seus gostos de esnobe são pagos com a dureza do industrialismo avançado. Nessa geografia interior, Paris é o ponto equidistante entre Londres e Milão: ali reinam os padres junto com a lei do lucro; daí o contínuo impulso centrífugo de Stendhal. (É uma geografia da evasão, a sua, e deveria aí incluir também a Alemanha, dado que ele lá encontrou o nome com o qual assinar seus romances, portanto uma identidade mais comprometida do que tantas outras máscaras que usava; mas diria que para ele a Alemanha é somente a nostalgia da época napoleônica, uma lembrança que tende a se rarefazer.)

*Souvenirs d'égotisme*, fragmento de autobiografia de um período parisiense suspenso entre Milão e Londres, é o texto que concentra em si o mapa do mundo stendhaliano. Poderíamos defini-lo o mais belo romance falido de Stendhal: falido talvez porque o autor não tinha um modelo literário que o convencesse de que ele podia se tornar um romance; mas também porque só nessa forma falida podia realizar-se uma narrativa de falhas e de atos falhos. Em *Souvenirs d'égotisme*, o tema dominante é a ausência de Milão, abandonada após o famoso amor infeliz. Numa Paris vista como lugar de ausência, cada episódio se resolve num fiasco: fiascos fisiológicos nos amores mercenários, fiascos do espírito nas relações de sociedade e na troca intelectual (por exemplo, na relação com o filósofo mais admirado por ele, Destutt de Tracy). Depois a viagem a Londres, em que a crônica dos fracassos culmina com o extraordinário relato de um duelo falhado, a procura de um arrogante capitão inglês que Stendhal não havia pensado em desafiar no momento justo e em cujo encalço continua em vão pelas tabernas do porto.

Um único oásis de contentamento inesperado nesse relato de fracassos: num subúrbio dos mais miseráveis de Londres, a casa de três prostitutas que, ao invés de uma armadilha sinistra como ele temia, se revela um ambiente pequeno e gracioso como uma casa de bonecas; e as moças são jovens pobres que acolhem os três barulhentos turistas franceses com graça, dignidade e discrição. Por fim uma imagem de *bonheur*, um *bonheur* pobre e frágil, muitíssimo distante das aspirações de nosso egotista!

Devemos então concluir que o verdadeiro Stendhal é um Stendhal em negativo, que deve ser buscado somente nas desilusões, nos xeques-mates e nas perdas? Não é assim: o valor que Stendhal quer afirmar é sempre aquele da tensão existencial que brota do mensurar a própria especificidade (e os próprios limites) com as especificidades e os limites do ambiente. Justamente porque a existência é dominada pela entropia, pela dissolução em instantes e em impulsos como corpúsculos sem nexo nem forma, ele quer que o indivíduo se realize segundo um princípio de conservação da energia, ou melhor, de reprodução contínua de cargas energéticas. Imperativo tanto mais rigoroso quanto mais ele está perto de compreender que a entropia no final será sempre a vencedora, e do universo com todas as suas galáxias restará apenas um redemoinho de átomos no vazio.

1980

## Notas

1. "L'amour est comme ce qu'on appelle au ciel la *Voie Lactée*, un amas brillant formé par des milliers de petites étoiles, dont chacune est souvent une nébuleuse. Les livres ont noté quatre ou cinq cents des petits sentiments successifs et si difficiles à reconnaître qui composent cette passion, et les plus grossiers, et encore en se trompant et prenant l'accessoire pour le principal." *De l'amour, premier essai de préface*, Ed. de Cluny, 1938, p. 26.
2. "[...] l'âme se rassasie de tout ce qui est uniforme, même du bonheur parfait." Nota 2: "Ce qui veut dire que la même nuance d'existence ne donne qu'un instant de bonheur parfait; mais la manière d'être d'un homme passionné change dix fois par jour". *De l'amour*, ed. cit., cap. II, p. 44.
3. "Albéric rencontre dans une loge une femme plus belle que sa maîtresse: je supplie qu'on me permette une évaluation mathématique, c'est-à-dire dont les traits promettent trois unités de bonheur au lieu de deux (je suppose que la beauté parfaite donne une quantité de bonheur exprimée par le nombre quatre). Est-il étonnant qu'il leur préfère les traits de sa maîtresse, qui lui promettent cent unités de bonheur?" *De l'amour*, ed. cit., cap. XVII ("La beauté détrônée par l'amour"), p. 71.
4. "Une fois la cristallisation commencée, l'on jouit avec délices de chaque nouvelle beauté que l'on découvre dans ce qu'on aime. Mais qu'est-ce que la beauté? C'est une nouvelle aptitude à vous donner du plaisir." *De l'amour*, ed. cit., cap. XI, p. 61.
5. "Ma *beauté*, promesse d'un caractère utile à mon âme, est au-dessus de l'attraction des sens." *De l'amour*, ed. cit., cap. XI, nota 1, p. 61.
6. G. Ferrata, *Il valore e la forma*, "Questo e l'altro", VIII, jun. 1964, pp.11-23.
7. "Même les petits défauts de sa figure, une marque de petite vérole, par exemple, donnent de l'attendrissement à l'homme qui aime, et le jettent dans une rêverie profonde, lorsqu'il les aperçoit chez une autre femme [...]. C'est qu'il a éprouvé mille sentiments en présence de cette marque de petite vérole, que ces sentiments sont pour la plupart délicieux, sont tous du plus haut intérêt, et que, quels qu'ils soient, ils se renouvellent avec une incroyable vivacité, à la vue de ce signe, même aperçu sur la figure d'une autre femme." *De l'amour*, ed. cit., cap. XVII, p. 71.
8. C. Ginzburg, "Spie. Radici di un paradigma indiziario", in *Crisi della ragione*, org. A. Gargani, Turim, Einaudi, 1979, pp. 59-106. [Trad. bras.: "Sinais: raízes de um paradigma indiciário", in idem, *Mitos, emblemas, sinais*, Companhia das Letras, 1989, pp. 143-79.]
9. "Il faut narrer, et j'écris des *considérations* sur des événements bien petits qui précisement à cause de leur taille microscopique ont bésoin d'être contés très distinctement. Quelle patience il vous faudra, ô mon lecteur!" *Vie d'Henry Brulard* (*Oeuvres intimes*, Pléiade, 1955, pp. 52-3).

10. "C'est toujours comme les fresques du Campo Santo de Pise où l'on aperçoit fort bien un bras, et le morceau d'à côtè qui représentait la tête est tombé. Je vois une suite d'images *fort nettes* mais sans physionomie autre que celle qu'elles eurent à mon égard. Bien plus, je ne vois cette physionomie que par le souvenir de l'effet qu'elle produisit sur moi." *Vie d'Henry Brulard*, ed. cit., p. 191.
11. G. Macchia, *Il mito di Parigi*, Turim, Einaudi, 1965, pp. 94-5.
12. "Telle femme qui toute entière dans mon lit ne me ferait rien, me donne des sentiments charmants, vue en surprise; elle est alors naturelle, *je ne suis pas occupé de mon rôle*, et je suis tout à la sensation." *Journal*, cap. VII [1811]. (*Ouevres intimes*, op. cit., pp. 1104-5).
13. "Le meilleur chien de chasse ne peut que passer le gibier à portée du fusil du chasseur. Si celui-ci ne tire pas, le chien n'y peut mais. Le romancier est comme le chien de son heros." *Romans et nouvelles*, I, Pléiade, 1952, nota 2, p. 1037.
14. "Je devrais les étudier comme on étudie l'histoire naturelle. M. Cuvier nous disait, au Jardin des Plantes, qu'étudier avec méthode; en notant avec soin les différences et les ressemblances, était un moyen sûr de se guérir du dégoût qu'inspirent les vers, les insectes, les crabes hideux de la mer." *Lucien Leuwen*, Pléiade, 1952, cap. XII, *Romans et nouvelles*, I, p. 891.
15. "Le pauvre Italien tout déguenillé est bien plus près du bonheur. Il a le temps de faire l'amour, il se livre quatre-vingts ou cent jours par an à une religion d'autant plus amusante qu'elle lui fait un peu peur [...]. Le travail exorbitant et accablant de l'ouvrier anglais nous venge de Waterloo et de quatre coalitions." *Souvenirs d'égotisme* (*Oeuvres intimes*, op. cit., p. 1478).

# GUIA À *CHARTREUSE* PARA USO DOS NOVOS LEITORES

Quantos novos leitores levará ao romance de Stendhal a nova versão filmada da *Cartuxa de Parma* que será projetada dentro em pouco na televisão? Talvez poucos, se comparados ao número de telespectadores, ou quem sabe muitíssimos, segundo a escala de grandeza das estatísticas sobre a leitura de livros na Itália. Mas o dado importante que nenhuma estatística poderá fornecer consiste em quantos jovens serão atingidos por um raio desde as primeiras páginas e se convencerão de repente de que o mais belo romance do mundo só pode ser esse, e reconhecerão o romance que sempre haviam desejado ler e que servirá como termo de comparação para todos os outros que hão de ler depois. (Falo sobretudo dos primeiros capítulos; indo adiante iremos deparar com um romance diverso, com vários romances diferentes um do outro, que pedirão ajustes na própria participação na história; mas o impulso inicial continuará agindo.)

Isso é o que nos aconteceu bem como a tantas outras gerações que se seguem há mais de um século. (A *Chartreuse* saiu em 1839, mas é preciso calcular aqueles quarenta anos que se passaram antes que Stendhal fosse entendido, conforme ele previra com precisão extraordinária; contudo, de todos os seus livros, foi logo o mais bem-sucedido e contou, no lançamento, com um entusiástico ensaio de Balzac que tinha nada menos que 72 páginas!)

Se o milagre há de se repetir ainda e por quanto tempo, não podemos saber: as razões do fascínio de um livro (seus poderes de sedução, que são bem diferentes de seu valor absoluto) são feitas de tantos elementos imponderáveis. (O valor absoluto também, admitindo que tal conceito tenha sentido.) Pois bem, que, se volto a ter em mãos a *Chartreuse* ainda hoje, como em todas as releituras que fiz em períodos diversos, através de todas as mudanças de gosto e de horizonte, encontro aquele ímpeto da sua música, aquele *allegro con brio* que torna a me envolver: aqueles primeiros capítulos na Milão napoleônica em que a história com seus estrondos de canhão e o ritmo da vivência individual caminham sincronizados. E o clima de plena aventura em que se entra com Fabrizio que gira em torno do úmido campo de batalha de Waterloo, entre carrinhos de vivandeiras e cavalos em fuga, é a verdadeira aventura romanesca calibrada de perigo e de incolumidade e com uma forte dose de candura. E os cadáveres com olhos arregalados e braços ressecados são os primeiros cadáveres de verdade com que a literatura de guerra procurou explicar o que é uma guerra. E a atmosfera feminina amorosa que começa a circular desde as primeiras páginas, feita de trepidação protetora e de intriga ciumenta, já revela o verdadeiro tema do romance, que acompanhará Fabrizio até o final (uma atmosfera que, com o decorrer da ação, não deixará de resultar opressiva).

Será que me tornei leitor da *Chartreuse* para toda a vida por pertencer a uma geração que viveu a guerra e cataclismos políticos na juventude? Mas nas lembranças pessoais, menos livres e serenas, dominam as dissonâncias e os estridores, não aquela música que arrebata. Talvez seja verdade exatamente o contrário: consideramo-nos filhos de uma época porque se projetam as aventuras stendhalianas sobre a própria experiência para transfigurá-la, como fazia Dom Quixote.

Afirmei que a *Chartreuse* é tantos romances juntos e me detive no início: crônica histórica e social, aventura picaresca; depois se entra no tronco do romance, isto é, o mundo da pequena corte do príncipe Ranuccio Ernesto IV (a Parma apócrifa que é historicamente identificável como Módena, reivindicada com paixão pelos modenenses como Antonio Delfini, mas a quem restam fiéis como a um próprio mito sublimado os filhos de Parina como Gino Magnani).

Aqui o romance se faz teatro, espaço fechado, tabuleiro de um jogo entre um número limitado de personagens, lugar cinzento e parado em que se desenvolve uma cadeia de paixões que não se combinam: o conde Mosca, homem de poder, escravo do amor por Gina Sanseverina; Sanseverina, que consegue tudo o que deseja e que só vê os olhos do sobrinho Fabrizio; e este que ama a si mesmo em primeiro lugar, algumas aventuras rápidas como contorno e no final concentra todas essas forças que gravitam sobre e ao redor dele apaixonando-se perdidamente pela angélica e pensativa Clelia.

Tudo isso no mundo mesquinho das intrigas político-mundanas da corte, entre o príncipe obcecado pelo medo de ter enforcado dois patriotas e o "fiscal" Rassi, que encarna (talvez pela primeira vez numa personagem de romance) a mediocridade burocrática naquilo que pode possuir de atroz. E aqui o conflito, segundo as intenções de Stendhal, encontra-se entre essa imagem da retrógrada Europa de Metternich e o absoluto daqueles amores sem controle de si mesmo, último refúgio dos ideais generosos de uma época derrotada.

Um núcleo dramático de melodrama (e a obra fora a primeira chave usada pelo melômano Stendhal para entender a Itália), mas na *Chartreuse* o clima (por sorte) não é o de uma obra trágica e sim (descoberta de Paul Valéry) o da opereta. A tirania é tétrica, porém tímida e pesada (em Módena aconteceram coisas bem piores), e as paixões são peremptórias mas com mecanismo assaz simples. (Uma só personagem, o conde Mosca, é dotada de uma verdadeira complexidade psicológica, feita de cálculo mas também de desespero, de possessibilidade mas igualmente de senso do vazio.)

Mas o aspecto "romance de corte" não se esgota aqui. À transfiguração romanesca da Itália reacionária da Restauração se sobrepõe o enredo de uma crônica renascentista, daqueles que Stendhal fora desentranhar das bibliotecas para extrair os contos chamados de *Crônicas italianas*. Aqui se trata da vida de Alessandro Farnese que, sendo muito amado e protegido por uma tia, dama galante e intrigante, fez uma esplêndida carreira eclesiástica não obstante sua juventude libertina e aventureira (chegara a matar um rival e por isso acabara prisioneiro no Castel Sant'Angelo) até se tornar papa com o nome de Paulo III. O que tem a ver essa história sangrenta da Roma entre o Quatrocentos e o Quinhentos com a de Fabrizio numa sociedade hipócrita e cheia de escrúpulos de consciência? Absolutamente nada, e mesmo assim o projeto de Stendhal partira exatamente dali, como transposição da vida de Farnese para uma época contemporânea, em nome de uma continuidade italiana da energia vital e da espontaneidade passional em que ele não cansou de acreditar (mas dos italianos soube ver também coisas mais sutis: a desconfiança, a ansiedade, a cautela).

Fosse qual fosse a primeira fonte de inspiração, o início do romance era dotado de um impulso tão autônomo que podia muito bem seguir adiante por conta própria, esquecendo-se da crônica renascentista. Ao contrário, de vez em quando Stendhal dela se recorda e volta a considerar a vida de Farnese como a sua pauta. A consequência mais visível é que Fabrizio, assim que despe o uniforme napoleônico, entra num seminário e faz os votos. Por todo o restante do romance temos de imaginá-lo vestido de monsenhor, coisa certamente incômoda para ele e também para nós, pois nos custa algum esforço combinar as duas imagens, a condição eclesiástica incidindo só exteriormente no comportamento da personagem e nada sobre seu espírito.

Já alguns anos antes, um outro herói stendhaliano, também ele jovem apaixonado pela glória napoleônica, havia decidido vestir a sotaina, visto que a Restauração bloqueara a carreira das armas a quem não fosse filho de família nobre. Mas em *Le rouge et le noir*, a antivocação de Julien Sorel é o tema central do romance, uma situação bem mais profunda e dramática do que para Fabrizio del Dongo. Fabrizio não é Julien, pois não é dotado de sua complexidade psicológica, nem é Alessandro Farnese, destinado a se tornar papa e, enquanto tal, herói emblemático de uma história que pode ser entendida tanto como revelação escandalosa anticlerical quanto como lenda edificante de uma redenção. E Fabrizio, quem é? Para além das roupas que veste e das aventuras em que se deixa envolver, Fabrizio é alguém que tenta ler os signos de seu destino, segundo a ciência que lhe ensinara o abade-astrólogo Blanès, seu verdadeiro pedagogo. Interroga-se sobre o futuro e o passado (era ou não era Waterloo a *sua* batalha?), mas toda a sua realidade está no presente, instante por instante.

Como Fabrizio, toda a *Chartreuse* supera as contradições de sua natureza composta por força de um movimento incessante. E quando Fabrizio termina na cadeia, um novo romance se abre no romance: o carcerário, da torre e do amor por Clelia, que é algo ainda diferente de todo o resto e ainda mais difícil de definir.

Não existe condição humana mais angustiante do que a do preso, mas Stendhal é tão refratário à angústia que, mesmo tendo de representar o isolamento na cela de uma torre (após uma detenção ocorrida em condições misteriosas e conturbadas), os estados de ânimo que exprime são sempre extrovertidos e esperançosos: "Comment! moi qui avait tant de peur de la prison, j'y suis, et je ne me souviens pas d'être triste!". Não me lembro de ter ficado triste! Jamais uma refutação das autocomiserações românticas foi pronunciada com tanta candura e tanta boa disposição.

Essa torre Farnese, que nunca existiu nem em Parma nem em Módena, tem uma forma bem precisa, composta de duas torres, uma um pouco mais delicada, construída sobre a mais volumosa (mais uma casa em cima de um terrapleno, coroada por uma passareira, de onde se debruça a donzela Clelia em meio às aves). É um dos lugares encantados do romance (a respeito dele Trompeo lembrou-se de Ariosto e, por outros aspectos, de Tasso), um símbolo, certamente: tanto é assim que, como ocorre com todos os verdadeiros símbolos, não se saberia jamais decidir o que simboliza. O isolamento, na própria interioridade, isso é evidente; mas também, e ainda mais, a saída de si mesmo, a comunicação amorosa, pois nunca Fabrizio foi tão expansivo e loquaz como por meio dos improváveis e complicadíssimos sistemas de telegrafia sem fio com que consegue se corresponder da cela seja com Clelia seja com a sempre providencial tia Sanseverina.

A torre é o lugar onde nasce o primeiro amor romântico de Fabrizio pela inatingível Clelia, filha de seu carcereiro, mas é também a gaiola dourada do amor de Sanseverina, do qual Fabrizio é prisioneiro desde sempre. Tanto é assim que na origem da torre (capítulo XVIII) existe a história de um jovem Farnese encarcerado porque se tornara amante da madrasta: o núcleo mítico dos romances de Stendhal, a "hipergamia" ou amor pelas mulheres mais velhas ou em posição social mais elevada (Julien e mme. de Rénal, Luciene mme. de Chasteller, Fabrizio e Gina Sanseverina).

E a torre representa a altura, o poder de ver longe: a panorâmica incrível que Fabrizio domina lá de cima abarca toda a cadeia dos Alpes, de Nice até Treviso, e todo o curso do Pó, de Monviso a Ferrara; mas não só aquilo que se vê: também a própria vida e a dos outros, e a rede de rejeições intricadas que moldam um destino.

Como da torre o olhar abrange toda a Itália do Norte, igualmente do alto desse romance, escrito em 1839, o futuro da história da Itália já se descortina: o príncipe de Parma, Ranuccio Ernesto IV, é um tiranete absolutista e ao mesmo tempo um Carlo Alberto que prevê as próximas etapas do Risorgimento e cultiva no coração a esperança de ser um dia o rei constitucional da Itália.

Uma leitura histórica e política da *Chartreuse* foi uma via fácil e quase obrigatória, partindo de Balzac (que definiu esse romance como o *Príncipe* de um novo Maquiavel!), assim como foi igualmente fácil e obrigatório demonstrar que a pretensão stendhaliana de exaltar os ideais de liberdade e progresso sufocados pela Restauração é bastante superficial. Mas justamente a leviandade de Stendhal pode nos dar uma lição histórico-política não desprezível, quando nos mostra com quanta facilidade os ex-bonapartistas se tornam (ou permanecem) autorizados e zelosos membros do establishment legitimista. Que tantas tomadas de posição e tantas ações mesmo temerárias que pareciam motivadas por convicções absolutas revelassem depois que o que havia por trás era bem pouco, é um fato que se viu e reviu tantas vezes, naquela Milão e alhures, mas o belo da *Chartreuse* é que isso se constata sem fazer escândalo, como uma coisa que se evidencia por si própria.

O que faz da *Cartuxa de Parma* um grande romance "italiano" é o sentido da política como ajuste calculado e distribuição dos papéis: com o príncipe que, enquanto persegue os jacobinos, se preocupa em estabelecer com eles futuros equilíbrios que lhe permitam colocar-se à frente do iminente movimento de unidade nacional; com o conde Mosca que, de oficial napoleônico, passa a ministro partidário de repressões violentas e chefe do partido ultra (mas pronto a encorajar uma facção de ultras extremistas só para poder dar provas de moderação afastando-se deles), e tudo isso sem ser minimamente envolvido em sua essência interior.

Distancia-se cada vez mais, indo adiante no romance, a outra imagem stendhaliana da Itália como o país dos sentimentos generosos e da espontaneidade no viver, aquele lugar da felicidade que se abria ao jovem oficial francês na chegada a Milão. Na *Vie d'Henry Brulard*, ao narrar aquele momento, ao descrever aquela felicidade, interrompe o relato: "On échoue toujours à parler de ce qu'on aime".

Essa frase deu o tema e o título ao último ensaio de Roland Barthes, que devia apresentá-lo em Milão, no congresso stendhaliano de março de 1980 (mas enquanto o escrevia ocorreu o acidente de trânsito que lhe custou a vida). Nas páginas que ficaram, Barthes observa que, nas obras autobiográficas, Stendhal declara várias vezes a felicidade de suas estadas juvenis na Itália, porém jamais consegue representá-la.

> Todavia, vinte anos mais tarde, por uma espécie de *après-coup* que também faz parte da sinuosa lógica do amor, Stendhal escreve sobre a Itália páginas triunfais que, aquelas sim, desencadeiam no leitor como eu (mas não creio que seja o único) aquele júbilo, aquela irradiação que o diário íntimo descrevia mas não lograva comunicar. São as páginas, admiráveis, que formam o início da *Cartuxa de Parma*. Existe uma espécie de acordo milagroso entre a massa de felicidade e de prazer que irrompeu em Milão com a chegada dos franceses e a nossa alegria na leitura: o efeito narrado coincide finalmente com o efeito produzido.

1982

# A CIDADE-ROMANCE EM BALZAC

Transformar em romance uma cidade: representar os bairros e as ruas como personagens dotadas cada uma de um caráter em oposição às outras; evocar figuras humanas e situações como uma vegetação espontânea que germina do calçamento desta ou daquela rua ou como elementos de tão dramático contraste com elas a ponto de provocar cataclismos em cadeia; fazer com que em cada momento mutável a verdadeira protagonista seja a cidade viva, a sua continuidade biológica, o monstro-Paris: essa é a tarefa à qual Balzac se sente chamado no momento em que começa a escrever *Ferragus*.

E dizer que começara tendo na cabeça uma ideia totalmente diversa: o domínio exercido por personagens misteriosas através da rede invisível das sociedades secretas; ou melhor, os núcleos de inspiração que lhe eram caros e que ele queria fundir num único ciclo romanesco eram dois: o das sociedades secretas e o da onipotência oculta de um indivíduo à margem da sociedade. Os mitos que darão forma à narrativa culta e popular por mais de um século passam todos por Balzac. O Super-Homem que se vinga da sociedade que o colocou à margem, transformando-se num demiurgo inacessível, percorrerá, com as feições proteiformes de Vautrin, os tomos da *Comédia humana* e se reencarnará em todos os Montecristos, os Fantasmas da Ópera e talvez os Chefões que os romancistas de sucesso hão de colocar em circulação. A conspiração tenebrosa que estende seus tentáculos por todos os lados obcecará, um pouco por divertimento e um pouco a sério, os mais refinados romancistas ingleses entre o final e o início do século e ressurgirá na produção em série de aventuras brutalizantes e de espionagem que são nossas contemporâneas.

Com *Ferragus* ainda estamos plenamente na onda romântica byroniana. Numa edição de março de 1833 da *Revue de Paris* (publicação com tiragens semanais à qual, por vínculo contratual, Balzac era obrigado a entregar quarenta páginas por mês, entre contínuas repreensões do editor pelos atrasos na entrega dos manuscritos e as correções excessivas nos rascunhos), sai o prefácio da *Histoire des Treize* em que o autor promete revelar os segredos de treze decididos fora da lei ligados por um pacto de ajuda mútua que os tornava invencíveis e anuncia um primeiro episódio: "Ferragus, chef des Dévorants". (O termo *Dévorants*, ou *Devoirants*, designava tradicionalmente os membros de uma associação profissional, "Companheiros do Dever", e poderia ser italianizado como *Doveranti* [Devorosos], mas certamente Balzac joga com a falsa etimologia de *dévorer*, bem mais sugestiva, e quer que entendamos "Devoradores".)

O prefácio é datado de 1831, mas Balzac se debruça sobre o projeto só em fevereiro de 1833, e não cumpre o prazo de entrega do primeiro capítulo para a primeira semana seguinte à publicação do prefácio; assim, duas semanas depois, a *Revue de Paris* publicará dois primeiros capítulos juntos; o terceiro capítulo irá atrasar a saída do número seguinte; e o quarto e a conclusão sairão num fascículo suplementar no mês de abril.

Mas o romance publicado é bem diferente daquele que o prefácio anunciava; o velho projeto não interessa mais ao autor; é outro que o mobiliza agora, que o faz suar sobre os manuscritos em vez de despejar páginas e páginas no ritmo exigido pela produção e que o leva a encher de correções e acréscimos os rascunhos, estragando a composição dos tipógrafos. Contudo, o enredo que ele segue tem sempre força suficiente para manter o fôlego suspenso com os mistérios e os golpes de cena mais inesperados, e a personagem tenebrosa com o ariostesco nome de batalha de Ferragus desempenha um papel central, mas tanto as aventuras às quais ele deve sua autoridade secreta quanto sua infâmia pública são subentendidas, e é somente ao seu declínio que Balzac nos faz assistir. E quanto aos "Treze", ou melhor, aos outros doze sócios, até parece que o autor se esqueceu deles, e os mostra só de longe, como coadjuvantes decorativos, numa faustosa missa fúnebre.

O que então apaixonava Balzac era o poema topográfico de Paris, segundo a intuição que ele teve antes de qualquer outro da cidade como linguagem, como ideologia, como condicionamento de cada pensamento e palavra e gesto, onde as vidas "impriment par leur physionomie certaines idées contre lesquelles nous sommes sans défense", a cidade monstruosa como um crustáceo gigantesco do qual os habitantes não passam de articulações motoras. Fazia vários anos que Balzac vinha publicando nos jornais esboços de vida urbana, medalhões de personagens típicas: agora aponta no sentido de uma organização desse material, para uma espécie de enciclopédia parisiense em que encontram lugar o pequeno tratado para seguir mulheres pela rua, o quadrinho de costumes (digno de Daumier) dos passantes surpreendidos pela chuva, a classificação dos vagabundos, a sátira da febre imobiliária que dominou a capital, a caracterização da *grisette*, o registro da fala das várias categorias (quando os diálogos de Balzac perdem a ênfase declamatória habitual, sabem seguir as afetações e os neologismos que estão na moda e até a entoação das vozes; ouve-se uma vendedora dizer que as plumas do marabu dão ao penteado feminino "quelque chose de vague, d'ossianique et de très comme il faut"). À tipologia dos exteriores corresponde algo dos interiores, luxuosos ou miseráveis (com efeitos pictóricos estudados como o vaso de *géroflées* na espelunca da viúva Gruget). A descrição do cemitério do Père-Lachaise e os meandros da burocracia funerária coroam o desenho, e assim o romance que se abrira com a visão de Paris como organismo vivo se fecha no horizonte da Paris dos mortos.

A *História dos Treze* se tornou o atlas do continente Paris. E quando, concluído *Ferragus*, Balzac (sua obstinação não lhe permitia deixar um projeto pelo meio) escreve para outros editores (com a *Revue de Paris* já tinha brigado) outros dois episódios para completar o tríptico, trata-se de dois romances muito diferentes do primeiro e entre si, mas que têm em comum, mais que o fato de seus protagonistas pertencerem à mesma associação misteriosa (detalhe aliás acessório para o andamento da trama), a presença de amplas digressões que acrescentam outras vozes à sua enciclopédia parisiense: *La duchesse de Langeais* (romance passional nascido sob o impulso de um desabafo autobiográfico) oferece em seu segundo capítulo um estudo sociológico da aristocracia do Faubourg Saint-Germain; *La fille aux yeux d'or* (que é bem mais: um dos textos axiais da cultura francesa que se desenvolve ininterruptamente de Sade até hoje, digamos a Bataille e Klossovski) abre com uma espécie de museu antropológico dos parisienses divididos em classes sociais.

Se em *Ferragus* a riqueza dessas digressões é maior que nos demais romances do tríptico, não se pode dizer que só nelas Balzac invista sua elaborada força de escritura: também a experiência psicológica intimista das relações entre os cônjuges impregna a fundo o autor. Certamente nos interessa menos esse drama de um casal demasiado perfeito, dados os nossos hábitos de leitura que, num certo grau do sublime, só nos deixam ver nuvens ofuscantes e nos impedem de distinguir movimentos e contrastes: contudo, o modo como a sombra da suspeita que não se pode afastar não consegue incidir externamente sobre a confiança amorosa, mas acaba por corroê-la por dentro, é um processo apresentado de modo nem um pouco banal. E não podemos esquecer que páginas que podem nos parecer apenas exercícios de eloquência convencional, como a última carta de Clémence ao marido, eram os trechos de virtuosismo dos quais Balzac sentia mais orgulho, como ele próprio confidenciava escrevendo a mme. Hanska.

Quanto ao outro drama psicológico, o de um desmesurado amor paterno, nos convence menos, mesmo como primeiro esboço de *Père Goriot* (mas aqui o egoísmo está todo do lado do pai e o sacrifício todo do lado da filha). Dickens conseguiu resultados bem melhores da reaparição de um pai condenado às galés em sua obra-prima *Grandes esperanças*.

Mas uma vez constatado que também o relevo dado à psicologia contribui para pôr em segundo plano o enredo aventuroso, temos de reconhecer quanto ele ainda pesa em nosso prazer de leitores: o suspense funciona, embora o centro emocional da narrativa se desloque repetidamente de uma personagem a outra; o ritmo dos acontecimentos é acelerado mesmo que algumas passagens da trama tropecem na ilogicidade ou no descuido; o mistério das visitas de mme. Jules aos ambientes da má vida é um dos primeiros enigmas policiais que uma personagem improvisada em detetive enfrenta na abertura do romance, apesar de a solução vir cedo demais e ser de uma simplicidade decepcionante.

Toda a força romanesca é sustentada e condensada pela criação de uma mitologia da metrópole. Uma metrópole em que ainda cada personagem, como nos retratos de Ingres, parece dona do próprio rosto. A época da multidão anônima ainda não começou; é questão de pouco tempo, aqueles vinte anos que separam Balzac e a apoteose da metrópole no romance de Baudelaire e a apoteose da metrópole na poesia em versos. Para definir esta passagem vamos buscar duas citações de leitores de um século depois, ambos interessados por caminhos diversos pela mesma problemática.

> Balzac descobriu a grande cidade como incubação de mistérios e o sentido que tem sempre aceso é a curiosidade. É a sua musa. Não é jamais cômico nem trágico, é curioso. Penetra num emaranhado de coisas sempre com ar de quem fareja e promete um mistério e vai desmontando toda a máquina pedaço por pedaço com um gosto acre, vivaz e triunfal. Observem como se aproxi-

ma das personagens novas: examina-as de todos os lados como raridades, descreve-as, esculpe, define, comenta, faz transparecer toda a singularidade delas e garante maravilhas. Suas sentenças, observações, tiradas, motes não são verdades psicológicas, mas suspeitas e truques de juiz instrutor, luta contra o mistério que deve ser esclarecido a qualquer custo. Por isso, quando a pesquisa, a caça ao mistério se aplaca e — no início do livro ou no decorrer (nunca no fim, pois então com o mistério tudo está desvelado) — Balzac disserta sobre seu complexo misterioso com um entusiasmo sociológico, psicológico e lírico, ele é admirável. Ver o início de *Ferragus* ou o começo da segunda parte de *Splendeurs et misères des courtisanes*. É sublime. É Baudelaire que se anuncia.

Quem escrevia essas frases era o jovem Cesare Pavese, em seu diário, com data de 13 de outubro de 1936.

Mais ou menos no mesmo período, Walter Benjamin, no ensaio sobre Baudelaire, escreve um trecho em que basta substituir o nome de Victor Hugo por aquele (ainda mais adequado) de Balzac, para fazê-lo continuar e completar o discurso anterior:

> Buscar-se-á em vão, nas *Fleurs du mal* ou no *Spleen de Paris*, algo de semelhante aos afrescos urbanos nos quais Victor Hugo era insuperável. Baudelaire não descreve a população nem a cidade. É justamente esta renúncia lhe permitiu evocar uma na imagem da outra. Sua loucura é sempre a da metrópole; sua Paris está sempre superpovoada [...]. Nos *Tableaux parisiens* é possível sentir, quase sempre, a presença secreta de uma multidão. Quando Baudelaire toma como objeto o crepúsculo da manhã, há, nas ruas desertas, algo do "silêncio formigante" que Hugo sente na Paris noturna [...]. A massa era o véu flutuante através do qual Baudelaire via Paris.

1973

# CHARLES DICKENS, *OUR MUTUAL FRIEND*

Um Tâmisa cor de chumbo e barrento ao anoitecer, quando a maré sobe ao longo dos pilares das pontes: neste cenário que as crônicas deste ano atualizaram sob as luzes mais lúgubres, um barco avança rente aos troncos flutuantes, às chatas e aos dejetos. Na proa, um homem com olhar de abutre fixa a corrente como se procurasse algo; nos remos, semiescondida por um capuz e um manto impermeável, encontra-se uma moça de rosto angélico. O que estão buscando? Não se tarda a compreender que o homem é um recolhedor de cadáveres de suicidas ou de vítimas de assassinato jogadas no rio: para esse tipo de pescaria parece que as águas do Tâmisa são cotidianamente generosas. Avistado um cadáver à tona, o homem é ágil ao esvaziar-lhe os bolsos das moedas de ouro e depois ao arrastá-lo com uma corda fina até uma delegacia na margem, onde embolsará uma recompensa. A jovem angélica, filha do barqueiro, procura não olhar o butim macabro; está atordoada, mas continua remando.

Os inícios dos romances de Dickens são muitas vezes memoráveis, mas nenhum supera o primeiro capítulo de *Our mutual friend*, penúltimo romance que ele escreveu, último que concluiu. Levados pelo barco do pescador de cadáveres, parece que entramos no avesso do mundo.

No segundo capítulo muda tudo, estamos em plena comédia de costumes e de caracteres: um jantar em casa de um novo-rico onde todos fingem ser amigos de velha data quando mal se conhecem. Mas antes que o capítulo se encerre, eis que, evocado pelas conversas dos comensais, o mistério de um homem afogado no momento de herdar uma grande fortuna refaz o circuito da tensão romanesca.

A grande herança é a do falecido rei do lixo, um velho avarento que deixou na periferia de Londres uma casa ao lado de um terreno cheio de grandes monturos de lixo. Continuamos a mover-nos naquele sinistro mundo das dejeções em que nos introduzira por via fluvial o primeiro capítulo. Todos os outros cenários do romance, mesas prontas cintilando com pratarias, ambições lambuzadas de pomada, emaranhados de interesses e especulações, não passam de leves telas na substância desolada desse cenário de fim de mundo.

Depositário dos tesouros do Lixeiro de Ouro é o seu ex-burro de carga, Boffin, uma das grandes personagens cômicas de Dickens, pelo jeito pomposo com que derruba tudo do alto mesmo não tendo outra experiência a não ser aquela de uma ínfima miséria e de uma ignorância infinita. (Personagem simpática, porém: pelo calor humano e pelas intenções benévolas, ele e sua mulher; depois, na sequência do romance, transforma-se em avarento e egoísta, para revelar-se no final novamente um coração de ouro.) Vendo-se rico de repente, o analfabeto Boffin pode dar livre curso ao amor reprimido pela cultura: adquire os oito volumes do *Declínio e queda do Império Romano* de Gibbon (um título que mal consegue soletrar, e ao invés de *Roman* lê *Russian* e pensa que se trata do Império Russo). Contrata então um vagabundo com uma perna de madeira, Silas Wegg, como "homem de letras", para que lhe faça leituras noturnas. Depois de Gibbon, Boffin, que passa a ficar obcecado em não perder suas riquezas, procura nas livrarias as vidas de avarentos famosos e faz com que seu "literato" de confiança leia tudo para ele.

O exuberante Boffin e o asqueroso Silas Wegg formam um dueto extraordinário, ao qual vem se somar mr. Venus, embalsamador profissional e montador de esqueletos humanos mediante ossos esparsos recolhidos ao acaso, a quem Wegg pediu que construísse uma perna de osso para substituir a de madeira. Nesse horizonte de lixo, habitado por personagens clownescas e um tanto espectrais, o mundo de Dickens se transforma a nossos olhos no de Samuel Beckett; no humor negro do último Dickens podemos vislumbrar mais de uma antecipação beckettiana.

Naturalmente em Dickens — embora hoje sejam os aspectos *negros* que ganham mais relevo em nossa literatura — a escuridão está sempre em contraste com a luz, irradiada em geral por figuras de donzelas tão mais virtuosas e de bom coração quanto mais mergulhadas num inferno de trevas. A parte mais difícil de digerir é justamente essa da virtude, para nós, leitores modernos de Dickens. Certamente ele como pessoa tinha com a virtude relações não mais íntimas que as nossas, mas a mentalidade vitoriana encontrou em seus romances não só uma aplicação fiel mas até mesmo as imagens fundamentais da própria mitologia. E seria impossível, uma vez estabelecido que para nós o verdadeiro Dickens é somente aquele das personificações da maldade e das caricaturas grotescas, pôr entre parênteses as vítimas angélicas e as presenças consoladoras: sem estas não haveria tampouco aquelas; temos de considerar umas e outras como elementos estruturais relacionados entre si, paredes e traves do mesmo edifício sólido.

Também no front dos "bons", Dickens pode inventar figuras inesperadas, nada convencionais, como nesse romance o heterogêneo trio formado por uma mocinha anã, sarcástica e sabida, por um anjo de rosto e de coração como Lizzie, e por um judeu barbudo e com gabão. A pequena e sábia Jenny Wren, costureira de bonecas, que só pode andar com muletas e traduz tudo de negativo de sua vida numa transfiguração fantástica que jamais é edulcorada, pelo contrário enfrenta de peito aberto as durezas da existência, momento por momento, é uma das personagens dickensianas mais ricas de encanto e humor. E o judeu Riah, empregado de um especulador sórdido, Lammle, que o aterroriza e insulta, servindo-se dele também como testa de ferro para fazer agiotagem, continuando a se fingir de pessoa respeitável e desinteressada, trata de contrabalançar o mal de que se torna instrumento prodigalizando secretamente seus dons de gênio benéfico. Daí nasce um apólogo perfeito sobre o antissemitismo, sobre o mecanismo pelo qual a sociedade hipócrita sente a necessidade de criar uma imagem do judeu para atribuir a ele os próprios vícios. Esse Riah é de uma suavidade tão desarmada que poderia ser considerado um medroso, se não acontecesse que no abismo do desprezo encontrasse um modo de criar um espaço de liberdade e de revanche, junto com as outras duas menosprezadas, e sobretudo com o atuante conselho da costureira de bonecas (angélica também ela, mas capaz de infligir ao odioso Lammle um suplício diabólico).

Esse espaço do bem é representado materialmente por um terraço sobre o telhado do tétrico escritório da caixa de penhores, em meio à esqualidez da City, onde Riah põe à disposição das duas moças retalhos de pano para as roupas das bonecas, pequenas pérolas, livros, flores e fruta, enquanto "ao redor uma selva de velhas chaminés entrelaçavam seus rolos de fumaça e giravam bandeirinhas, com todo o jeito de velhas solteironas vaidosas que fazem poses empertigadas e olham em volta demonstrando uma grande surpresa".

Em *O nosso amigo comum* existe lugar para o romance metropolitano e para a comédia de costumes, mas também para personagens de consciências complexas e trágicas, como Bradley Headstone, ex-proletário que uma vez tendo se tornado professor se deixa dominar por uma ânsia de ascensão social e de prestígio que se transforma numa espécie de possessão diabólica. Vamos acompanhá-lo em seu enamoramento por Lizzie, em seu ciúme que se torna obsessão fanática, no projeto minucioso e depois na execução de um delito, e em seguida no permanecer parado, repetindo suas etapas mesmo quando dá aulas a seus alunos. "De vez em quando, diante do quadro, antes de começar a escrever, detinha-se com o pedaço de giz na mão e relembrava o local da agressão, e se um pouco mais para cima ou um pouco mais para baixo a água não teria sido mais profunda e a inclinação mais íngreme. Ficava tentado a fazer um desenho no quadro para ver mais nítido."

*O nosso amigo comum* foi escrito em 1864-5, *Crime e castigo*, em 1865-6. Dostoiévski era um admirador de Dickens, mas não poderia ter lido esse romance. Escreve Pietro Citati em seu belo ensaio dickensiano (incluído no volume *Il migliore dei mondi impossibili*, Rizzoli):

> A estranha providência que governa a literatura quis que, justamente nos anos em que Dostoiévski compunha *Crime e castigo*, Dickens tenha tentado inconscientemente competir com o próprio discípulo distante, escrevendo as páginas do crime de Bradley Headstone... Se Dostoiévski tivesse lido tal página, como teria achado sublime aquele último trecho, o desenho no quadro!

O título *Il migliore dei mondi impossibili* Citati retirou do escritor de nosso século que mais amou Dickens, G. K. Chesterton. Sobre Dickens, Chesterton escreveu um livro e depois as introduções a muitos romances, para a edição da "Everyman's Library". Naquela para *Our mutual friend*, ele começa implicando com o título. "O nosso amigo comum" faz sentido, tanto em inglês quanto em italiano; mas "o nosso amigo mútuo", "o nosso amigo recíproco" o que significaria? Poder-se-ia objetar a Chesterton que a expressão surge pela primeira vez no romance sendo dita por Boffin, cujo discurso é sempre despropositado; e que, embora a ligação do título com o conteúdo do romance não seja das mais evidentes, também o tema da amizade verdadeira ou falsa, alardeada ou oculta, distorcida ou sujeita a provas, ali circula por toda parte. Mas Chesterton, após ter denunciado a impropriedade linguística do título, declara que justamente por isso o título lhe agrada. Dickens não havia feito estudos regulares e jamais fora um literato rebuscado; é por isso que Chesterton o ama, ou seja, o ama quando se mostra assim como é, não quando pretende ser algo diferente; e a predileção de Chesterton por *Our mutual friend* recai em um Dickens que volta às origens, depois de ter feito vários esforços para sofisticar-se e demonstrar gostos aristocráticos.

Embora Chesterton tenha sido o melhor defensor da grandeza literária de Dickens na crítica do século xx, parece-me que seu ensaio sobre *Our mutual friend* revela um fundo de condescendência paternalista do literato refinado em relação ao romancista popular.

Para nós, *O nosso amigo comum* é uma obra-prima em absoluto, tanto de invenção quanto de escritura. Como exemplos de escritura lembrarei não só as metáforas fulminantes que definem uma personagem ou uma situação ("'Quanta honra', disse a mãe oferecendo para ser beijada uma bochecha sensível e afetuosa como a parte convexa de uma colher"), mas também os ângulos descritivos dignos de entrar numa antologia da paisagem urbana:

> Uma noite cinza, seca e poeirenta na City de Londres tem um aspecto pouco promissor. As lojas e os escritórios fechados parecem mortos e o terror nacional pelas cores dá um ar de luto. As torres e os campanários das inúmeras igrejas assediadas pelas casas, escuros e enfumaçados como o céu que parece cair-lhes por cima, não diminuem a desolação geral; um relógio de sol na parede de uma igreja, com sua sombra negra ora inútil, parece um dedo que faliu e suspendeu os pagamentos para sempre. Melancólicos restos de guardiães e porteiros varrem melancólicos dejetos de papelão nos córregos onde outros melancólicos sobejos vêm curvados fuçar, procurar e remexer, esperando descobrir algo para vender.

Retirei esta última citação da tradução dos "Struzzi" Einaudi, mas a primeira que fiz acima, a das cumeeiras, foi extraída da tradução de Filippo Donini para os "Grandi Libri" Garzanti, que me parece captar melhor o espírito em algumas passagens mais sutis, embora apresente alguns aspectos antiquados como a italianização dos nomes de batismo. Nessa frase se tratava de transmitir o distanciamento entre as humildes alegrias do terraço e as chaminés da City, vistas como nobres damas (*dowager*) altivas; cada detalhe descritivo em Dickens tem sempre uma função, entra na dinâmica da narrativa.

Outro motivo pelo qual este romance é considerado uma obra-prima é a representação de um quadro social muito complexo de classes em conflito; neste ponto concordam a introdução ágil e inteligente de Piergiorgio Bellocchio para a edição Garzanti e aquela, toda concentrada neste aspecto, de Arnold Kettle para a edição Einaudi. Kettle polemiza com George Orwell que, numa famosa análise "classista" dos romances dickensianos, demonstrou como, para Dickens, o objetivo não eram os males da sociedade, mas da natureza humana.

1982

# GUSTAVE FLAUBERT, *TROIS CONTES*

*Trois contes* em italiano são conhecidos como *Tre racconti* e não poderíamos chamá-los de outro modo, mas o termo *conte* (ao invés de *récit* ou *nouvelle*) sublinha o apelo à narrativa oral, ao maravilhoso e ao ingênuo, à fábula. Essa conotação vale para os três contos: não só para "A lenda de são Juliano", que é um dos primeiros documentos da adesão moderna ao gosto "primitivo" pela arte medieval e popular, e para "Herodíade", reconstrução histórica erudita, visionária e estetizante, mas também para "Um coração simples", em que a realidade cotidiana contemporânea é vivida pela simplicidade de espírito de uma pobre empregada doméstica.

Os *Trois contes* são um pouco a essência de todo o Flaubert e, como dá para ler os três numa noite, aconselho-os enfaticamente a todos aqueles que por ocasião do centenário queiram tributar uma homenagem mesmo que rápida ao sábio de Croisset. (Pela ocasião Einaudi volta a editá-los na finíssima tradução de Lalla Romano.) Em tempo, quem tiver pressa pode deixar de lado "Hérodias" (cuja presença no livro sempre me pareceu dispersiva e redundante) e concentrar toda a atenção em "Un coeur simple" e "Saint Julien", partindo do elemento nuclear — o visual.

Existe uma história da visualidade romanesca — do romance como arte de *fazer ver* pessoas e coisas — que coincide com alguns momentos da história do romance, mas não com todos. De mme. de Lafayette a Constant o romance explora o ânimo humano com uma acuidade prodigiosa, mas as páginas são como persianas fechadas que não deixam ver nada. A visualidade romanesca começa com Stendhal e Balzac, e com Flaubert atinge a relação perfeita entre palavra e imagem (o máximo de economia com rendimento máximo). A crise da visualidade romanesca começará meio século depois, em simultâneo com o advento do cinema.

"Un coeur simple" é um conto feito de coisas que se veem, de frases simples e leves em que ocorre sempre alguma coisa: a lua sobre os prados da Normandia iluminando bois deitados, duas mulheres e duas crianças que passam, um touro que sai da névoa e ataca com o focinho baixo, Félicité que lhe joga terra nos olhos para permitir aos outros saltar uma sebe; ou o porto de Honfleur com os guindastes que levantam os cavalos para depositá-los nos barcos, o sobrinho marinheiro que Félicité consegue ver por um instante e que logo desaparece oculto por uma vela; e sobretudo o pequeno quarto de Félicité, cheio de objetos, lembranças de sua vida e da vida dos patrões, onde uma pia de água benta feita com casca de coco está ao lado de um pedaço de sabão azul, tudo dominado pelo famoso papagaio empalhado, espécie de emblema daquilo que a vida não deu à pobre doméstica. É através dos mesmos olhos de Félicité que vemos todas essas coisas; a transparência das frases da narrativa é o único meio possível para representar a pureza e a nobreza natural ao aceitar o bem e o mal da vida.

Na "Légende de saint Julien l'Hospitalier", o mundo visual é o de uma tapeçaria ou de uma miniatura num código ou de um vitral de catedral, mas ele é vivido *de dentro* como se também nós fôssemos figuras bordadas ou reduzidas ou compostas de vidros coloridos. Uma profusão de animais de várias formas, própria da arte gótica, domina o conto. Cervos, gamos, falcões, galos-do-mato, cegonhas: o caçador Julien é empurrado na direção do mundo animal por uma inclinação sanguinária e o relato decorre na fronteira sutil entre crueldade e piedade, até que não nos parece ter entrado no próprio coração do universo zoomorfo. Numa página extraordinária, Julien se encontra sufocado por penas, pelos, escamas, a floresta em torno dele se transforma num bestiário amontoado e emaranhado de toda a fauna inclusive exótica. (Não faltam os papagaios, como numa saudação à distância para a velha Félicité.) Nessa altura, os animais não são mais o objeto privilegiado de nossa visão, mas nós próprios passamos a ser capturados pelo olhar dos animais, pelo firmamento de olhos que nos fixam; sentimos que estamos passando para o outro lado: parece-nos ver o mundo humano através de redondos e impassíveis olhos de coruja.

O olho de Félicité, o olho da coruja, o olho de Flaubert. Compreendemos que o verdadeiro tema desse homem, aparentemente tão fechado em si mesmo, foi a identificação com o outro. No abraço sensual de saint Julien no leproso podemos reconhecer o árduo ponto de chegada para o qual tende a ascese de Flaubert como programa de vida e de relação com o mundo. Talvez os *Trois contes* sejam o testemunho de uma das mais extraordinárias trajetórias espirituais nunca antes escrita fora do âmbito das religiões.

1980

# LIEV TOLSTÓI, *DOIS HUSSARDOS*

Entender como Tolstói constrói sua narração não é fácil. Aquilo que tantos narradores mantêm à mostra — esquemas simétricos, vigas mestras, contrapesos, dobradiças — nele permanece oculto. Oculto não significa inexistente: a impressão que Tolstói dá de levar tal e qual para a página escrita "a vida" (esta misteriosa entidade que para ser definida nos obriga a partir da página escrita) não passa de um produto da arte, isto é, de um artifício mais complexo que tantos outros.

Um dos textos em que a "construção" tolstoiana é mais visível é *Dois hussardos*, e como esta é uma de suas narrativas mais típicas — do primeiro e mais direto Tolstói —, e das mais belas, observando como é feito podemos aprender algo sobre o modo de trabalhar do autor.

Escrito e publicado em 1856, *Dva gusara* se apresenta como evocação de uma época remota, o começo do Oitocentos, e o tema é o da vitalidade, transbordante e sem freios, uma vitalidade vista como já distante, perdida, mítica. As estalagens onde os oficiais transferidos aguardam a troca dos cavalos para os trenós e se depenam jogando baralho, os bailes da nobreza de província, as noites de farra "junto com os ciganos": é na classe alta que Tolstói representa e mitifica essa violenta energia vital, espécie de fundamento natural (perdido) do feudalismo militar russo.

A narrativa inteira está centrada num herói para quem a vitalidade é razão suficiente de sucesso, simpatia e domínio, e encontra em si mesma, na própria indiferença para com as regras e nos próprios excessos, uma moral e uma harmonia próprias. A personagem do conde Turbin, oficial dos hussardos, grande bebedor, jogador, mulherengo e dado a duelos, não faz senão concentrar em si a força vital difusa na sociedade. Seus poderes de herói mítico consistem em descobrir canais positivos para essa força que na sociedade manifesta suas potencialidades destrutivas: um mundo de trapaceiros, dilapidadores do dinheiro público, bêbados, fanfarrões, escroques, libertinos, cujos conflitos uma calorosa indulgência recíproca transforma em jogo e festa. A civilidade gentilícia só mascara uma brutalidade de horda de bárbaros; para o Tolstói de *Dois hussardos* a barbárie é o imediato ontem da Rússia aristocrática, e nessa barbárie achava-se a sua verdade e saúde. Basta pensar na apreensão com que, no baile da nobreza de K., a entrada do conde Turbin é vista pela dona da casa.

Contudo, Turbin reúne em si violência e suavidade; Tolstói o apresenta fazendo coisas que não deveriam ser feitas, mas dá aos movimentos dele o dom de uma milagrosa exatidão. Turbin é capaz de pedir emprestado dinheiro de um esnobe e nem sonhar em devolvê-lo, ou melhor, irá insultá-lo e agredi-lo; de seduzir como um raio uma jovem viúva (irmã de seu credor) escondendo-se na carruagem dela e de não se preocupar em comprometê-la, ao desfilar com o casaco de peles do marido morto; mas é também capaz de gestos de galanteria desinteressada, como voltar atrás em sua viagem de trenó para dar-lhe um beijo no sono e partir de novo. Turbin é capaz de dizer na cara de cada um aquilo que merece; chama um trapaceiro de trapaceiro, depois tira-lhe à força o dinheiro malganho para reembolsar o simplório que se deixara defraudar e com o que sobra ainda presenteia as ciganas.

Mas isso é apenas metade da narrativa, os primeiros oito de dezesseis capítulos. No nono capítulo, há um salto de vinte anos: estamos em 1848, Turbin é morto por um louco em duelo, e seu filho é então oficial dos hussardos. Também ele chega a K., em marcha rumo ao front, e encontra algumas das personagens da primeira história; um cavalariço presunçoso, a viuvinha transformada em resignada matrona; mais uma jovem filha para tornar a nova geração simétrica em relação à velha. A segunda parte da história — logo nos damos conta — repete especularmente a primeira, mas tudo ao contrário: a um inverno de neve, trenós e vodca responde uma doce primavera de jardins à luz da lua, ao primeiro Oitocentos selvagem das orgias nos caravançarás das paradas responde um pleno Oitocentos conformista de trabalhos de tricô e tédio tranquilo na calma familiar. (Para Tolstói esta era a contemporaneidade: é difícil hoje para nós situar-nos em sua perspectiva.)

O novo Turbin faz parte de um mundo mais civilizado e se envergonha da fama de boêmio deixada pelo pai. Enquanto o pai espancava e arrebentava o servo, mas estabelecia com ele uma espécie de complementaridade e confidência, o filho não para de brigar e lamentar-se com o criado, vexatório ele também, mas barulhento e mole. Há um jogo de baralho também aqui, uma partida em família, de poucos rublos, e o jovem Turbin com seus pequenos cálculos não hesita em depenar a dona de casa que o hospeda, enquanto cutuca o pé da filha. O que o pai tinha de prepotente ele tem de mesquinho, mas é sobretudo confuso, desajeitado. O flerte é uma sequência de equívocos; uma sedução noturna se reduz a uma tentativa desastrada, a um papelão; mesmo o duelo que estava por ter lugar se anula na lenga-lenga.

Dessa narrativa de costumes militares, obra do maior escritor de guerra *en plein air*, poderíamos dizer que a grande ausente é justamente a guerra. Ainda assim é um relato de guerra: as duas gerações (aristocrático-militares) dos Turbin são respectivamente aquela que derrotou Napoleão e aquela que reprimiu a revolução na Polônia e na Hungria. Os versos que Tolstói põe como epígrafe assumem um significado polêmico em relação à História com H maiúsculo, que só leva em conta batalhas e planos estratégicos e não a substância de que são feitas as existências humanas. Já é a polêmica que Tolstói desenvolverá dez anos depois em *Guerra e paz*: embora aqui não se afaste dos costumes dos oficiais, será esse mesmo discurso que levará Tolstói a contrapor aos grandes *condottieri* a massa camponesa dos soldados simples como verdadeiros protagonistas históricos.

Assim, não é tanto exaltar a Rússia de Alexandre I em contraposição à de Nicolau I que interessa a Tolstói, quanto procurar a vodca da história (ver a epígrafe), o combustível humano. A abertura da segunda parte (capítulo IX) — que faz pendant com a introdução, aos seus flashes nostálgicos contrapõe um pouco de repertório — não é inspirada numa lamentação do passado, mas numa complexa filosofia da história, num balanço dos custos do progresso. "... Muita coisa bonita e muita coisa feia, entre tudo o que era velho, desaparecera, muita coisa bonita, entre tudo o que era novo, se desenvolvera, e muito, ou melhor, muito mais — entre tudo de novo — incapaz de desenvolvimento, monstruoso, surgira sob o sol."

A plenitude vital tão louvada pelos comentadores de Tolstói é — aqui como no restante da obra — a constatação de uma ausência. Como no narrador mais abstrato, o que conta em Tolstói é aquilo que não se vê, aquilo que não é dito, aquilo que poderia existir e não existe.

1973

# MARK TWAIN, "O HOMEM QUE CORROMPEU HADLEYBURG"

Do papel de escritor de entretenimento popular, Mark Twain teve não só consciência mas também orgulho. Em 1889, escreve numa carta a Andrew Lang:

> Jamais procurei em nenhum caso tornar cultas as classes cultas. Não estava preparado para fazê-lo: faltavam-me tanto os dotes naturais quanto a preparação. Ambições neste sentido não tive nunca, mas andei sempre em busca de caça com maior porte: as massas. Raramente me propus instruí-las, porém dei o melhor de mim para diverti-las. Diverti-las e basta: já teria satisfeito minha maior e constante ambição.

Como profissão de ética social do escritor, essa de Mark Twain tem pelo menos o mérito de ser sincera e verificável, mais que tantas outras cujas ambiciosas pretensões didáticas obtiveram e perderam crédito nos últimos cem anos: homem de massa ele era de fato, e lhe é completamente estranha a ideia de ter de se inclinar de um patamar mais alto para dirigir-se ao seu público. E hoje, reconhecendo-lhe o título de *folk-writer* ou contador de histórias da tribo — aquela tribo multiplicada em escala imensa que é a América provinciana de sua juventude —, não é só o mérito de divertir que se lhe atribui, mas o de ter reunido um estoque de materiais de construção do sistema mitológico e fabular dos Estados Unidos, um arsenal de instrumentos narrativos de que a nação necessitava para ter uma imagem de si mesma.

Como profissão estética, ao contrário, desmentir-lhe o filistinismo declarado é mais difícil, e mesmo os críticos que elevaram Mark Twain ao lugar que merece no panteão literário americano admitem como evidência que ao seu talento espontâneo e um tanto desengonçado só faltava um interesse pela forma. Contudo, o grande sucesso twainiano continua sendo um exercício de estilo e até com dimensão histórica: o ingresso na literatura da linguagem falada americana, com a estridente voz recitante de Huck Finn. Trata-se de uma conquista inconsciente, de uma descoberta fruto do acaso? Toda a sua obra, embora desigual e indisciplinada, indica o contrário, como pode resultar claro hoje que as formas da comicidade verbal e conceitual — do mote espirituoso ao nonsense — são objeto de estudo enquanto mecanismos elementares da operação poética, e o humorista Mark Twain se apresenta perante nós como um incansável experimentador e manipulador de engenhos linguísticos e retóricos. Aos vinte anos, quando ainda não havia escolhido seu bem-sucedido pseudônimo e escrevia num jornalzinho de Iowa, seu primeiro êxito foi a linguagem cheia de asneiras ortográficas e gramaticais das cartas de uma personagem caricatural.

Justamente por ser obrigado a escrever ininterruptamente para os jornais, Mark Twain está sempre à procura de novas invenções formais que lhe permitam extrair efeitos humorísticos de qualquer tema, e o resultado é que, se hoje a sua historieta do *Jumping frog* nos deixa frios, quando ele a retraduz em inglês de uma versão francesa ainda nos diverte.

Prestidigitador da escritura, não segundo uma exigência intelectual mas conforme sua vocação de *entertainer* de um público que era tudo menos refinado (e não esqueçamos que sua produção escrita se acopla com uma intensa atividade de conferencista e debatedor itinerante, pronto a medir o efeito de seus achados nas reações imediatas dos ouvintes), Mark Twain segue procedimentos que afinal não são muito diferentes daqueles do autor de vanguarda que faz literatura com a literatura: basta colocar-lhe entre as mãos qualquer texto escrito e ele se põe a brincar até que dali apareça um conto. Mas deve ser um texto que não tenha nada a ver com a literatura: um relatório para o ministério sobre um fornecimento de carne enlatada ao general Sherman, as cartas de um senador do Nevada em resposta aos seus eleitores, as polêmicas locais dos jornais do Tennessee, as rubricas de um jornal agrícola, um manual alemão de instruções para evitar raios e até uma declaração para o imposto de renda.

Na base de tudo encontra-se sua opção pelo prosaico contra o poético: mantendo-se fiel a esse código, ele consegue pela primeira vez dar voz e forma à surda consistência da vida prática americana — sobretudo nas obras-primas da saga fluvial *Huckleberry Finn* e *Life on the Mississippi* — e por outro lado é levado — em muitos dos contos — a transformar essa espessura cotidiana numa abstração linear, num jogo mecânico, num esquema geométrico. (Uma estilização que vamos reencontrar, trinta ou quarenta anos depois, traduzida na linguagem muda da mímica, nas gags de Buster Keaton.)

Os contos que têm por tema o dinheiro são bem indicativos desta dupla tendência: representação de um mundo que não dispõe de outra imaginação além da econômica, em que o dólar é o único deus ex machina atuante e ao mesmo tempo demonstração de que o dinheiro é algo de abstrato, cifra de um cálculo que só existe no papel, medida de um valor inatingível em si mesmo, convenção linguística que não remete a nenhuma realidade sensível. Em "The man that corrupted Hadleyburg" (1899), a miragem de um saco de moedas de ouro desencadeia a degradação moral de uma austera cidade de província; em "The $ 30,000 bequest" (1904), uma herança hipotética é gasta imaginariamente; em "The £ 1,000,000 bank-note" (1893), uma cédula enorme atrai a riqueza sem necessidade de ser investida e nem trocada. Nas narrativas do século XIX, o dinheiro tivera um lugar importante: força motriz da história em Balzac, pedra de toque dos sentimentos em Dickens; em Mark Twain o dinheiro é jogo de espelhos, vertigem do vazio.

Do seu conto mais famoso é protagonista a pequena cidade de Hadleyburg, "honest, narrow, self-righteous, and stiggy": honesta, estreita, hipócrita e avarenta. Uma cidadania inteira sintetizada em seus dezenove mais respeitados notáveis e estes dezenove resumidos em mr. Edward Richards e senhora, o casal cujas metamorfoses interiores acompanhamos, ou melhor, a revelação deles a si próprios. Todo o restante da população é coro, coro no verdadeiro sentido da palavra, enquanto acompanha o desenvolvimento da ação cantando pequenas estrofes, e com um corifeu ou voz da consciência cívica que é chamado anonimamente de "the saddler", o seleiro. (De vez em quando assoma um diabinho inocente, o vagabundo Jack Halliday, única concessão marginal à cor local, erradia lembrança da saga do Mississippi.)

Também as situações são reduzidas àquele mínimo que serve ao mecanismo do conto para funcionar: um prêmio caído do céu para Hadleyburg — 160 libras de ouro, equivalentes a 40 mil dólares — do qual não se conhece nem o doador nem o destinatário, mas que na realidade — captamos desde o início — não é um dom e sim uma vingança e uma burla para desmascarar aqueles campeões de severidade como hipócritas e safados que de fato são. A burla tem como instrumento um saco, uma carta num envelope para ser aberta logo, uma carta num envelope para ser aberta posteriormente, mais dezenove cartas iguais mandadas por correio, mais diversos pós-escritos e outras missivas (os textos epistolares têm sempre uma função importante nos enredos de Mark Twain), e todos giram em torno de uma frase misteriosa, verdadeira palavra mágica: quem a conhecer ganhará o saco de ouro.

O suposto doador e autêntico castigador é uma personagem desconhecida; quer vingar-se de uma ofensa — não se sabe de qual — que lhe foi feita — impessoalmente — pela cidade: a indeterminação o circunda com uma espécie de halo sobrenatural, a invisibilidade e a onisciência fazem dele uma espécie de deus: ninguém se lembra dele, mas ele conhece todos e sabe prever as reações de todos.

Outra personagem tornada mítica pela indeterminação (e pela invisibilidade: porque está morto) é Barclay Goodson, cidadão de Hadleyburg diferente de todos os outros, o único capaz de desafiar a opinião pública, o único capaz do gesto inaudito de oferecer vinte dólares a um estrangeiro arruinado pelo jogo. Nada mais nos é dito a respeito dele; em que consistia a sua oposição ferrenha à cidade inteira é deixado na penumbra.

Entre um doador misterioso e um destinatário defunto se intromete a cidade na pessoa de seus dezenove notáveis, os Símbolos da Incorruptibilidade. Cada um deles pretende — e quase se convence — identificar-se se não com o odiado Goodson, pelo menos com aquele que Goodson designou para sucedê-lo.

Esta é a corrupção de Hadleyburg: a avidez de possuir um saco de dólares de ouro sem dono derruba com facilidade qualquer escrúpulo de consciência e leva rapidamente à mentira, ao engodo. Se pensarmos em quão misteriosa, indefinível e cheia de sombras é a presença do pecado em Hawthorne e em Melville, a de Mark Twain nos parece uma versão simplificada e elementar da moral puritana, com uma doutrina da queda e da graça não menos radical mas transformada numa regra de higiene clara e racional como o uso da escova de dentes.

Também ele tem suas reticências: se sobre a não censurabilidade de Hadleyburg pesa uma sombra é a de uma culpa cometida pelo pastor, reverendo Burgess, mas isso só se comenta nos termos mais vagos: “the thing”, a coisa. Na realidade, Burgess não é responsável por essa culpa, e o único a saber disso — mas se absteve de dizê-lo — é Richards; talvez a responsabilidade fosse dele (também isso fica na sombra). Ora, quando Hawthorne *não diz* qual é a culpa do pastor que anda com um véu negro no rosto, seu silêncio pesa sobre todo o conto;

quando é Mark Twain a *não dizer*, é apenas sinal de que para as finalidades da narrativa aquele é um detalhe que não interessa.

Alguns biógrafos contam que Mark Twain era submetido a uma severa censura prévia por parte de sua mulher Olivia, que exercia um direito de supervisão moralizadora sobre seus escritos. (Comenta-se mesmo que às vezes ele espalhava expressões inconvenientes ou blasfemas pela primeira versão de um escrito para que os rigores da esposa encontrassem um alvo fácil sobre o qual desabafar, deixando intacta a substância do texto.) Mas podemos ter certeza de que mais severa que a censura conjugal era uma autocensura tão hermética a ponto de se aproximar da inocência.

A tentação do pecado para os notáveis de Hadleyburg como para os cônjuges Foster (na "Herança de 30 000 dólares") assume a forma incorpórea do cálculo dos capitais e dos dividendos; mas expliquemo-nos: a culpa é tal porque se trata de dinheiro que não existe. Quando as cifras com três ou seis zeros têm aceitação no banco, o dinheiro é a prova e o prêmio da virtude: nenhuma suspeita de culpa perturba o Henry Adams de "Cédula de 1 milhão de esterlinas" (homônimo, observe-se do primeiro crítico da mentalidade americana) que especula com a venda de uma mina californiana sob o escudo de uma nota autêntica embora impossível de ser gasta. Ele se conserva cândido como o herói de uma fábula ou de um daqueles filmes dos anos 30 em que a América democrática demonstra acreditar ainda na inocência da riqueza, como na idade de ouro de Mark Twain. Só ao se lançar um olhar no fundo das minas — as reais e as psicológicas — surgirá a suspeita de que as verdadeiras culpas são outras.

1972

# HENRY JAMES, *DAISY MILLER*

*Daisy Miller* saiu em revista em 1878 e, como livro, em 1879. Foi uma das raras narrativas (talvez a única) de Henry James da qual se pode dizer que teve logo um sucesso popular. Certamente na sua obra, toda ela sob o signo da evasiva, do não dito, de um esquivar-se contínuo, ele se apresenta como um dos textos mais claros, com uma personagem de moça cheia de vida, que explicitamente aspira a simbolizar a falta de preconceitos e a inocência da jovem América. Contudo, é um conto não menos misterioso que outros desse autor introvertido, inteiramente tecido como é pelos temas que se apresentam, sempre entre sombra e luz, ao longo de toda a obra.

Como muitos dos contos e romances de James, *Daisy Miller* se passa na Europa, e a Europa é também aqui pedra de toque com que a América se confronta. Uma América reduzida a um *specimen* sintético: a colônia dos felizes turistas norte-americanos na Suíça e em Roma, aquele mundo ao qual Henry James pertenceu nos anos da juventude, de costas para a terra nativa e antes de se enraizar na ancestral pátria britânica.

Distanciados da própria sociedade e das razões práticas que ditam as normas do comportamento, imersos numa Europa que representa tanto uma sugestão de cultura e nobreza quanto um mundo promíscuo e meio infecto do qual convém manter distância, esses americanos de James são prisioneiros de uma insegurança que os faz redobrar a severidade puritana, a salvaguarda das conveniências. Winterbourne, o jovem americano que estuda na Suíça, está destinado — palavras de sua tia — a cometer erros porque vive na Europa há muito tempo e não sabe mais distinguir os patriotas "de bem" dos de baixa extração. Mas essa incerteza sobre a própria identidade social é de todos eles — esses exilados voluntários em que James se espelha —, sejam rigoristas (*stiff*) ou emancipados. O rigorismo — americano ou europeu — é representado pela tia de Winterbourne, que não por acaso decidiu morar na Genebra calvinista, e por mrs. Walker, que é um pouco a contrapartida da tia, imersa na mais indolente atmosfera romana. Os emancipados são a família Miller, expeditamente à deriva numa peregrinação europeia imposta a eles como dever cultural inerente ao seu status: uma América provinciana, talvez de novos milionários de origem plebeia, exemplificada em três personagens, mãe meio acabada, rapazote petulante e bela moça que, forte somente com sua barbárie e espontaneidade vital, é a única que consegue realizar-se como personalidade moral autônoma, construindo-se alguma liberdade embora precária.

Winterbourne percebe tudo isso, mas boa parte dele (e de James) é subserviente aos tabus sociais e ao espírito de casta, e sobretudo boa parte dele (e James por inteiro) tem medo da vida (leia-se: das mulheres). Não obstante, no princípio e no fim, seja feita referência a uma relação do jovem com uma dama estrangeira de Genebra, bem no meio da novela o medo de Winterbourne perante a perspectiva de um verdadeiro confronto com o outro sexo é claramente explicitado; e na personagem podemos reconhecer um autorretrato juvenil de Henry James e da sua nunca desmentida sexofobia.

Aquela indefinida presença que era para James o "mal" — vagamente relacionada com a sexualidade pecaminosa ou mais visivelmente representada pela ruptura de uma barreira de classe — exerce sobre ele um horror misturado com atração. O ânimo de Winterbourne — isto é, aquela construção sintática feita de hesitações, adiamentos e autoironia, característica das paisagens introspectivas de James — acha-se dividido: uma parte dele confia ardentemente na "inocência" de Daisy para decidir-se a admitir estar enamorado (e será a prova post mortem dessa inocência que o reconciliará com ela, hipócrita que é), ao passo que a outra parte de si mesmo espera reconhecer nela uma criatura degradada e inferior, com a qual é lícito "faltar ao respeito". (E isso não parece de fato ser motivado pelo impulso dele em "faltar-lhe com o respeito", mas talvez só pela satisfação em pensá-la como tal.)

O mundo do "mal" que disputa a alma de Daisy é representado primeiro pelo mordomo Eugenio, depois pelo valente senhor Giovanelli, romano, caçador de dotes, ou melhor, por toda a cidade de Roma, com seus mármores, musgos e miasmas portadores de malária. O pior veneno das intrigas com que os americanos da Europa castigam a família Miller é uma alusão contínua e obscura ao mordomo que viaja com eles e que — na ausência de mr. Miller — exerce uma autoridade não bem definida sobre mãe e filha. Os leitores de *A outra volta do parafuso* sabem quanto o mundo dos empregados domésticos pode encarnar para James a presença informe do "mal". Mas esse mordomo (o termo inglês é mais preciso e não tem um correspondente italiano: *courier*, isto é, o serviçal que acompanha os patrões nas grandes viagens e a quem cabe a organização de seus deslocamentos e estadas) poderia ser também exatamente o oposto (pelo pouco que se vê), ou seja, o único na família que representa a autoridade moral paterna e o respeito pelas conveniências. O sacrilégio talvez consista justamente só nisso: em ter substituído a imagem do pai pela de um homem de classe inferior. Já o fato de ter um nome italiano prepara para o pior: veremos que a permanência na Itália da família Miller não passa de uma descida aos infernos (igualmente letal embora menos fatal que a do professor Aschenbach em Veneza, no conto que Thomas Mann escreverá 35 anos depois).

À diferença da Suíça, Roma não pode inspirar autocontrole às jovens americanas só com a força da paisagem, das tradições protestantes e da sociedade austera. O passeio das carruagens pelo Pincio é um turbilhão de intrigas em meio ao qual não se sabe se a honra das moças americanas deve ser salvaguardada para não se fazer má figura com marqueses e condes romanos (as herdeiras do Middle West começam a ambicionar os brasões) ou para não se atolar no pântano da promiscuidade com uma raça inferior. Essa presença de um perigo, mais ainda que no cerimonioso senhor Giovanelli (que também ele, como Eugenio, poderia ser uma garantia da virtude de Daisy, se não fosse pelas origens obscuras), se identifica numa personagem muda, mas nem por isso menos determinante no mecanismo da narrativa: a malária.

Sobre a Roma do século XIX caem à noite as exalações mortíferas dos pântanos circundantes: eis o "perigo", alegoria de qualquer outro perigo possível, a febre perniciosa pronta a ceifar as moças que saem à noite sozinhas ou mal acompanhadas. (Ao passo que andar de barco nas assépticas águas do Lemano não teria apresentado tais riscos.) À malária, obscura divindade mediterrânea, é sacrificada Daisy Miller, a quem nem o puritanismo dos compatriotas nem o paganismo dos nativos haviam conseguido dobrar, e que justamente por isso é condenada, por todos, ao holocausto bem no meio do Coliseu, onde os miasmas noturnos se adensam envolventes e impalpáveis como as frases nas quais James parece sempre prestes a dizer algo que não diz.

1971

# ROBERT LOUIS STEVENSON, "O PAVILHÃO NAS DUNAS"

"The pavilion on the links" é antes de mais nada a história de uma misantropia: uma misantropia juvenil, feita de autossuficiência e selvageria, misantropia que num jovem quer dizer sobretudo misoginia e que conduz o protagonista a cavalgar sozinho pelos brejos da Escócia, dormindo sob a tenda e nutrindo-se de *porridge*. Mas a solidão de um misantropo não abre muitas possibilidades narrativas: o conto nasce do fato de que os jovens misantropos ou misóginos são dois, e ambos se escondem, um espionando o outro, numa paisagem que por si só evoca a solidão e a selvageria.

Podemos dizer então que "The pavilion on the links" é a história da relação entre dois homens que se assemelham, quase dois irmãos, ligados por uma misantropia e misoginia comuns, e de como a amizade deles se transforma, por razões que permanecem misteriosas, em inimizade e luta. Mas nas tradições romanescas a rivalidade entre dois homens pressupõe uma mulher. E uma mulher que abra caminho no coração de dois misóginos deve ser objeto de um amor exclusivo e sem condições, a ponto de levar os dois a rivalizar em cavalheirismo e altruísmo. Será então uma mulher ameaçada por um perigo, por inimigos perante os quais os dois ex-amigos tornados rivais se vejam solidários e aliados mesmo na rivalidade amorosa.

Diremos então que "The pavilion on the links" é um grande jogo de esconde-esconde jogado por adultos: ocultam-se e vigiam-se os dois amigos, e o jogo deles tem a mulher como prêmio; e ocultam-se e vigiam-se os dois amigos e a mulher, por um lado, e os misteriosos inimigos por outro, num jogo em que se aposta a vida de uma quarta personagem que não tem outro papel além de esconder-se, numa paisagem que parece feita de propósito para esconder-se e vigiar-se.

Portanto, "The pavilion on the links" é a história que resulta de uma paisagem. Das dunas desoladas das costas escocesas não poderia nascer outra história senão de gente que se esconde e se vigia. Mas para pôr em evidência uma paisagem não existe sistema melhor que introduzir nela um elemento estranho e incongruente. E eis que Stevenson, para ameaçar suas personagens, faz aparecer entre os brejos e as areias em movimento da Escócia nada menos que a tenebrosa sociedade secreta italiana dos carbonários, com seus chapéus negros em forma de pão de açúcar.

Por aproximações e alternativas tratei de identificar não tanto o núcleo secreto desse conto — que, como acontece muitas vezes, tem mais de um — quanto mecanismo que assegura a sua "mordida" no leitor, seu fascínio que não diminui apesar da justaposição aproximativa de projetos e contos diferentes que Stevenson empreende e deixa cair. O mais forte deles é certamente o primeiro, o conto psicológico da relação entre os dois amigos-inimigos, quem sabe o primeiro esboço da história dos irmãos-inimigos em *The master of Ballantrae*, e que aqui só se insinua em definir-se numa contraposição ideológica: Northmour byroniano livre-pensador e Cassilis campeão das virtudes vitorianas. A segunda é uma narrativa sentimental, e é a mais fraca, com o peso de duas personagens convencionais a serem levadas adiante: a donzela modelo de todas a virtudes e o pai bancarroteiro fraudulento sordidamente avaro.

Acaba triunfando o terceiro motivo, o do romanesco puro, com o tema que desde o século XIX não sai de moda, da conspiração incontrolável que estende os tentáculos por todos os lados. Triunfa por vários motivos: porque a mão do Stevenson que representa com poucos traços a presença ameaçadora dos carbonários — do dedo que arranha no vidro molhado ao chapéu negro que esvoaça sobre as areias em movimento — é a mesma que (mais ou menos no mesmo período) representava a chegada dos piratas à estalagem Admiral Benbow da *Ilha do tesouro*. Depois, porque o fato de os carbonários, embora hostis e temíveis, desfrutarem da simpatia do autor, segundo a tradição romântica inglesa, e terem claramente razão contra o banqueiro odiado por todos introduz na complexa partida que está sendo jogada um contraste a mais, e mais convincente e eficaz que os outros: os dois amigos-rivais, aliados na defesa de Huddlestone por dever de honra, têm contudo a consciência do lado dos inimigos carbonários. E enfim porque estamos mais que nunca no espírito do jogo infantil, entre assédios, investidas, assaltos de bandos rivais.

A grande vantagem das crianças é saber retirar todas as sugestões e emoções do terreno que têm à disposição para seus jogos. Stevenson conservou esse dom: começa com a sugestão daquele pavilhão refinado que surge na natureza selvagem (em "estilo italiano": já seria um anúncio da irrupção próxima de um elemento exótico e desconcertante?), depois a entrada clandestina na casa vazia, a descoberta da mesa pronta, o fogo aceso, as camas arrumadas, enquanto não se vê vivalma... um motivo de fábula transferido para o romance de aventuras.

Stevenson publicou "The pavilion on the links" no *Cornhill Magazine*, nos números de setembro e outubro de 1880; dois anos depois, em 1882, inseriu-o no volume *New Arabian nights*. Entre as duas edições existe uma diferença notável: na primeira, o conto figura como uma carta-testamento que um velho pai, sentindo aproximar-se a morte, deixa aos filhos para revelar-lhes um segredo de família: o modo pelo qual conheceu a mãe deles, já desaparecida; ao longo do texto, o narrador se dirige aos leitores com o vocativo "meus caros filhos", chama a heroína de "vossa mãe", "a vossa cara mamãe", "a mãe de meus filhos", e chama de "vosso avô" aquela sinistra personagem que era o pai dela. A segunda versão, aquela do livro, entra no calor da narração desde a primeira frase: "Quando jovem fui um grande solitário"; a heroína ali é indicada como "minha mulher" ou então com seu nome, Clara, e o velho como "seu pai" ou Huddlestone. Deveria ser uma daquelas mudanças que implicam todo um estilo diferente, ou melhor, uma natureza diferente do conto; ao contrário, as correções são mínimas: o corte do preâmbulo, das apóstrofes aos filhos, das expressões mais compungidas referindo-se à mãe; todo o restante permanece tal e qual. (Outras correções e cortes concernem ao velho Huddlestone, cuja infâmia na primeira versão, em vez de ser atenuada pela *pietas* familiar como seria de esperar, vinha acentuada. Talvez porque as convenções teatrais e romanescas tornavam bem natural que uma heroína angélica tivesse um pai sordidamente avarento, ao passo que o verdadeiro problema era o de fazer aceitar o fim atroz e não confortado por sepultura cristã de um parente, o que se justificava moralmente se o parente fosse um canalha de primeira.)

Segundo o organizador de uma edição recente na "Everyman's Library", M. R. Ridley, "The pavilion on the links" deve ser considerado um conto falido, as personagens não suscitam nenhum interesse no leitor: só a primeira versão, fazendo nascer a narrativa do âmago de um segredo familiar, consegue comunicar certo calor e tensão. Por isso, contrariamente à regra que pretende se considere definitiva a última edição corrigida pelo autor, M. R. Ridley recupera o texto na versão do *Cornhill*. Não nos sentimos obrigados a segui-lo. Em primeiro lugar não concordo com o juízo de valor: considero este conto um dos mais belos de Stevenson, e justamente na versão das *New Arabian nights*. Em segundo lugar, não estaria tão seguro da ordem de sequência entre as versões: penso antes em estratos diversos que acompanham as incertezas do jovem Stevenson. A abertura que o autor escolherá como definitiva é tão direta e dotada de força que imagino mais facilmente Stevenson começando a escrever com aquele estilo, seco e objetivo, como convém a uma história de aventuras. Indo adiante percebe que as relações entre Cassilis e Northmour são de uma complexidade que exige uma análise psicológica muito mais profunda do que aquela que ele pretende adotar e que por outro lado a história de amor com Clara lhe resulta fria e convencional; aí retrocede e recomeça a história, envolvendo-a numa cortina de fumaça de efeitos familiares; publica nessa versão o conto na revista; depois, insatisfeito com tais sobreposições afetadas, decide cortá-las, mas se deu conta de que para manter à distância a personagem feminina o melhor sistema é apresentá-la como conhecida e envolvê-la num respeito reverencial; por isso, adota a fórmula "minha mulher" ao invés de "vossa mãe" (exceto num ponto em que se esquece de corrigir e comete um pequeno deslize). São conjecturas minhas, que só uma pesquisa nos manuscritos poderia confirmar ou desmentir: do confronto entre as duas versões publicadas o único dado seguro que emerge é a incerteza do autor. Incerteza de algum modo conexa com o jogo de esconder-se consigo mesmo deste conto de uma infância que gostaria de prolongar-se mesmo bem ciente de que terminou.

1973

# OS CAPITÃES DE CONRAD

Joseph Conrad morreu há trinta anos, em 3 de agosto de 1924, em sua casa de campo de Bishopsbourne, próximo a Canterbury. Tinha 66 anos, vinte dos quais passou navegando e outros trinta escrevendo. Ainda vivo foi um escritor de sucesso, mas o grande êxito junto à crítica europeia começou após a morte: em dezembro de 1924, saía um número da *Nouvelle Revue Française* dedicado inteiramente a ele, com textos de Gide e Valéry: o ataúde do velho capitão de longo curso descia ao mar com a guarda de honra da literatura mais refinada e intelectual. Na Itália, todavia, suas primeiras traduções chegam com a encadernação de capa vermelha dos livros de aventuras da Sonzogno, mas já Emilio Cecchi chamara a atenção dos leitores de faro apurado.

Nesses poucos dados já se acham implícitos os apelos contrastantes que a figura de Conrad exerceu: a experiência de vida prática e movimentada, a veia copiosa de romancista popular, a sofisticação formal de discípulo de Flaubert e o parentesco com a dinastia decadentista da literatura mundial. Hoje, quando seu sucesso parece enraizado na Itália, pelo menos considerando o número de traduções (a Bompiani edita as obras completas, a Einaudi e Mondadori o traduzem esporadicamente, em grandes volumes ou em edições populares, a Universale Economica publicou recentemente dois pequenos volumes), podemos tentar definir o que significou e significa este escritor para nós.

Creio que fomos muitos a aproximar-nos de Conrad movidos por um amor recorrente pelos escritores "aventurosos" — mas não aventurosos apenas: aqueles para quem a aventura serve para dizer coisas novas aos homens e as histórias e os países extraordinários servem para marcar com mais evidência sua relação com o mundo. Na minha estante ideal, Conrad tem lugar garantido junto com o aéreo Stevenson, que é quase o seu oposto, como vida e estilo. Contudo, mais de uma vez estive tentado a deslocá-lo para outra prateleira — com acesso mais difícil para mim —, a dos romancistas analíticos, psicológicos, dos James, dos Proust, dos recuperadores incansáveis de cada migalha de sensações vividas; ou até na dos estetas mais ou menos malditos, à maneira de Poe, tomados de amores transpostos; quando também as suas obscuras inquietudes de um universo absurdo não o remetam para a divisória — ainda não bem-ordenada e selecionada — dos "escritores da crise".

Porém, conservei-o sempre lá, ao alcance da mão, com Stendhal que com ele se parece tão pouco, com Nievo que não tem nada a ver com ele. Porque, mesmo sem acreditar em muitas coisas dele, sempre acreditei que fosse um grande capitão e que inserisse em seus contos aquela coisa que é tão difícil de escrever: o sentido de uma integração com o mundo conquistada na vida prática, o senso do homem que se realiza nas coisas que faz, na moral implícita no trabalho, no ideal de saber estar à altura da situação, tanto na coberta dos veleiros quanto numa página.

Este é o cerne da narrativa conradiana. *O espelho do mar*, coletânea de prosas sobre temas de marinhagem: a técnica dos desembarques e das partidas, as âncoras, os velames, o peso da carga, e assim por diante. (*O espelho do mar* foi traduzido — pela primeira vez, creio — em belíssima prosa italiana por Piero Jahier — que deve ter se divertido e torturado sabe-se lá quanto com toda aquela terminologia náutica — para os volumes X-XI das obras completas da Bompiani, que contêm entre outros também os maravilhosos *Contos de mar e de costa*, que já saíram com a mesma tradução na "Universale Einaudi".)

Quem conseguiu, como Conrad nessas prosas, descrever os instrumentos de trabalho com tanto apuro técnico, com amor tão apaixonado e com uma tal ausência de retórica e esteticismo? A retórica desponta só no final, com a exaltação da supremacia naval inglesa, a evocação de Nelson em Trafalgar, mas serve para sublinhar um fundo prático e polêmico desses escritos, que está sempre presente quando Conrad fala de mar e navios, e o imaginamos absorto na contemplação de abismos metafísicos: ele sempre punha o acento na saudade dos costumes navais na época da vela, exaltava sempre um mito próprio de marinharia britânica que estava se desmontando.

Uma polêmica tipicamente inglesa, pois Conrad foi inglês, escolheu a nacionalidade e venceu, e se a sua figura não se situa no quadro social inglês, se é considerado apenas um "hóspede ilustre" daquela literatura, como o definiu Virginia Woolf, não se pode dar uma definição histórica exata em relação a ele. Que tivesse nascido polonês e se chamasse Teodor Konrad Nalecz Korzieniowski, e tivesse "a alma eslava" e o complexo da pátria abandonada, e se parecesse com Dostoiévski, mesmo que o odiasse por questões nacionais, são coisas sobre as quais se escreveu muito e que no fundo pouco nos interessam. Conrad decidiu entrar na marinha mercantil inglesa aos vinte anos e na literatura inglesa aos 27. Da sociedade inglesa não assimilou tradições familiares, nem cultura nem religião (permaneceu sempre estranho a estas últimas): mas ali se inseriu por meio do trabalho no mar e dela fez seu passado, o habitus mental, e desdenhou aquilo que lhe parecia contrário ao seu costume. É uma personagem tipicamente inglesa, o capitão-gentleman, aquele que pretendeu representar na vida e nas mais diferentes encarnações fantásticas: heroica, romântica, quixotesca, caricatural, caprichosa, fracassada, trágica. De Mac Whirr, o impassível dominador do *Typhoon*, ao protagonista de *Lord Jim*, que foge da obsessão de um ato seu de vileza.

Lord Jim de capitão passa a comerciante: e aqui se abre ainda mais a exuberante galeria de personagens de traficantes europeus "enredados" nos trópicos que povoa os seus romances. Eram, também essas, figuras conhecidas durante a sua experiência naval no arquipélago malaio. A etiqueta aristocrática do oficial de marinha e a degradação dos aventureiros falidos são os dois polos entre os quais oscila a sua participação humana.

Essa paixão pelos párias, pelos vagabundos, pelos maníacos existiu também num escritor assaz distante, mas em parte contemporâneo: Máximo Gorki. E é curioso notar como o interesse por uma tal humanidade, tão embebido de prazer irracional e decadente (interesse que foi próprio de toda uma estação literária mundial, até Knut Hamsum e Sherwood Anderson), tenha sido o terreno em que tanto o conservador britânico quanto o revolucionário russo mergulharam as raízes de uma concepção humana sólida e vigorosa.

Assim acabamos falando das ideias políticas de Conrad: de seu feroz espírito reacionário. Claro, no fundo de um horror tão exasperado, obsessivo pela revolução e pelos revolucionários (que o levou a escrever romances inteiros contra os anarquistas, sem nunca ter conhecido sequer um nem de vista) estavam sua educação de nobre proprietário de terras polaco e os ambientes que frequentou quando jovem, em Marselha, entre exilados monarquistas espanhóis e ex-escravagistas americanos, contrabandeando armas para dom Carlos. Mas só se o situarmos no contexto inglês é que podemos reconhecer na sua posição um nó histórico semelhante ao do Balzac de Marx e ao do Tolstói de Lênin.

Conrad viveu num período de transição do capitalismo e do colonialismo britânico: a passagem da navegação a vela para a era do vapor. O seu mundo heroico é a civilização dos veleiros dos pequenos armadores, um mundo de clareza racional, de disciplina no trabalho, de coragem e dever contrapostos ao mesquinho espírito de lucro. A nova linguagem do mar, dos navios a vapor das grandes companhias, lhe parece sórdida e vil, como o capitão e os oficiais do *Patna*, que pressionam Lord Jim a trair-se a si mesmo. Assim quem ainda sonha com as antigas virtudes se transforma num dom Quixote ou se rende, arrastado para o outro polo da humanidade conradiana: os dejetos humanos, os agentes comerciais sem escrúpulos, os burocratas coloniais "enterrados", todas as sobras humanas da Europa que começam a reunir-se nas colônias e que Conrad contrapõe aos velhos comerciantes-aventureiros românticos como o seu Tom Lingard.

No romance *Vitória*, que se desenrola numa ilha deserta, num feroz jogo de esconde-esconde, há o quixote inerme, Heyst, há os sórdidos *desperados* e a mulher combativa, Lena, que aceita a luta contra o mal, tomba morta, mas triunfa moralmente sobre o caos do mundo.

Porque, naquele ambiente de *cupio dissolvi* que frequentemente perpassa as páginas conradianas, a confiança nas forças do homem jamais desaparece. Mesmo distante de qualquer rigor filosófico, Conrad intuiu o momento crucial do pensamento burguês em que o otimismo racional perdia as últimas ilusões e uma erupção de irracionalismos e misticismos ganhava terreno. Conrad via o universo como algo obscuro e inimigo, mas a ele contrapunha as forças do homem, sua ordem moral e coragem. Perante uma avalanche negra e caótica que lhe vinha em cima, uma concepção do mundo repleta de mistérios e desesperos, o humanismo ateu de Conrad resiste e finca os pés como Mac Whirr no meio do tufão. Foi um reacionário irredutível, mas hoje a sua lição só pode ser captada plenamente por quem tem confiança nas forças do homem, por quem reconhece a própria nobreza no trabalho, por quem sabe que aquele "princípio de fidelidade" que ele prezava sobremaneira não pode estar dirigido só para o passado.

1954

# PASTERNAK E A REVOLUÇÃO

Na metade do século XX, o grande romance do Oitocentos russo retorna, como o espectro do rei Hamlet, para visitar-nos. A emoção que *O doutor Jivago* de Boris Pasternak (Feltrinelli, Milão, 1956) suscita em nós, seus primeiros leitores, é esta. Em primeiro lugar, uma emoção de ordem literária, portanto não política; mas o termo *literário* ainda diz muito pouco; é na relação entre leitor e livro que sucede alguma coisa: lançamo-nos à leitura com a ânsia de interrogação das leituras juvenis, de quando — precisamente — líamos pela primeira vez os grandes russos, e não buscávamos esse ou aquele tipo de "literatura", mas um discurso direto e geral sobre a vida, capaz de colocar o particular em relação direta com o universal, de conter o futuro na representação do passado. Com a esperança de que nos diga algo sobre o futuro corremos ao encontro deste romance redivivo, mas a sombra do pai de Hamlet, sabemos disso, quer intervir nas questões do presente, embora remetendo-as ao tempo em que estava vivo, aos antecedentes, ao passado. O nosso encontro com *O doutor Jivago*, tão perturbador e comovido, também é marcado por insatisfação e desacordos. Um livro com o qual se discute, finalmente! Mas às vezes, em pleno diálogo, nos damos conta de que cada um está falando uma coisa diferente. É difícil discutir com os pais.

Também os sistemas que o grande *revenant* usa para provocar a nossa emoção continuam sendo aqueles de sua época.

Não se contam nem dez páginas desde o início, e já uma personagem se atormenta com o mistério da morte, o fim do homem e a essência de Cristo. Porém, o mais surpreendente é que o clima para sustentar tais argumentações já se criara, e o leitor volta a imergir naquela noção de literatura russa inteiramente tecida de explícitas interrogações supremas que nas últimas décadas nos tínhamos habituado a deixar de lado, ou seja, desde quando se tende a considerar Dostoiévski não mais como sua figura central mas como um gigantesco outsider.

Esta primeira impressão não nos acompanha por muito tempo. Para vir ao nosso encontro, o fantasma sabe bem como encontrar os anteparos onde preferimos nos aninhar: os da narração objetiva, construída de fatos, pessoas e coisas, da qual só se pode extrair uma filosofia gota a gota, com fadiga e risco pessoal do leitor, em vez daqueles da discussão intelectual romanceada. A veia do filosofar apaixonado continua, sim, a irromper por todo o livro, mas a vastidão do mundo que aí se move é tal que suporta isso e muito mais. E o tema principal do pensamento de Pasternak — que natureza e história não pertencem a duas ordens diferentes, mas formam um *contínuo* em que as existências humanas se acham imersas e pela qual estão determinadas — é mais bem dito por meio da narração do que mediante proposições teóricas. As reflexões se tornam assim uma coisa só com a interação entre tanta humanidade e tanta natureza, e não pairam por cima, não prevaricam; e assim — como sempre nos verdadeiros narradores — o significado do livro deve ser buscado não na soma das ideias enunciadas mas na soma das imagens e das sensações, no sabor de vida, nos silêncios. E todas as proliferações ideológicas do romance, essas discussões que continuamente se acendem e se apagam, de natureza e de história, de indivíduo e de política, de religião e de poesia, como retomando velhas discussões com amigos desaparecidos, e que criam uma espécie de alta câmara de ressonância à rigorosa modéstia das vivências das personagens, nascem (para adotar uma bela imagem que Pasternak usa para a revolução) "como um suspiro longamente contido". Pasternak insuflou em todo o romance o desejo de um romance que não existe mais.

Contudo, poderíamos dizer paradoxalmente que nenhum livro é mais soviético que *O doutor Jivago*. Em que outro lugar poderia ser escrito, senão num país em que as moças ainda usam tranças? Aqueles jovens do início do século, Jura, Gordon e Tonia, que fundam um triunvirato "baseado na apologia da pureza", não têm talvez o rosto fresco e remoto dos *Komsomolnij* tantas vezes encontrados em nossas viagens com delegações? Indagáva-mo-nos então, ao ver a enorme reserva de energias do povo soviético subtraída à ânsia vertiginosa (girar no vazio das modas mas também mania de descoberta, de experiência, de verdade) que conheceu nos últimos quarenta anos a consciência no Ocidente (na cultura, nas artes, na moral, no costume), indagávamo-nos que frutos haveria de dar aquela meditação assídua e exclusiva sobre os próprios clássicos, no confronto com uma lição dos fatos tão áspera, solene e historicamente nova. Esse livro de Pasternak é uma primeira resposta. Não a resposta de um jovem, que mais aguardávamos, mas a de um velho literato, mais significativa ainda, talvez porque nos mostra a direção inesperada de um itinerário interior amadurecido no longo silêncio. O último sobrevivente da vanguarda poética ocidentalizante dos anos 20 não fez explodir no "degelo" uma girândola de pirotecnias formais longamente mantidas de reserva; também ele, tendo interrompido havia tempos o diálogo com a vanguarda internacional que era o espaço natural de sua poesia, passou anos repensando os clássicos locais do século XIX, e também ele dirigiu o olhar para o inigualável Tolstói. Porém, leu Tolstói de um modo totalmente diverso da estética oficial que, com excessiva facilidade, o erigia como modelo canônico. E de maneira diferente da oficial leu a experiência de sua época. O resultado é um livro não só antípoda do oitocentismo de fachada do "realismo socialista", mas infelizmente também negativo ao máximo em relação ao humanismo socialista. Deveríamos dizer que as opções estilísticas não vêm ao caso? Que se o Pasternak da vanguarda se movia na problemática revolucionária, o Pasternak "tolstoiano" só podia se voltar para a nostalgia do passado pré-revolucionário? Seria, também este, um juízo parcial. *O doutor Jivago* é e não é um livro oitocentista escrito hoje, como é e não é um livro de nostalgia pré-revolucionária.

Dos anos de fogo da vanguarda russa e soviética, Pasternak salvou a tensão no sentido do futuro, a interrogação comovida sobre o fazer da história; e escreveu um livro que, nascido como o fruto tardio de uma grande tradição concluída, por suas vias solitárias chega a ser contemporâneo da maior literatura moderna ocidental, consegue dar às razões dela uma confirmação implícita.

Com efeito, creio que hoje um romance plasmado "como no Oitocentos", que abrange uma história de muitos anos, com uma vasta descrição de sociedades, desemboca necessariamente numa visão nostálgica, conservadora. Este é um dos muitos motivos pelos quais discordo de Lukács; a sua teoria das "perspectivas" pode ser virada de ponta-cabeça contra o seu gênero favorito. Penso que não por casualidade a nossa época é a do conto, do romance breve, do testemunho autobiográfico: hoje, uma narrativa verdadeiramente moderna só pode canalizar a sua carga poética para o momento (sem importar qual) em que se vive, valorizando-o como decisivo e infinitamente significante; deve por isso estar "no presente", dar-nos uma ação que se desenvolva toda sob os nossos olhos, unitária no tempo e na ação como a tragédia grega. E quem hoje pretende ao contrário escrever o romance "de uma época", se não faz retórica, acaba por fazer gravitar a tensão poética sobre o "antes".[1]* Como também Pasternak, mas não inteiramente: a posição dele em relação à história não é facilmente redutível a definições tão simples; e o seu não é um romance "à antiga".

* O texto das notas encontra-se a partir da p. 221.

Tecnicamente, situar *O doutor Jivago* "antes" da dissolução novecentista do romance é um contrassenso. São sobretudo duas as vias de tal dissolução, e no livro de Pasternak ambas estão presentes. Primeiro: a ruptura da objetividade realista no imediatismo das sensações ou na poeira impalpável da memória; segundo: a objetivação da técnica do enredo que é considerada em si, como uma garatuja geométrica, conduzindo à paródia, ao jogo do romance construído "romanescamente". Este jogo do romanesco, Pasternak o leva às últimas consequências: ele constrói uma trama de coincidências contínuas, através de toda a Rússia e da Sibéria, na qual cerca de quinze personagens nada fazem além de encontrar-se por combinações, como se só eles existissem, como os paladinos de Carlos Magno na abstrata geografia dos poemas de cavalaria. É um divertimento do escritor? Pretende ser algo mais, desde o início: quer exprimir a rede dos destinos que nos liga sem que o saibamos, o atomizar-se da história numa densa inter-relação de histórias humanas. "Estavam todos juntos, vizinhos, e alguns não se conheciam, outros não se conheceram nunca, e certas coisas permaneceram ignoradas para sempre, outras esperaram para amadurecer até a próxima ocasião, até o próximo encontro" (p. 157). Mas a comoção dessa descoberta não tem longa duração: e as segundas coincidências acabam por testemunhar apenas a consciência do uso convencional da forma romanesca.

Dada essa convenção e definida a arquitetura geral, Pasternak se move com absoluta liberdade na redação do livro. Desenha completamente algumas partes e de outras só traça as linhas principais. De narrador minucioso de dias e meses, com mudanças repentinas de marcha atravessa anos em poucas linhas: como no epílogo, no qual vinte páginas de grande densidade e vigor nos fazem passar diante dos olhos a época das "purgações" e a Segunda Guerra Mundial. Do mesmo modo, entre as personagens existem algumas que ele sobrevoa constantemente, e não se preocupa em fazer com que sejam conhecidas mais a fundo: dentre elas está inclusive a mulher de Jivago, Tonia. Em resumo, um tipo de narrativa "impressionista". Também na psicologia: Pasternak nega-se a dar-nos uma justificação precisa da maneira de agir de suas personagens. Por exemplo, por que a harmonia conjugal de Lara e Antipov se rompe num certo momento, e ele não acha outra saída senão partir para o front? Pasternak diz muitas coisas, mas nenhuma é suficiente e necessária: aquilo que conta é a impressão geral do contraste de dois caracteres. Não são a psicologia, a personagem, a situação que lhe interessam, mas alguma coisa de mais geral e direto: a *vida*. A narrativa de Pasternak é a continuação de sua poesia em versos.

Entre as líricas de Pasternak e *O doutor Jivago* existe uma estreita unidade do núcleo mítico fundamental: o movimento da natureza que contém e informa sobre si mesma qualquer outro acontecimento, ato ou sentimento humano, um impulso típico no descrever o rumorejar dos aguaceiros e o derretimento das neves. O romance é o desenvolvimento lógico desse impulso: o poeta trata de englobar num único discurso natureza e história humana privada e pública, para uma definição total da vida: o perfume das tílias e o rumor da multidão revolucionária enquanto o trem de Jivago, em 1917, vai em direção a Moscou (parte v, capítulo 13). A natureza não é mais o repertório romântico do mundo interior do poeta, o vocabulário da subjetividade; é algo que se encontra antes, depois e por todos os lados, que o homem não pode modificar mas só tentar entender, com a ciência e a poesia, e estar à sua altura.[2] Quanto à história, Pasternak continua a polêmica de Tolstói ("Tolstói não levou seu pensamento até o fundo...", p. 591): não são os grandes homens que fazem a história mas tampouco os pequenos; ela se move como o reino vegetal, como o bosque que se transforma em primavera.[3] Disso derivam dois aspectos fundamentais da concepção de Pasternak: o primeiro é o sentido da sacralidade da história, vista como um fazer-se solene, transcendente para o homem, exaltante também na tragicidade; o segundo é uma desconfiança implícita no *fazer* dos homens, na autoconstrução de seu destino, na modificação consciente da natureza e da sociedade; a experiência de Jivago conduz à contemplação, à busca exclusiva de uma perfeição interior.

Para nós que — netos diretos ou indiretos de Hegel — entendemos a história e a relação do homem com o mundo de maneira diversa, quando não oposta, o consenso em relação às páginas "ideológicas" de Pasternak é difícil. Porém, as páginas narrativas inspiradas em sua visão comovida da história-natureza (sobretudo na primeira metade do livro) comunicam aquela tensão no sentido do futuro que reconhecemos também como nossa.

O momento mítico de Pasternak é o da Revolução de 1905. Já os poemas escritos por ele no período "engajado" dos anos 1925-7 cantavam aquela época,[4] e *O doutor Jivago* começa a tomar forma ali. É o momento em que o povo russo e a *intelligentzia* têm em si as potencialidades e as esperanças mais diversas; política, moral e poesia caminham sem ordem mas no mesmo passo. "'Os jovens disparam', pensou Lara. E não se referia só a Nika e a Patulja, mas à cidade inteira que disparava. 'Bons rapazes, honestos', pensou. 'São corajosos, por isso disparam'" (p. 69). A Revolução de 1905 encerra para Pasternak todos os mitos da juventude e todos os pontos de partida de uma cultura; é um vértice do qual ele percorre com o olhar a paisagem acidentada de nosso meio século e o vê em perspectiva, nítido e detalhado nas vertentes mais próximas, e, à medida que se distancia para o horizonte do hoje, menor e impreciso na neblina, com poucos marcos que afloram.

A revolução é o momento do verdadeiro mito poético de Pasternak: natureza e história tornam-se uma coisa só. Nesse sentido, o coração do romance, onde ele alcança sua plenitude poética e conceitual, é a parte v, as jornadas revolucionárias de 1917, observadas de Meljuzeev, pequena cidade hospitalar da retaguarda dos combates: "Ontem assisti a um comício noturno. Um espetáculo extraordinário. A *matuska Rus'* se movimentou, incapaz de permanecer no lugar, caminha, não se encontra, fala, sabe se exprimir. E nem é o caso de que só falem os homens. Encontram-se e conversam as árvores e as estrelas, as flores noturnas filosofam e as casas de pedra fazem comício" (p. 191).

Em Meljuzeev vemos Jivago viver um tempo suspenso e feliz, entre o fervor da vida revolucionária e o idílio então recém-iniciado com Lara. Pasternak exprime esse estado numa página belíssima (p. 184) de ruídos e perfumes noturnos, em que a natureza e o murmúrio humano se fundem como entre as casas de Aci Trezza e a narração flui sem necessidade de eventos, feita só de relações entre dados da existência, como na *Estepe* de Tchekhov, conto que é o protótipo de tantas narrativas modernas.

Mas o que entende Pasternak por "revolução"? A ideologia política do romance está toda na definição do socialismo como reino da autenticidade que o autor põe na boca de seu protagonista na primavera de 1917:

> Cada um se reanimou, renasceu, por todos os lados transformações, reviravoltas. Poderíamos dizer que em cada indivíduo ocorreram duas revoluções: uma própria, individual, e outra geral. Parece-me que o socialismo é um mar no qual devem confluir como riachos todas essas singulares revoluções individuais, o mar da vida, o mar da autenticidade de cada um. O mar da vida, digo, daquela vida que se pode ver nos quadros, da vida como a intui o gênio, criativamente enriquecida. Hoje, porém, os homens decidiram nao a experimentar mais nos livros, mas em si mesmos, não na abstração mas na prática.

Uma ideologia "espontaneísta", diríamos na linguagem política: e se compreendem bem as desilusões futuras. Mas não importa se tais palavras (e aquelas — na verdade demasiado literárias — com que Jivago aplaude a tomada do poder pelos bolcheviques em outubro) serão tantas vezes amargamente desmentidas no decurso do romance: o seu polo positivo permanece sempre aquele ideal de uma sociedade da autenticidade, vislumbrado na primavera da revolução, mesmo quando a representação da realidade acentua cada vez mais o seu caráter negativo.

As objeções de Pasternak ao comunismo soviético me parece que se dirigem essencialmente em duas direções: contra a barbárie, a crueldade sem freios despertada pela guerra civil (voltaremos a falar desse elemento, que nesse romance tem um relevo preponderante), e contra a abstração teórica e burocrática em que se congelam os ideais revolucionários. Essa segunda polêmica — a que mais nos interessa — não é objetivada por Pasternak em personagens, em situações, em imagens,[5] mas somente, de vez em quando, em reflexões. Contudo, não há dúvida de que o verdadeiro termo negativo é esse, implícito ou explícito. Jivago retorna à cidadezinha dos Urais depois de alguns anos passados entre os guerrilheiros e vê as paredes atapetadas de cartazes:

> Que escritos eram aqueles? Do ano seguinte? De dois anos passados? Algum dia na vida ele se entusiasmara com o caráter incontroverso daquela linguagem e a linearidade daquele pensamento. Seria possível que tivesse de pagar aquele seu incauto entusiasmo com não ter pela frente, a vida inteira, nada além daqueles insensatos gritos e pretensões, que no curso dos anos não mudavam, ou melhor, com o passar do tempo, se tornavam sempre menos vitais, cada vez mais incompreensíveis e abstratos? [p. 148].

Não esqueçamos que o entusiasmo revolucionário de 1917 já se originava do protesto contra um período de abstração: o da Primeira Guerra Mundial: "A guerra foi uma interpretação artificial da vida, como se a existência pudesse momentaneamente ser adiada (que absurdo). A revolução explodiu como um suspiro longamente contido" (p. 192).

(É fácil perceber nessas linhas — escritas, acreditamos, no segundo pós-guerra — que a língua de Pasternak bate em dentes doloridos e muito mais próximos.)

Contra o reino da abstração, uma fome de realidade, de "vida", que perpassa todo o livro; aquela fome de realidade que faz saudar a Segunda Guerra Mundial, "os seus horrores reais, o perigo real e a ameaça de uma morte real", como "um bem em confronto com o domínio desumano da abstração" (p. 659). No Epílogo, que decorre justamente durante a guerra, *O doutor Jivago* — de romance do estranhamento que se tornara — volta a vibrar com a paixão de participação que o animava no início. Na guerra, a sociedade soviética se aproxima de uma síntese, a tradição e a revolução voltam a conviver.[6]

O romance de Pasternak abrange portanto em seu arco a Resistência, isto é, a época que, para as gerações jovens de toda a Europa, corresponde ao 1905 dos contemporâneos de Jivago: o entroncamento do qual partem todos os caminhos. Convém notar como esse período conserva também na União Soviética o valor de um "mito" ativo, de imagem de uma nação real em contraposição a uma nação oficial. A unidade da gente soviética na guerra, com a qual se encerra o livro de Pasternak,[7] é também a realidade da qual partem os escritores soviéticos mais jovens, que se reportam a ela contrapondo-a à abstrata esquematização ideológica, como querendo afirmar um socialismo então "de todos".[8]

Contudo, somente esse apelo a uma unidade e espontaneidade reais é a ligação que até agora podemos verificar entre a concepção do velho Pasternak e a das gerações mais jovens. A imagem de um socialismo "de todos" só pode partir da confiança nas forças novas que a revolução despertou e desenvolveu. E é exatamente isso que Pasternak nega. No povo ele demonstra e declara não acreditar. Sua noção de realidade se configura cada vez mais no andamento do livro como um ideal ético e poético de um individualismo privado, familiar, de relações do homem consigo mesmo e com um próximo encerrado no círculo dos afetos (e, para além de relações cósmicas, com a "vida"). Não se identifica nunca com as classes que se tornam conscientes e das quais também os erros e os excessos podem ser saudados como os primeiros sinais de um resgate autônomo, como os sinais — sempre carregados de futuro — da vida, contra a abstração. Pasternak limita a sua adesão e piedade ao mundo da *intelligentzia* e da burguesia (também Pasa Antipov, que é filho de operários, estudou, é um intelectual), e os outros são coadjuvantes ou tipos originais.

A linguagem é prova disso; todas as personagens proletárias falam do mesmo jeito, e é o modo folclórico, infantil e pitorescamente vazio dos *mugiki* nos romances russos clássicos. Tema recorrente no *Doutor Jivago* é o anti-ideologismo do proletariado, a ambivalência de suas tomadas de posição, em que os mais diversos resíduos de moral tradicional e de preconceitos se somam ao impulso histórico, jamais compreendido plenamente por eles. Esse tema permite a Pasternak delinear algumas figurinhas realmente belas (a velha mãe de Tvierzin, quando protesta contra a carga da cavalaria czarista e ao mesmo tempo contra o filho revolucionário, ou a cozinheira Ustin'ja, que afirma a verdade do milagre do surdo-mudo contra o comissário de governo Kerenski) e culmina na mais pesada aparição do livro: a bruxa guerrilheira. Mas já estamos em outro clima; com o recrudescimento da avalanche da guerra civil, essa rude voz proletária se faz ouvir cada vez mais alta e ganha um nome unívoco: barbárie.

A barbárie implícita em nossa vida de hoje é o grande tema da literatura contemporânea, cujas narrativas pingam o sangue de todas as carnificinas que o nosso meio século conheceu, cujo estilo busca o imediatismo do grafite nas cavernas, cuja moral deseja reencontrar a humanidade por meio do cinismo, da crueldade ou da dilaceração. Resulta natural situar Pasternak nessa literatura, à qual já pertenciam de fato os escritores soviéticos da guerra civil, de Sholokov ao primeiro Fadeiev. Mas enquanto em boa parte da literatura contemporânea a violência é aceita, é um termo através do qual se passa para superá-lo poeticamente, para explicá-lo e purificar-se (Sholokov tende a justificá-la e enobrecê-la, Hemingway a enfrentá-la como um exercício viril, Malraux a estetizá-la, Faulkner a consagrá-la, Camus a esvaziá-la), Pasternak exprime cansaço perante a violência. Podemos exaltá-lo como o poeta da não violência, que o nosso século ainda não conhecera? Não, não diria que Pasternak faça poesia da própria recusa: ele registra a violência com a amargura fatigada de quem teve de presenciá-la por longo tempo, de quem só pode contar atrocidades e mais atrocidades, registrando sempre a própria discordância, o próprio estranhamento.[9]

Permanece o fato de que, se até agora encontramos representada no *Doutor Jivago* também a nossa ideia da realidade e não só a do autor, no relato da longa permanência forçada entre os guerrilheiros, o livro, longe de abrir-se para um respiro épico mais vasto, se restringe ao ponto de vista Jivago-Pasternak e perde em intensidade poética. Podemos dizer que, até a belíssima viagem de Moscou aos Urais, Pasternak parecia querer desenhar um universo em todo o seu mal e todo o seu bem, representar as razões de todas as partes em jogo; mas a partir dali, sua visão se torna unívoca, só coleciona dados e juízos negativos, uma série de violências e brutalidades. Ao marcado posicionamento do autor corresponde necessariamente uma acentuada tomada de posição nossa enquanto leitores: não logramos mais distinguir o nosso julgamento estético do julgamento histórico-político.

Talvez Pasternak quisesse exatamente isto: fazer-nos reabrir questões que tendemos a considerar fechadas; digo nós que aceitamos como necessária a violência revolucionária de massa da guerra civil, mas não aceitamos como necessária a direção burocrática da sociedade e o embalsamar da ideologia. Pasternak traz de volta o discurso sobre a violência revolucionária e atribui a ela o posterior enrijecimento burocrático e ideológico. Contrariando as mais frequentes análises negativas do stalinismo, que partem quase todas de posições trotskistas ou bukharinianas, isto é, falam de *degeneração* do sistema, Pasternak parte do mundo místico-humanitário da cultura russa pré-revolucionária[10] para chegar a uma condenação não apenas do marxismo e da violência revolucionária, mas da política como principal teste dos valores da humanidade contemporânea. Em suma, chega a uma recusa de tudo o que se aproxima de uma aceitação do todo. O sentido da sacralidade da história-natureza supera qualquer coisa, e o advento da barbárie adquire (mesmo na admirável sobriedade dos meios estilísticos de Pasternak) um halo de milênio.

No Epílogo, a lavadeira Tonia conta sua história. (Último golpe de romance de folhetim com luz de alegoria: é uma filha natural de Juri Jivago e Lara que o irmão de Juri, general Efgraf Jivago, anda procurando pelos campos de guerra.) O estilo é primitivo, elementar, a ponto de resultar paralelo ao de tantas narrativas americanas; e um cruel e aventuroso episódio da guerra civil volta a emergir da memória como um texto etnológico, tornado nodoso, ilógico e truculento como uma fábula popular. E o intelectual Gordon baixa a cortina sobre o livro com estas sentenças emblemáticas e sibilinas:

> Assim aconteceu muitas vezes na história. Aquilo que fora concebido de modo nobre e elevado tornou-se grosseira matéria. Assim a Grécia transformou-se em Roma, assim o Iluminismo russo tornou-se a Revolução Russa. Se pensarmos na frase de Blok: "Nós, os filhos dos anos terríveis da Rússia", veremos logo a diferença das épocas. Quando Blok dizia isso, é necessário entendê-lo em sentido metafórico, figurado. Os filhos então não eram os filhos, mas as criaturas, os produtos, a *intelligentzia*; e os terrores não eram terríveis, mas providenciais, apocalípticos, o que é uma outra coisa. Mas agora tudo aquilo que era metafórico se tornou literal: os filhos são realmente os filhos e os terrores são terríveis, eis a diferença. [p. 673]

Assim se conclui o romance de Pasternak: sem que nessa "grosseira matéria" ele consiga entrever nem um raio daquela "nobreza e altivez". A "nobreza e altivez" está toda concentrada no defunto Juri Jivago, que num processo de decantação crescente chegou a rechaçar tudo, alcançando uma pureza espiritual cristalina que o leva a viver como um mendigo, após ter abandonado a medicina e, durante algum tempo, ter ganho a vida escrevendo brochuras de considerações filosóficas e políticas que "se vendiam até a última cópia" (!), até que um infarto o mata num bonde.

Jivago se alinha assim na galeria — tão povoada na literatura ocidental contemporânea — dos heróis da negação, da recusa a integrar-se, dos *étrangers*, dos outsiders.[11] Mas não diria que aí adquire um lugar poético de relevo: os *étrangers*, se não são quase nunca personagens acabadas, são sempre fortemente definidos por uma situação-limite em que se movem. Na comparação, Jivago permanece pálido; e justamente a parte XV,[12] a de seus últimos anos, quando deveriam ser feitas as contas de sua vida, impressiona pela desproporção entre a importância que o autor gostaria de dar a Jivago e sua escassa consistência poética.

Em resumo, temos de dizer que a coisa com a qual menos concordamos no *Doutor Jivago* é que ele seja a história do doutor Jivago, isto é, que possa ser encaixado naquele vasto setor da narrativa contemporânea que é a biografia intelectual: não falo tanto da autobiografia explícita, cuja importância está bem longe de ter diminuído, mas das profissões de fé em forma de narrativa que têm no centro uma personagem porta-voz de uma poética ou de uma filosofia.

Quem é esse Jivago? Pasternak está convencido de que seja uma pessoa com fascínio e autoridade espiritual ilimitadas, mas na verdade suas razões de simpatia acham-se todas em sua estatura de homem médio: são sua discrição e suavidade, aquele jeito de estar sempre como que sentado na ponta das cadeiras, o fato de não ver claro nem procurar ver claro em si mesmo, deixar-

-se sempre determinar pelo exterior, deixar-se vencer pelo amor pouco a pouco.[13] Ao contrário, a auréola de santidade que, num certo ponto, Pasternak deseja que ele carregue lhe pesa; pede-se a nós, leitores, que tributemos a Jivago um culto que — não partilhando suas ideias e opções — não conseguimos tributar-lhe, e que acaba por esvaziar até aquela simpatia toda humana que nutrimos pela personagem.

A história de uma outra vida percorre do princípio ao fim o romance: é uma mulher que nos aparece inteira e inconfundível, embora fale pouco de si, apresentada mais do exterior que do interior, nas duras vicissitudes que a vemos enfrentar, na firmeza que delas extrai, na doçura que consegue espalhar a seu redor. É Lara, Larissa: a grande personagem do livro é ela. Aí está: deslocando o eixo da leitura de modo que no centro do romance fique a história de Lara ao invés da história de Jivago, colocamos *O doutor Jivago* na plenitude de seu significado poético e histórico, reduzindo a ramificações secundárias as desproporções e as digressões.

Em sua linearidade, a vida de Lara é uma história perfeita de nosso tempo, quase uma alegoria da Rússia (ou do mundo?), das possibilidades que foram abertas pouco a pouco ou que foram postas diante dela simultaneamente. Três homens se movem em torno de Larissa. O primeiro é Komarovski, negociante sem escrúpulos que a obrigou a viver desde criança consciente da brutalidade da vida, que representa a vulgaridade e a petulância, mas no fundo também uma concretude prática, uma gentileza não ostentada de homem seguro de si (ele não lhe falta nunca, nem mesmo depois que Lara quis, dando-lhe um tiro, eliminar a impureza de sua ligação passada); Komarovski que personaliza toda a vilania burguesa, mas que a revolução não destrói, fazendo-o — por vias sempre equívocas — ainda participante do poder.

Os outros dois homens são Pasa Antipov, o revolucionário, o marido que se afasta de Lara para não ter obstáculos em sua obstinação solitária de destruidor moralista e impiedoso, e Juri Jivago, o poeta, o amante que ela não conseguirá jamais ter inteiramente para si, pois totalmente indefeso perante as coisas, as ocasiões da vida. Ambos estão no mesmo nível de importância na vida dela, e como evidência poética, embora Jivago esteja continuamente em cena e Antipov quase nunca. Durante a guerra civil nos Urais, Pasternak apresenta os dois já predestinados à derrota: Antipov-Strel'nikov, comandante guerrilheiro vermelho, terror dos brancos, não está filiado ao partido e sabe que terminados os combates será considerado fora da lei e liquidado; o doutor Jivago, o intelectual refratário, que não quer ou não deseja inserir-se na nova classe dirigente, sabe que não será poupado pela férrea máquina revolucionária. Quando Antipov e Jivago se defrontam, do primeiro encontro no trem armado até o último, dos dois escondidos na vila de Varykino, o romance atinge sua densidade mais alta.

Se mantivermos Lara sempre presente como protagonista do livro, eis que a figura do doutor Jivago, colocada no mesmo plano que a de Antipov, não é mais dominante, não tende mais a transformar o romance épico na "história de um intelectual" e a longa narração das vicissitudes guerrilheiras do doutor é confinada numa ramificação marginal que não deve desequilibrar e exceder a linearidade do texto.

Antipov, o apaixonado e frio aplicador da lei da revolução, sob a qual sabe que perecerá também ele, é uma grande figura de nosso tempo, cheia de ecos da maior tradição russa, revivida com límpida simplicidade. Lara, dura e dulcíssima heroína, é e permanece sua mulher mesmo quando é e permanece a mulher de Jivago. Assim como é e permanece — de maneira inconfessada e indefinível — aquela que foi a mulher de Komarovski; foi com ele, no fundo, que apreendeu a lição fundamental, foi por ter aprendido o rude sabor da vida com Komarovski, com seu cheiro de charuto, com suas grosseiras sensualidades de alcova, com sua prepotência do mais forte, que Lara sabe mais de Antipov e de Jivago, os dois cândidos idealistas da violência e da não violência; é por isso que vale mais que eles, e mais que eles representa a vida, e mais que a eles acabamos por amá-la, segui-la e adivinhá-la entre os períodos fugidios de Pasternak que jamais a revelaram para nós até o fundo.[14]

Tratei assim de transcrever as emoções, as perguntas, as dissensões que um livro como esse — gostaria de dizer a luta contra ele — suscita em quem vive o mesmo emaranhado de problemas, e admira o imediatismo de sua representação da vida, mas não partilha de sua ideia fundamental: a história como transcendente em relação ao homem; ou melhor, quem sempre procurou na literatura e no pensamento exatamente o contrário: uma relação ativa do homem diante da história. Tampouco a operação — fundamental em nossa educação literária — de distinguir a poesia do mundo ideológico do autor funciona aqui. Essa ideia da história-natureza é justamente aquela que dá ao *Doutor Jivago* a solenidade respeitosa que também nos fascina. Como lograr definir nossa relação com o livro?

Uma ideia que se realiza poeticamente não pode nunca ser destituída de significado. Ter significado não quer dizer de jeito nenhum corresponder à verdade. Quer dizer indicar um ponto crucial, um problema, um alarme. Kafka, imaginando fazer alegoria metafísica, descreveu de modo inigualável a alienação do homem contemporâneo. Mas Pasternak, tão terrivelmente *realista*? Examinando-se com mais atenção, também seu realismo cósmico consiste num modelo lírico unitário através do qual ele filtra todo o real. É o momento lírico do homem que vê a história — admirando-a ou execrando-a — como um céu alto acima de si. Que na União Soviética de hoje um grande poeta elabore uma tal visão das relações entre o homem e o mundo — a primeira que em tantos anos amadureceu por desenvolvimento autônomo, não de acordo com a ideologia oficial — tem um significado histórico-político profundo, confirma que o homem simples teve muito pouco o sentido de possuir a história em suas mãos, de fazer ele o socialismo, de exprimir nele a própria liberdade, a própria responsabilidade, a própria criatividade, a própria violência, o próprio interesse, o próprio desinteresse.[15]

Talvez a importância de Pasternak esteja em advertir-nos disso: a história — no mundo capitalista como no socialista — não é ainda bastante história, não é ainda construção consciente da razão humana, é ainda excessivamente um desenvolvimento de fenômenos biológicos, estado de natureza bruta, não reino das liberdades.

Nesse sentido, a ideia do mundo de Pasternak é *verdadeira* — verdadeira no sentido de assunção do negativo como critério universal, em que era verdadeira aquela de Poe ou a de Dostoiévski ou a de Kafka — e o seu livro tem a *utilidade* superior da grande poesia. Saberá o mundo soviético encontrar o modo de valer-se de dela? Saberá a literatura socialista mundial elaborar uma resposta? Só um mundo fomentado por autodiscussão e autocriação poderá fazê-lo; só uma literatura capaz de desenvolver uma adesão ainda maior às coisas. De hoje em diante, *realismo* significa algo mais profundo. (Mas não significou sempre?)

1958

## Notas

1. Também no Oitocentos, examinando-se bem, era frequente a nostalgia do passado animar a representação dos grandes romances, mas era uma nostalgia com carga crítico-revolucionária em relação ao presente, como bem ilustraram Marx e Lênin a propósito, respectivamente, de Balzac e de Tolstói.
2. Seria preciso estudar e interpretar essa entrega do homem à natureza (não mais sentida como *alteridade*) que vem ocorrendo nos últimos anos: da poesia de Dylan Thomas à pintura dos “aformais”.
3. Existe em Pasternak um duplo uso da palavra *história*, me parece: o da história assimilada à natureza e o da história como reino do indivíduo,

fundada por Cristo. O "cristianismo" de Pasternak — sobretudo expresso nos aforismos do tio Nikolai Nikolaievic e de seu discípulo Gordon — não tem nada a ver com a terrível religiosidade de Dostoiévski, mas se situa antes no clima de leitura simbólico-estetizante e de interpretação vitalista dos Evangelhos que foi a mesma de Gide (com a diferença de que aqui se apoia numa piedade humana mais profunda).

4. Os poemas "L'anno novecentocinque" e "Il luogotenente Schmidt" foram traduzidos por Angelo Maria Ripellino no livro: Boris Pasternak, *Poesie*, Turim, Einaudi, 1957.

5. De fato, jamais conseguimos ver os comunistas de perto. O comandante guerrilheiro cocainômano Liverij não é uma personagem bem solucionada. De Antipov pai e de Tiverzin, velhos operários, que se tornaram dirigentes bolcheviques, se fala muito, mas como eles são, o que pensam, por que — daqueles honestos tipos de operários revolucionários que entrevimos no início do livro — se tornaram espécies de bichos-papões burocráticos, não o sabemos. E o irmão de Juri, Efgraf Jivago, que parece ser um comunista respeitável, o deus ex machina que desce de vez em quando do céu de sua misteriosa autoridade, quem é? O que faz? O que pensa? O que significa? A concorrida galeria das personagens de Pasternak apresenta também molduras vazias.

6. Nessas páginas sobre a Segunda Guerra Mundial aparece também, indiretamente, de esguelha (p. 656), o único "herói positivo" comunista do livro: uma mulher. E é (ficamos sabendo por uma outra referência fugaz à página 627) a filha de um pope. Ainda menina, enquanto o pai está na cadeia, para dirimir a vergonha, se torna "uma sequaz infantilmente apaixonada por aquilo que lhe parecia mais indiscutível do comunismo". Chegando a guerra, consegue ser enviada para além das linhas nazistas, executa uma ação guerrilheira heroica e termina enforcada. "Dizem que a Igreja colocou-a entre os santos." Quer dizer-nos Pasternak que no espírito de sacrifício dos comunistas revive a antiga religiosidade russa? A aproximação dos dois comportamentos não é nova; e, para nós, fomentadores de um comunismo totalmente dessacralizado, é sempre bastante desagradável. Mas o clima da história de Christiana Orlecov, contida em poucas falas do romance, logo se associa em nossa memória ao clima — unitário como atitude humana mesmo na coexistência de diversas fés e ideais — das *Cartas dos condenados à morte da Resistência* italiana e europeia.

7. Existe ainda um capítulo final de uma página, no presente, com uma leve bazófia otimista, mas está aposto ali, pesado, quase como se não fosse da mão de Pasternak, como se o autor quisesse afirmar tê-lo escrito "com a mão esquerda".

8. Ver o meu artigo em *Nella città natale* de Viktor Nekrasov, in "Notiziario Einaudi", ano v, nos 1-2, jan.-fev. 1956.

9. Essa angústia da violência da guerra civil nos traz à memória *Prima che il gallo canti* de Cesare Pavese. O segundo conto ("La casa in collina"), quando o livro saiu, em 1948, nos pareceu ter tons quase de renúncia; contudo, relendo-o hoje, pensamos que ali Pavese foi mais longe que todos, no sentido de uma consciência moral empenhada na história e justamente num terreno que quase sempre foi domínio dos outros, de concepções do mundo místicas e transcendentes. Também em Pavese, a mesma piedade apavorada pelo sangue derramado, incluindo o sangue dos inimigos, mortos sem um porquê; mas como a piedade de Pasternak é a última encarnação de uma tradição russa de relação mística com o próximo, a piedade de Pavese é a última encarnação de uma tradição de humanismo estoico, que contribuiu para grande parte da civilização do Ocidente. Também em Pavese: natureza e história, mas contrapostas; a natureza é o campo das primeiras descobertas da infância, o momento perfeito, fora da história, o "mito"; a história é a guerra, que "não acabará nunca", que "deveria morder-nos até sangrar". Como Jivago, o Corrado de Pavese é um intelectual que não quer fugir à responsabilidade da história: vive na colina porque é a sua colina de sempre, e acredita que a guerra não lhe diga respeito. Mas a guerra povoa aquela natureza com a presença dos outros, da história: refugiados, guerrilheiros. Também a natureza é história e sangue, onde quer que ela pouse os olhos: a sua fuga é uma ilusão. Descobre que também a sua vida de antes era história, com as responsabilidades, as culpas pessoais. "Todo caído se parece com quem sobrevive e lhe cobra isso." A participação ativa do homem na história nasce da necessidade de dar um sentido ao caminho sangrento dos homens. "Depois de ter derramado o sangue é preciso aplacá-lo." Neste "aplacar", neste "dar uma razão" acha-se o verdadeiro empenho histórico e civil do homem. Não se pode estar fora da história, não podemos recusar-nos a fazer tudo aquilo de que somos capazes para deixar marcas racionais e humanas no mundo, quanto mais ele se configura diante de nós como insensato e feroz.
10. Uma análise das derivações culturais de Pasternak, de sua continuação de um discurso — ou melhor, de muitos discursos — da cultura russa, seria inclusive necessária, e a aguardamos dos especialistas.
11. *The outsiders* é o título do livro sobre esse tipo de personagem literária, escrito por um jovem inglês trapalhão, Colin Wilson, que alcançou imerecida fama em sua aldeia.
12. Constituem exceção os capítulos que evocam as últimas vagabundagens de Jivago pela Rússia, a marcha alucinante entre os ratos; tudo aquilo que é viagem em Pasternak é muito bonito. A história de Jivago permanece exemplar como Odisseia de nosso tempo, com um incerto retorno a Penélope complicado por ciclopes racionais e por Circes e Nausícaas decaídas.
13. Algumas dessas qualidades fazem esse médico-escritor imaginário parecer (e muitos já o notaram) com um médico-escritor verdadeiro da geração

precedente: Tchekhov. O Tchekhov homem, com a força de sua medida, conforme se nos apresenta em seu epistolário (a ser publicado proximamente nas edições Einaudi). Mas sob outros aspectos, Tchekhov é justamente o contrário de Jivago: o plebeu Tchekhov, para quem o refinamento é uma flor selvagem com graça natural, e Jivago, refinado por nascimento e educação, que olha as pessoas simples do alto; Jivago místico-simbolista e o agnóstico Tchekhov, que sobre os altares do simbolismo místico imolou dois ou três contos, mas tão isolados numa obra que é exatamente o contrário de qualquer misticismo, que podem ser considerados como meros tributos a uma moda.

14. E que por último cancelam-na, fazendo-a desaparecer apressadamente num campo de concentração siberiano; uma morte também esta "histórica", não privada como aquela de Jivago.

15. Talvez o período sobre o qual Pasternak mais se detém em narrar seja exatamente aquele pelo qual menos valeria esse discurso. Pasternak escrevendo refletia sobre o passado a sua consciência do presente. É provável que, na situação do doutor prisioneiro dos guerrilheiros, que mesmo sentindo-se inimigo deles colabora e acaba por disparar ao lado deles, Pasternak tenha querido exprimir sua situação na pátria no período de Stalin. Mas tudo isso são conjecturas; seria importante saber, antes de mais nada, se Pasternak fez com que a vida de Jivago se encerrasse em 1929 com uma intenção precisa ou se — iniciada uma história que deveria chegar até nossos dias — percebeu naquela altura já ter expressado cabalmente aquilo que gostaria de dizer.

# O MUNDO É UMA ALCACHOFRA

A realidade do mundo se apresenta a nossos olhos múltipla, espinhosa, com estratos densamente sobrepostos. Como uma alcachofra. O que conta para nós na obra literária é a possibilidade de continuar a desfolhá-la como uma alcachofra infinita, descobrindo dimensões de leitura sempre novas. Por isso, sustentamos que dentre todos os autores importantes e brilhantes de quem se falou nestes dias talvez só Gadda mereça o nome de grande escritor.

*La cognizione del dolore* é aparentemente o livro mais sugestivo que se possa imaginar: quase o desabafo de um desespero sem objeto; mas na realidade é um livro cheio de significados objetivos e universais. Ao contrário, *Quer pasticciaccio brutto de via Merulana* é todo objetivo, um quadro do formigar da vida, mas é ao mesmo tempo um livro profundamente lírico, um autorretrato oculto entre as linhas de um desenho complicado, como em certos jogos para crianças em que se deve reconhecer a imagem da lebre ou do caçador no emaranhado de um bosque.

A respeito de *La cognizione del dolore*, Juan Petit disse hoje uma coisa muito justa: que o sentimento-chave do livro, a ambivalência ódio/amor pela mãe, pode ser entendido como ódio/amor pelo próprio país e pelo próprio ambiente social. A analogia pode ir mais longe. Gonzalo, o protagonista, que vive isolado na vila que domina a aldeia, é o burguês que vê transtornado a paisagem de lugares e de valores que lhe era cara. O motivo obsessivo do medo dos ladrões exprime o sentido de alarme do conservador perante a incerteza dos tempos. Contra a ameaça dos ladrões toma forma a organização de um corpo de vigilância noturna que deveria devolver a segurança aos proprietários das vilas. Mas tal organização é tão desonesta, tão equívoca, que acaba constituindo para Gonzalo um problema mais grave que o medo dos ladrões. As referências simbólicas ao fascismo são contínuas, mas não são jamais tão precisas a ponto de congelar a narrativa numa leitura puramente alegórica e impedir outras possibilidades de interpretação.

(O serviço de vigilância deveria ser formado por ex-combatentes de guerra, mas Gadda põe continuamente em dúvida os seus decantados méritos patrióticos. Lembremos um dos núcleos fundamentais da obra de Gadda e não só desse livro: combatente da Primeira Guerra Mundial, o escritor vê nela o momento em que os valores amadurecidos no século XIX encontram a expressão mais alta, mas ao mesmo tempo o princípio do fim. Pode-se dizer que sente pela Primeira Guerra Mundial um amor ciumento e ao mesmo tempo o abalo de um choque do qual nem sua interioridade nem o mundo exterior poderão recuperar-se.)

A mãe quer contratar o serviço de vigilância, mas Gonzalo se opõe teimosamente a isso. Sobre uma divergência na aparência formal como essa, Gadda consegue provocar uma tensão atroz, de tragédia grega. A grandeza de Gadda está em romper a banalidade de uma anedota com relâmpagos de um inferno que é ao mesmo tempo psicológico, existencial, ético, histórico.

O final do romance, o fato de que a mãe tenha vencido contratando a vigilância noturna, que a vila seja saqueada — parece — pelos próprios guardas, e que no assalto dos profissionais a mãe perca a vida, poderia encerrar a narração no círculo fechado de um apólogo. Mas é compreensível que essa conclusão interessasse menos a Gadda do que a arquitetura de uma tremenda tensão, expressa por meio de todos os detalhes e divagações da narrativa.

Esbocei uma interpretação em chave histórica: gostaria de tentar uma interpretação em chave filosófica e científica. Homem de formação cultural positivista, diplomado em engenharia pelo Politécnico de Milão, apaixonado por problemáticas e terminologias das ciências exatas e das ciências naturais, Gadda vive o drama do nosso tempo também como drama do pensamento científico, da segurança racionalista e progressista oitocentista com a consciência da complexidade de um universo nem um pouco tranquilizante e fora de qualquer possibilidade de expressão. A cena central da *Cognizione* é uma visita do médico da aldeia a Gonzalo, um confronto entre uma afável imagem oitocentista da ciência e a trágica autoconsciência de Gonzalo, do qual é traçado um retrato fisiológico impiedoso e grotesco.

Em sua vastíssima obra publicada e inédita, formada em grande parte por textos de dez ou vinte páginas, dentre os quais se encontram alguns de seus melhores trabalhos, recordarei uma prosa escrita para rádio em que o engenheiro Gadda fala da construção moderna. Começa com a clássica compostura da prosa de Bacon ou de Galileu descrevendo como são construídas as casas modernas de cimento armado; sua exatidão técnica adquire sempre maior nervosismo e cor quando ele explica como as paredes das casas modernas não conseguem isolar o barulho; depois passa para o tratamento fisiológico de como os ruídos agem sobre o encéfalo e sobre o sistema nervoso; e termina numa pirotecnia verbal que exprime a exasperação do neurótico vítima dos rumores num grande edifício.

Creio que essa prosa representa plenamente o leque das possibilidades estilísticas de Gadda; não só, mas também o leque de suas implicações culturais, aquele arco-íris de posições filosóficas do racionalismo técnico-científico mais rigoroso até a descida nos abismos mais obscuros e sulfúreos.

1963

# CARLO EMILIO GADDA, *O PASTICCIACCIO*

O que Carlo Emilio Gadda tinha em mente, pondo-se a escrever, em 1946, *Quer pasticciaccio brutto de via Merulana*, era um romance policial mas também um romance filosófico. O enredo policial era inspirado num crime que ocorrera recentemente em Roma. O romance filosófico se baseava numa concepção enunciada desde as primeiras páginas: não se pode explicar nada se nos limitarmos a buscar uma causa para cada efeito, pois cada efeito é determinado por uma multiplicidade de causas, sendo que cada uma delas tem várias outras por trás; portanto, todo fato (um crime, por exemplo) é como um redemoinho em que convergem diversas correntes, cada uma movida por impulsos heterogêneos, nenhuma das quais pode ser negligenciada na busca da verdade.

Uma visão do mundo como "sistema de sistemas" estava exposta num caderno filosófico encontrado entre os papéis de Gadda após sua morte (*Meditazione milanese*). O escritor, partindo de seus filósofos preferidos, Spinoza, Leibniz, Kant, construíra um "discurso do método" pessoal. Cada elemento de um sistema é sistema por sua vez; cada sistema singular se liga a uma genealogia de sistemas; toda mudança de um elemento implica a deformação do sistema inteiro.

Mas aquilo que mais conta é como essa filosofia do conhecimento está refletida no estilo de Gadda: na linguagem, que é um denso amálgama de expressões populares e doutas, de monólogo interior e de prosa de arte, de dialetos diferentes e de citações literárias; e na composição narrativa, em que os mínimos detalhes se agigantam e acabam por ocupar todo o quadro e por esconder ou cancelar o desenho geral. Assim sucede nesse romance, em que o enredo policial pouco a pouco é esquecido: talvez estejamos justamente a ponto de descobrir quem matou e por que, mas a descrição de uma galinha e dos excrementos que esta galinha deposita no chão se torna mais importante do que a solução do mistério.

É o caldeirão fervente da vida, é a estratificação infinita da realidade; é o emaranhado inextricável do conhecimento que Gadda quer representar. Quando essa imagem de complicação universal que se reflete em cada mínimo objeto ou evento chega ao paroxismo extremo, é inútil perguntar-nos se o romance está destinado a ficar inacabado ou se poderia continuar até o infinito, abrindo novos turbilhões no interior de cada episódio. A verdadeira coisa que Gadda tinha a dizer é a superabundância congestionada dessas páginas por meio da qual toma forma um único e complexo objeto, organismo e símbolo que é a cidade de Roma.

Pois é bom dizer logo que este não quer ser apenas um romance policial e um romance filosófico, mas também um romance sobre Roma. A Cidade Eterna é a verdadeira protagonista do livro, em suas classes sociais da média burguesia aos marginais, nas vozes de sua fala dialetal (e dos vários dialetos, sobretudo meridionais, que afloram em seu melting pot), na sua extroversão e em seu inconsciente mais turvo, uma Roma em que o presente se mistura ao passado mítico, em que Hermes ou Circe são evocados a propósito das histórias mais plebeias, em que personagens de domésticas ou de ladrúnculos se chamam Eneias, Diomedes, Ascânio, Camila, Lavínia, como os heróis e as heroínas de Virgílio. A Roma andrajosa e esganiçada do cinema neorrealista (que justamente naqueles anos vivia sua idade de ouro) adquire no livro de Gadda uma espessura cultural, histórica, mítica que o neorrealismo ignorava. E também a Roma da história da arte entra em jogo, com referências à pintura renascentista e barroca (como a página sobre os pés desnudos dos santos, de enormes hálux).

O romance de Roma, escrito por alguém que não é de Roma. De fato, Gadda era milanês e se identificava profundamente com a burguesia de sua cidade natal, cujos valores (concretude prática, eficiência técnica, princípios morais) sentia atropelados pela predominância de uma outra Itália, trapalhona, barulhenta e sem escrúpulos. Mas, mesmo se os seus contos e o romance mais autobiográfico (*La cognizione del dolore*) deitam raízes na sociedade e na fala dialetal de Milão, o livro que o colocou em contato com o grande público foi esse romance escrito em grande parte em dialeto romanesco, em que Roma é vista e entendida com uma participação quase fisiológica mesmo em seus aspectos infernais, de sabá diabólico. (Contudo, no período em que escreveu o *Pasticciaccio*, Gadda conhecia Roma só por ter vivido lá apenas alguns anos, na década de 30, quando encontrara emprego nas instalações termoelétricas do Vaticano.)

Gadda era o homem das contradições. Engenheiro eletrotécnico (exercera a profissão durante cerca de dez anos, sobretudo no exterior), buscava dominar com uma mentalidade científica e racional o seu temperamento hipersensível e ansioso, mas só fazia exasperá-lo; e desforrava na escrita sua irritabilidade, suas fobias, os paroxismos misantrópicos que na vida reprimia sob a máscara de uma urbanidade cerimoniosa de gentil-homem de outros tempos.

Considerado pela crítica como um revolucionário da forma narrativa e da linguagem, um expressionista ou um sequaz de Joyce (fama que ele teve desde o começo nos ambientes literários mais exclusivos e que se renovou quando os jovens da nova vanguarda dos anos 60 o reconheceram como seu mestre direto), era, quanto aos gostos literários pessoais, afeiçoado aos clássicos e à tradição (seu autor favorito era o calmo e sábio Manzoni); e os seus modelos na arte do romance eram Balzac e Zola. (Do realismo e naturalismo do Oitocentos possuía alguns dos dons fundamentais, como a construção das personagens e ambientes e situações por meio da fisicidade corpórea, as sensações materiais, como a degustação de um copo de vinho no almoço com que se abre esse livro.)

Ferozmente satírico em relação à sociedade de seu tempo, animado por um ódio que chegava a ser visceral por Mussolini (conforme prova o sarcasmo com que nesse livro é evocada a queixada do Duce), em política Gadda era alheio a qualquer radicalismo, um moderado homem da ordem, respeitador das leis, nostálgico da boa administração de antigamente, um bom patriota cuja experiência fundamental fora a Primeira Guerra Mundial combatida e sofrida como oficial escrupuloso, com a indignação que jamais lhe faltara contra o mal que pode ser provocado pela improvisação, pela incompetência, pelo voluntarismo. No *Pasticciaccio*, cuja ação se presume desenvolvida em 1927, no início da ditadura de Mussolini, Gadda não se limita a uma caricatura fácil do fascismo: analisa capilarmente que efeitos provoca sobre a administração cotidiana da justiça a falta de respeito pela divisão dos três poderes teorizada por Montesquieu (e o apelo ao autor do *Esprit des lois* é feito explicitamente).

Essa necessidade contínua de concretude, de individuação, esse apetite de realidade são tão fortes a ponto de criar na escritura de Gadda congestão, hipertensão, engarrafamentos. As vozes das personagens, seus pensamentos, suas sensações, os sonhos do inconsciente se misturam com a onipresença do autor, com suas explosões de sofrimento, seus sarcasmos e a densa rede de alusões culturais; como na performance de um ventríloquo, todas essas vozes se sobrepõem no mesmo discurso, às vezes na mesma frase, com mudanças de tom, modulações, falsetes. A estrutura do romance se deforma por dentro, pela excessiva riqueza da matéria representada e pela excessiva intensidade com que o autor a carrega. As dramaticidades existencial e intelectual desse processo são totalmente implícitas: a comédia, o humor, a transfiguração grotesca são os modos de expressão naturais desse homem que viveu sempre extremamente infeliz, atormentado por neuroses, pela dificuldade da relação com os outros, pela angústia da morte.

Seus projetos não contemplavam inovações formais para pôr em xeque a estrutura do romance; sonhava em construir romances sólidos com todas as regras, mas não conseguia jamais levá-los a cabo. Mantinha-os em suspenso durante anos, e se decidia a publicá-los só quando havia perdido a esperança de concluí-los. Dir-se-ia que à *Cognizione del dolore* e ao *Pasticciaccio* teriam bastado poucas páginas para chegar à conclusão do enredo. Outros romances foram desmembrados por ele em contos e não é impossível reconstruí-los juntando as várias partes.

O *Pasticciaccio* relata uma dupla investigação da polícia para dois fatos criminosos, um banal e o outro atroz, ocorridos no mesmo edifício no centro de Roma com poucos dias de intervalo: um roubo de joias a uma viúva em busca de consolo e o assassinato a facadas de uma senhora casada, inconsolável porque não podia ter filhos. Essa obsessão da maternidade malograda é muito importante no romance: a senhora Liliana Balducci se circundava de moças que tratava como filhas adotivas, até que por alguma razão terminava por separar-se delas. A figura de Liliana, dominante também enquanto vítima, e a atmosfera de gineceu que se estende ao redor dela abrem uma espécie de perspectiva de sombras sobre a feminilidade, misteriosa força da natureza perante a qual Gadda exprime sua perturbação em páginas cujas considerações sobre a fisiologia da mulher se ligam a metáforas geográfico-genéticas e à lenda da origem de Roma que, mediante o rapto das Sabinas, assegura a própria continuidade. O tradicional antifeminismo que reduz a mulher à função procriadora é expresso com muita crueza: por registro flaubertiano das "idées reçues" ou porque o autor também pensa assim? Para definir melhor o problema é preciso ter presentes duas circunstâncias, uma histórica e a outra psicológica, subjetiva do autor. No tempo de Mussolini, o primeiro dever dos italianos, inculcado pela propaganda oficial marteladora, era o de dar filhos à pátria; só os pais e as mães prolíficos eram considerados dignos de respeito. Em meio a essa apoteose da procriação, Gadda, solteirão oprimido por uma timidez paralisante perante qualquer presença feminina, sentia-se excluído e sofria com um sentimento ambivalente de atração e repulsa.

Atração e repulsa animam a descrição do cadáver da mulher horrendamente degolado, numa das páginas mais preciosas do livro, como um quadro do martírio de uma santa. O comissário Francesco (Ciccio) Ingravallo dedica à investigação uma participação especial, por dois motivos: primeiro, porque conhecia (e desejava) a vítima; segundo, porque é um meridional nutrido de filosofia e animado por paixão científica e sensibilidade por tudo aquilo que é humano. É ele quem teoriza a multiplicidade das causas que concorrem para determinar um efeito, e dentre tais causas (dado que suas leituras sempre incluem também Freud) compreende sempre Eros, em alguma de suas formas.

Se o comissário Ingravallo é o porta-voz filosófico do autor, existe também uma outra personagem com que Gadda se identifica em nível psicológico e poético, e é um dos inquilinos do prédio, o funcionário aposentado Angeloni, que pelo embaraço com que responde aos interrogatórios torna-se logo suspeito, não obstante seja a pessoa mais inofensiva do mundo. Angeloni, solteirão introvertido e melancólico, passeador solitário pelas ruas da velha Roma, submetido às tentações da gula e talvez também de outro gênero, tem o hábito de encomendar às salsicharias presuntos e queijos que lhe são entregues a domicílio por rapazes de calças curtas. A polícia procura um deles, provável cúmplice do furto e talvez também do assassinato. Angeloni, que evidentemente vive com medo de que lhe atribuam tendências homossexuais, cioso como é de sua respeitabilidade e de sua *privacy*, embrulha-se em reticências e contradições e acaba sendo preso.

Suspeitas mais graves concentram-se numa sobrinha da vítima, que deve explicar a posse de um pingente de ouro com uma pedra preciosa, um jaspe que foi substituído por uma opala, mas esta tem todo o jeito de ser uma pista falsa. Ao contrário, as investigações sobre o furto parecem reunir dados mais promissores deslocando-se da capital para as cidadezinhas dos Colli Albani (e passando à competência dos carabineiros em detrimento da polícia) à procura de um eletricista gigolô, Diomede Lanciani, que frequentara a inquieta viúva das muitas joias. Nesse ambiente provinciano voltamos a encontrar as pistas de várias moças a quem a senhora Liliana havia oferecido seus cuidados maternos. E é lá que os carabineiros encontram, escondidas num penico, as joias roubadas à viúva, além de uma que pertencera à assassinada. As descrições das joias (como já antes do pingente de ouro e de seu jaspe ou da opala) não são apenas performances de um virtuoso da escrita, mas acrescentam à realidade representada um outro nível ainda — além daquele linguístico, fonético, psicológico, fisiológico, histórico, mítico, gastronômico etc. —, um nível mineral, plutônico, de tesouros ocultos, envolvendo a história geológica e as forças da matéria inanimada na história esquálida de um crime. E é ao redor da posse das pedras preciosas que se cerram os nós da psicologia ou psicopatologia das personagens: a violenta inveja dos pobres bem como aquela que Gadda define a "psicose típica das insatisfeitas" que leva a desventurada Liliana a encher de presentes as suas protegidas.

À solução do mistério nos teria aproximado um capítulo que na primeira versão do romance (publicado em série na revista mensal *Letteratura* de Florença em 1946) figurava como o IV, se o autor não o tivesse eliminado para publicação em livro (edições Garzanti, 1957) justamente porque não queria revelar muito cedo suas cartas. O comissário interrogava o marido de

Liliana sobre a relação que ele tivera com Virginia, uma das aspirantes a filha adotiva, e a personagem da moça ali aparecia caracterizada por tendências lésbicas (a atmosfera sáfica em torno da senhora Liliana e seu gineceu era acentuada), amoralidade, avidez por dinheiro e ambição social (tornara-se amante dessa espécie de pai adotivo para depois chantageá-lo), por rompantes de ódio violento (proferia ameaças obscuras ao cortar o assado com a faca de cozinha).

Portanto, é Virginia a assassina? Qualquer dúvida a respeito é eliminada lendo-se um inédito encontrado e publicado recentemente (*Il palazzo degli ori*, Turim, Einaudi, 1983). Trata-se do *treatment* de um filme que Gadda escreveu contemporaneamente — parece, pouco antes ou pouco depois — à primeira versão do romance, e no qual a trama inteira é desenvolvida e esclarecida em todos os detalhes. (Ficamos sabendo também que o autor do furto não é Diomede Lanciani mas Enea Retalli, que para não se deixar prender dispara contra os carabineiros e é morto.) O *treatment* (que não tem nada a ver com o filme que Pietro Germi extraiu do romance em 1959 e com o qual Gadda não colaborou) nunca foi tomado em consideração por produtores e diretores, e não há razão para espanto: Gadda tinha uma ideia bastante ingênua da escritura cinematográfica, à base de dissolvências contínuas para revelar os pensamentos e os bastidores. Para nós é uma leitura muito interessante como rascunho do romance, mas não produz uma verdadeira tensão nem como ação nem como psicologia.

Em suma, o problema não está no "Who's done it?": já nas primeiras páginas do romance está dito que o que determina o crime é o "campo de forças" que se estabelece ao redor da vítima; é a "coação ao destino" que emana da vítima, de sua situação em relação às situações dos outros, o que tece a rede de eventos; "aquele sistema de forças e de probabilidades que circunda toda criatura humana e que se costuma chamar de destino".

1984

# EUGENIO MONTALE, "FORSE UN MATTINO ANDANDO"

Quando era jovem, gostava de aprender poesias de cor. Muitas já eram estudadas na escola — e hoje gostaria que tivessem sido muitas mais — e depois continuaram a me acompanhar pela vida afora, numa recitação mental quase inconsciente, que emerge com intervalo de anos. Terminado o liceu, continuei a decorar algumas por conta própria, de poetas que naquela época não estavam incluídos nos programas escolares. Eram os anos em que *Ossi di seppia* e *Le occasioni* começaram a circular pela Itália com a capa cinzenta das edições Einaudi. Assim, por volta dos dezoito anos, arquivei no cérebro várias poesias de Montale; algumas esqueci; outras carrego até agora.

Hoje uma releitura de Montale me leva naturalmente na direção desse repertório de poesias sedimentadas na memória ("que se dispersa"): verificar o que ficou e o que se cancelou,* estudar as oscilações e deformações que os versos memorizados sofrem, me conduziria a uma exploração em profundidade daqueles versos, e também da relação que estabeleci com eles ao longo dos anos.

Mas gostaria de escolher uma poesia que, mesmo tendo residido longamente na memória e guardando as marcas dessa

* Calvino relembra aqui a forma *scancellato*, adotada por Montale ao invés da mais corrente — *cancellato* —, na expressão *cosa s'è cancellato*. (N.T.)

permanência, se presta melhor a uma leitura plenamente atual e objetiva, e não a uma busca dos ecos autobiográficos, conscientes ou inconscientes, que os versos de Montale, sobretudo do primeiro Montale, evocam em mim. Escolherei então "Forse un mattino andando in un'aria di vetro" [Talvez certa manhã andando em ar de vidro],* uma das poesias que continuou a girar com mais frequência em meu toca-discos mental, e que volta a se apresentar para mim sem nenhuma vibração nostálgica, sempre como uma poesia que leio pela primeira vez.

"Forse un mattino" é um "osso de sépia" que se destaca dos outros não tanto porque é uma poesia "narrativa" de Montale (a típica poesia "narrativa" de Montale é "La folata che alzò l'amaro aroma" [A rajada que alçou amargo aroma], em que o tema da ação é um pé de vento e a ação é verificar a ausência de uma pessoa, portanto o movimento narrativo está em contrapor um sujeito não humano presente a um objeto humano ausente), mas

* Na coletânea *Ossi di seppia*, encontramos o poema na íntegra. Foi escrito por volta de 1923.

> Forse un mattino andando in un'aria di vetro,
> arida, rivolgendomi, vedrò compirsi il miracolo:
> il nulla alle mie spalle, il vuoto dietro
> di me, con un terrore di ubriaco.
>
> Poi come s'uno schermo s'accamperanno di gitto
> alberi case colli per l'inganno consueto.
> Ma sarà troppo tardi; ed io me n'andrò zitto
> tra gli uomini che non si voltano, col mio segreto.

Eugenio Montale, *L'opera in versi*, ed. crítica
Rosana Bettarini e Gianfranco Contini,
Turim, Einaudi 1980 ("I Millenni").

[Talvez certa manhã andando em ar de vidro,/ árido, virando-me, verei cumprir-se o milagre:/ o nada pelas costas, o vazio atrás/ de mim, com um terror de bêbado./ Logo, como numa tela, acamparão de chofre/ árvores casas morros com o engano de sempre./ Mas será tarde demais; e eu seguirei sem voz/ entre os homens que não se voltam, com meu segredo.] (N.T.)

porque está privada de objetos, de emblemas naturais, carente de uma paisagem determinada, é uma poesia de imaginação e de pensamento abstratos, como raramente em Montale.

Porém, me dou conta de que (afastando-a ainda mais das outras) minha memória incluíra uma correção à poesia: o sexto verso para mim começa: "alberi case strade" [árvores casas ruas] ou então "uomini case strade" [homens casas ruas] e não "alberi case colli" [árvores casas morros] como só agora, relendo o texto depois de 35 anos, vejo que diz. Ou seja, substituindo "morros" por "ruas", ambiento a ação num cenário decididamente urbano, talvez porque a palavra *morros* soe demasiado vaga para mim, talvez porque a presença dos "homens que não se voltam" me sugere um vaivém de transeuntes; em suma, vejo o desaparecimento do mundo como desaparecimento da cidade em vez do desaparecimento da natureza. (Agora me dou conta de que minha memória só amenizava as cores desta poesia com a imagem do verso "Cio non verdi la gente nell'affollato corso" [Isso não vê a gente na apinhada rua], que aparece quatro páginas antes, numa composição geminada com esta.)

Considerando bem, a mola que desencadeia o "milagre" é o elemento natural, isto é, atmosférico, a transparência enxuta e cristalina do ar hibernal, que torna as coisas tão nítidas a ponto de criar um efeito de irrealidade, como se o halo de névoa que habitualmente dissolve a paisagem (aqui torno a ambientar a poesia de Montale, do primeiro Montale, na usual paisagem costeira, assimilando-a àquela da minha memória) se identificasse com a espessura e o peso do existir. Não, ainda não chegamos ao ponto justo: é a concretude desse ar invisível, que chega a parecer vidro, com uma solidez própria, autossuficiente, que acaba se impondo sobre o mundo e o faz desaparecer. O ar-vidro é o verdadeiro elemento dessa poesia, e a cidade mental em que a situo é uma cidade de vidro, que se faz diáfana até desaparecer. É a determinação do meio que desemboca no sentido do nada (enquanto em Leopardi é a indeterminação que atinge o mesmo efeito). Ou, para ser mais preciso, existe um sentido de suspensão, do "Talvez certa manhã" inicial, que não é indeterminação mas equilíbrio atento, "andando *em* ar de vidro", quase caminhando pelo ar, no ar, no frágil vidro do ar, na luz fria da manhã, até que não nos damos conta de estar suspensos no vazio.

O sentido de suspensão e ao mesmo tempo de concretude continua no segundo verso por meio do andamento rítmico oscilante, com aquele "compìrsi"* que o leitor é continuamente tentado a corrigir para "còmpiersi", mas constatando sempre que todo o verso gravita exatamente sobre aquele prosaico "compìrsi" que amortece qualquer ênfase na constatação do "milagre". É um verso ao qual meu ouvido foi sempre afeiçoado justamente porque na dicção (mental) é um pouco ajudado, parece que tem um pé a mais, mas que não é de fato excessivo, porém minha memória frequentemente tende a descarregar algumas sílabas. A zona do verso mais lábil mnemonicamente é o "rivolgendomi"** que às vezes tenho vontade de abreviar para "voltandomi" ou "girandomi", desequilibrando assim toda a sucessão dos acentos.

Entre as razões pelas quais uma poesia se impõe à memória (primeiro pedindo para ser registrada, logo se fazendo recordar), as peculiaridades métricas têm parte decisiva. Em Montale me atraiu sempre o uso da rima: as palavras paroxítonas que rimam com as proparoxítonas, as rimas imperfeitas, as rimas em posições insólitas como "Il saliscendi bianco e nero dei (balestrucci dal palo)" [O sobe e desce branco e preto das andorinhas do poste] que rima com "dove più non sei" [onde

* *Compire*, do latim *complere*, o mesmo que *cómpiere*: ambos traduzíveis pelo português "cumprir". (N.T.)

** *Rivolgersi*, do latim *revolvere*, pode significar em português "dar voltas", "virar-se". *Voltarsi* e *girarsi* convivem em espaços semânticos próximos. (N.T.)

já não estás]. A surpresa da rima não é apenas fonética: Montale é um dos raros poetas que conhecem o segredo de usar a rima para abaixar o tom, não para levantá-lo, com efeitos inconfundíveis sobre o significado. Aqui, "il miracolo" [o milagre] que fecha o segundo verso é redimensionado pela rima com "ubriaco" [bêbado] dois versos depois, e toda a quadra fica como se fosse quebrar-se, com uma vibração alterada.

O "milagre" é o tema montaliano primacial e jamais desmentido da "malha rota na rede", "o elo que não rege", mas aqui é uma das poucas vezes em que a verdade *outra* que o poeta apresenta para além da compacta muralha do mundo empírico se revela numa experiência definível. Poderíamos dizer que se trata nem mais nem menos que da irrealidade do mundo, se essa definição não corresse o risco de se desvanecer em algo de genérico que nos vem referido em termos precisos. A irrealidade do mundo é o fundamento de religiões, filosofias e literaturas, sobretudo orientais, mas essa poesia se move num outro horizonte gnosiológico, de nitidez e transparência, como "em ares de vidro" mentais. Merleau-Ponty, na *Fenomenologia da percepção*, tem páginas muito belas sobre os casos em que a experiência subjetiva dos espaços se separa da experiência do mundo objetivo (no escuro da noite, no sonho, sob o influxo das drogas, na esquizofrenia etc.). Essa poesia poderia figurar na exemplificação de Merleau-Ponty: o espaço se desconecta do mundo e se impõe enquanto tal, vazio e sem limites. A descoberta é festejada pelo poeta com simpatia, como "milagre", como aquisição de verdade contraposta ao "engano de sempre", mas também sofrida como vertigem espantosa: "com um terror de bêbado". Tampouco "o ar de vidro" sustenta mais os passos do homem; a partida provocada pelo "andando", depois do rápido volteio, se resolve numa vacilação sem mais pontos de referência.

O "de chofre" que fecha o primeiro verso da segunda quadra circunscreve a experiência do nada nos termos temporais de um instante. Retoma o movimento do andar no interior de uma paisagem sólida mas então meio fugidia; percebemos que o poeta não faz nada além de seguir uma das tantas linhas vetoriais ao longo das quais se movem os outros homens presentes nesse espaço, "os homens que não se voltam"; é portanto sobre um múltiplo movimento retilíneo e uniforme que se encerra a poesia.

Permanece a dúvida se esses outros homens teriam desaparecido também eles durante o instante em que o mundo desaparecera. Dentre os objetos que tornam a "acampar-se" incluem-se as árvores mas não os homens (as oscilações de minha memória conduzem a resultados filosóficos diferentes), portanto os homens poderiam ter ficado ali; o desaparecimento do mundo, assim como permanece exterior ao eu do poeta, bem poderia poupar qualquer outro sujeito da experiência e do juízo. O vazio fundamental é constelado de mônadas, povoado por tantos eus puntiformes que, caso se voltassem, descobririam o engano, mas que continuam nos aparecendo como dorsos em movimento, seguros de sua trajetória.

Poderíamos ver aqui a situação inversa àquela, por exemplo, de "Vento e bandiere" [Vento e bandeiras], em que a labilidade encontra-se toda do lado da presença humana, ao passo que "O mundo existe..." no tempo irrepetível. Aqui, pelo contrário, só presença humana persiste na anulação do mundo e de suas razões, presença como subjetividade desesperada porque vítima de um engano ou depositária do segredo do nada.

A minha leitura de "Forse un mattino" pode assim ser considerada terminada. Porém, ela pôs em movimento dentro de mim uma série de reflexões sobre a percepção visual e a apropriação do espaço. Uma poesia vive também pelo poder de irradiar hipóteses, divagações, associações de ideias em territórios distantes, ou melhor, de trazer a si e agregar ideias de várias proveniências, organizando-as numa rede móvel de referências e refrações, como através de um cristal.

O "vazio" e o "nada" encontram-se "pelas costas", "atrás de mim". O ponto fundamental do poemeto é este. Não é uma sensação indeterminada de dissolução: é a construção de um modelo cognitivo que não é fácil desmentir e que pode coexistir em nós com outros modelos mais ou menos empíricos. A hipótese pode ser enunciada em termos muito simples e rigorosos: dada a bipartição do espaço que nos circunda num campo visual perante nossos olhos e num campo invisível às nossas costas, se define o primeiro como tela de enganos e o segundo como um vazio que é a verdadeira substância do mundo.

Seria legítimo esperar que o poeta, uma vez constatado que atrás dele existe o vazio, estendesse tal descoberta também em outras direções; mas no texto não existe nada que justifique essa generalização, enquanto o modelo do espaço bipartido não é jamais desmentido pelo texto, é antes afirmado pela redundância do terceiro verso: "il nulla alle mie spalle, il vuoto dietro/ di me" [o nada pelas costas, o vazio atrás/ de mim]. Durante minha convivência puramente mnemônica com o poemeto, tal redundância às vezes me causava perplexidade e então eu tentava uma variante: "o nada diante de mim, o vazio atrás de mim"; isto é, o poeta se vira, vê o vazio, torna a girar sobre si mesmo e o vazio se estende por todos os lados. Mas refletindo entendia que algo da pregnância poética se perdia caso a descoberta do vazio não fosse localizada naquele "atrás".

A divisão do espaço num campo anterior e num campo posterior não é somente uma das mais elementares operações humanas sobre as categorias, constitui um dado de partida comum a todos os animais, que começa bem cedo na escala biológica, desde que existem seres vivos que se desenvolvem não mais segundo uma simetria radiada mas segundo um esquema bipolar, localizando numa extremidade do corpo os órgãos de relação com o mundo exterior: uma boca e algumas terminações nervosas, algumas das quais se tornarão aparatos visuais. A partir daquele momento o mundo se identifica com o campo anterior, ao qual é complementar uma zona de incognoscibilidade, de *não mundo*, de nada, localizado atrás do observador. Deslocando-se e somando os campos visuais sucessivos, o ser vivo consegue construir para si um mundo circular completo e coerente, mas se trata sempre de um modelo indutivo cujas verificações jamais serão satisfatórias.

O homem tem sofrido sempre da falta de um olho na nuca, e sua atitude cognitiva só pode ser problemática, porque ele nunca estará seguro do que existe às suas costas, isto é, não tem como verificar se o mundo continua entre os pontos extremos que consegue ver exorbitando as pupilas para a esquerda e a direita. Se não estiver imobilizado, pode girar o pescoço e virar-se totalmente e ter uma confirmação de que o mundo existe também ali, mas isso será igualmente a confirmação de que o que ele tem pela frente é sempre o seu campo visual, que se estende pela amplitude de tantos graus e nada mais, ao passo que às suas costas existe sempre um arco complementar no qual naquele momento o mundo poderia não estar. Em resumo, giramos sobre nós mesmos empurrando diante dos olhos nosso campo visual e não conseguimos nunca ver como é o espaço a que o nosso campo visual não chega.

O protagonista da poesia de Montale consegue, por uma combinação de fatores objetivos (ar de vidro, árido) e subjetivos (receptividade a um milagre gnosiológico), virar-se tão rapidamente a ponto de chegar, digamos, a lançar o olhar onde o seu campo visual não ocupou ainda o espaço: e vê o nada, o vazio.

Volto a encontrar a mesma problemática, em positivo (ou em negativo, em suma, com sinal trocado), numa lenda dos lenhadores do Wisconsin e do Minnesota, incluída por Borges em seu *Livro dos seres imaginários*. Existe um animal que se chama *hide-behind* e que está sempre às nossas costas, segue-nos por toda a parte, na floresta, quando procuramos lenha; nós nos viramos, mas, por mais rápidos que sejamos, o *hide-behind* é ainda mais rápido e já se deslocou atrás de nós; jamais ficaremos sabendo como ele é, porém está sempre ali. Borges não cita suas fontes e pode ser que essa lenda tenha sido inventada por ele; mas isso não diminuiria em nada a força da hipótese que eu chamaria de genética, categorial. Poderíamos dizer que o homem de Montale é aquele que conseguiu virar-se e ver como é o *hide-behind*: e é mais espantoso do que qualquer animal, é o nada.

Continuo livremente com as divagações. Pode-se objetar que todo este discurso se situa antes de uma revolução antropológica fundamental de nosso século: a adoção do espelho retrovisor dos carros. O homem motorizado deveria estar seguro da existência do mundo atrás dele, uma vez que está munido de um olho que olha para trás. Falo do espelhinho dos carros e não do espelho em geral, pois no espelho o mundo às nossas costas é visto como contorno e complemento de nossa pessoa. Aquilo que o espelho confirma é a presença do sujeito observante, do qual o mundo é um fundo acessório. É uma operação de objetivação do eu aquela que o espelho provoca, com o perigo ameaçador, que o mito de Narciso sempre nos lembra, do afogamento do eu e consequente perda do eu e do mundo.

Contudo, o grande acontecimento de nosso século é o uso contínuo de um espelho situado de modo a excluir o eu da visão. O homem automobilista pode ser considerado uma espécie biologicamente nova por causa do espelhinho mais ainda do que pelo próprio automóvel, porque seus olhos fixam uma rua que se descortina perante ele e se alonga atrás dele, isto é, pode compreender num só olhar dois campos visuais contrapostos sem o obstáculo da imagem de si mesmo, como se ele fosse só um olho suspenso sobre a totalidade do mundo.

Mas, pensando bem, a hipótese de "Forse un mattino" não é arranhada por essa revolução da técnica perceptiva. Se o "engano de sempre" é tudo aquilo que temos pela frente, esse engano se estende àquela porção do campo anterior que, por estar emoldurada no retrovisor, pretende representar o campo posterior. Mesmo que o eu de "Forse un mattino" estivesse *dirigindo* em ar de vidro e se virasse nas mesmas condições de receptividade, veria para além do vidro dianteiro do carro não a paisagem que estava se distanciando no espelho retrovisor, com as listras brancas no asfalto, o trecho de rua recém-percorrido, os carros que pensava ter ultrapassado, mas um redemoinho vazio sem limites.

De resto, nos espelhos de Montale — como Silvio d'Arco Avalle demonstrou para "Gli orecchini" (e para "Vasca" e outros espelhos d'água) — as imagens não se refletem, mas afloram "de baixo", vêm ao encontro do observador.

Na realidade, a imagem que vemos não é algo que o olho registra nem alguma coisa que tem lugar no olho: é algo que ocorre inteiramente no cérebro, com estímulos transmitidos pelos nervos óticos, mas que só numa zona do cérebro adquire forma e sentido. É aquela zona da "tela" em que acampam as imagens, e se consigo, girando-me, virando a mim mesmo dentro de mim, *ver* além daquela zona de meu cérebro, isto é, compreender o mundo como é quando minha percepção não lhe atribui cores e formas de árvores-casas-morros, tatearei numa escuridão sem dimensão nem objetos, atravessada por uma chuva de vibrações frias e informes, sombras sobre um radar mal sintonizado.

A reconstrução do mundo acontece "como numa tela" e aqui a metáfora só pode remeter ao cinema. A nossa tradição poética tem usado habitualmente a palavra *schermo* [tela] no sentido de "reparo-ocultamento" ou de "diafragma", e, se quiséssemos arriscar-nos a afirmar que esta é a primeira vez que um poeta italiano usa *tela* no sentido de "superfície sobre a qual se projetam imagens", creio que o risco de erro não seria muito grande. Essa poesia (que pode ser datada entre 1921 e 1925) pertence claramente à era do cinema, em que o mundo corre à nossa frente feito sombras de uma película, árvores-casas-morros se estendem numa tela de fundo bidimensional, a rapidez de seu aparecimento ("de chofre") e a enumeração evocam uma sucessão de imagens em movimento. Não é dito que sejam imagens projetadas, seu "acampar" (pôr-se em campo, ocupar um campo, eis *o campo visual* chamado diretamente em causa) poderia também não remeter a uma fonte ou matriz de imagens, gerar-se diretamente da tela (como vimos ocorrer com o espelho), mas também a ilusão do espectador no cinema é que as imagens venham da tela.

A ilusão do mundo era tradicionalmente produzida por poetas e dramaturgos com metáforas teatrais; o nosso século substitui o mundo como teatro pelo mundo como cinematógrafo, turbilhonar de imagens sobre uma tela branca.

Duas velocidades distintas atravessam o poemeto: a da mente que intui e a do mundo que flui. Entender é só questão de ser veloz, virar-se de repente para surpreender o *hide-behind*, é uma vertiginosa reviravolta sobre si mesmo e nessa vertigem se encontra o conhecimento. O mundo empírico, ao contrário, é a costumeira sucessão de imagens na tela, engano ótico como o cinema, em que a velocidade dos fotogramas nos convence da continuidade e da permanência.

Existe um terceiro ritmo que triunfa sobre os dois e é o da meditação, o andamento absorto e suspenso no ar da manhã, o silêncio em que se custodia o segredo arrancado no fulminante moto intuitivo. Uma analogia substancial une esse "seguir sem voz" ao nada, ao vazio que sabemos ser a origem e o fim de tudo, e ao "ar de vidro,/ árido" que dele é a aparência exterior menos enganadora. Aparentemente tal andamento não se diferencia daquele dos "homens que não se voltam", os quais entenderam também, cada um a seu modo, e dentre os quais o poeta acaba por se confundir. E é este o terceiro ritmo, que retoma com um passo mais grave as notas leves do início para dar o seu timbre à poesia.

1976

# O ESCOLHO DE MONTALE

Falar de um poeta na primeira página de um jornal comporta um risco: é preciso fazer um discurso "público", sublinhar a visão do mundo e da história, o ensinamento moral implícito em sua poesia; tudo aquilo que se diz é verdadeiro, mas depois nos damos conta de que poderia ser igualmente verdade para um outro poeta, que o acento inconfundível daqueles versos permanece fora do discurso. Tratemos portanto de manter-nos o mais próximo possível da essência da poesia de Montale ao explicar como hoje as exéquias desse poeta tão pouco inclinado a qualquer oficialidade, tão distante da imagem do "vate nacional" sejam um acontecimento em que o país inteiro se reconhece. (Fato tão mais singular dado que as grandes fés proclamadas pela Itália de seu tempo jamais o incluíram entre seus adeptos, ou melhor, ele não economizou o próprio sarcasmo contra todo "clérigo vermelho ou negro".)

Gostaria de dizer em primeiro lugar: os versos de Montale são inconfundíveis pela precisão e impossibilidade de substituir a expressão verbal, o ritmo, a imagem evocada; "il lampo che candisce/ alberi e muri e li sorprende in quella/ eternità d'istante" [o relâmpago que cristaliza/ árvores e paredes e os surpreende naquela/ eternidade do instante]. Não falo da riqueza e versatilidade dos meios verbais, dote que também outros poetas nossos tiveram em grau elevadíssimo, e que se assemelha muitas vezes a uma veia copiosa e redundante, isto é, a tudo o que está mais longe de Montale. Montale não desperdiça nunca os golpes, joga a expressão insubstituível no momento justo e a isola em sua unicidade. "Turbati/ discendevamo tra i vepri./ Nei miei paesi a quell'ora/ cominciano a fischiare le lepri" [Perturbados/ descíamos entre os espinheiros./ Na minha terra àquela hora/ começam a assoviar as lebres].

Vou direto ao que interessa: numa época de palavras genéricas e abstratas, palavras boas para todos os usos, palavras que servem para não pensar e não dizer, uma peste da linguagem que transborda do público para o privado, Montale foi o poeta da exatidão, da escolha lexical motivada; da segurança terminológica visando capturar a unicidade da experiência. "S'accesi su pomi cotogni,/ un punto, una cocciniglia,/ si udì inalberarsi alla striglia/ il poney, e poi vinse il sogno" [Acendeu-se sobre marmelos,/ um ponto, uma joaninha,/ ouviu-se empinar contra a almofaça/ o pônei, e depois venceu o sonho].

Mas essa precisão para nos dizer o quê? Montale nos fala de um mundo turbilhonante, movido por um vento de destruição, sem um terreno sólido onde apoiar os pés, com o único recurso de uma moral individual suspensa à beira do abismo. É o mundo da Primeira e da Segunda Guerra Mundial; talvez também da Terceira. Ou quem sabe a Primeira ainda permaneça fora do quadro (na cinemateca de nossa memória histórica, sobre os fotogramas já meio desbotados da Primeira Guerra Mundial movem-se como subtítulos os versos descarnados de Ungaretti) e é a precariedade do mundo que se apresenta aos olhares dos jovens no primeiro pós-guerra que serve de fundo para os *Ossi di seppia* [*Ossos de sépia*], como será a espera de uma nova catástrofe o clima das *Occasioni* [Ocasiões], e a sua realização e as suas cinzas o tema da *Bufera* [A tempestade]. *La bufera* é o livro mais bonito que saiu da Segunda Guerra Mundial e, mesmo quando fala de outra coisa, é daquilo que fala. Tudo já está ali implícito, inclusive nossas ansiedades posteriores, até as de hoje: a catástrofe atômica ("e un ombroso Lucifero scenderà su una proda/ del Tamigi, del Hudsoh, della Senna/ scuotendo l'ali di bitume simi-mozze dalla fatica, a dirti: è l'ora" [e um sombrio Lúcifer descerá/ do Tâmisa, do Hudson, do Sena/ sacudindo asas de betume semidecepadas pela fadiga, para dizer-nos: é a hora]) e o horror dos campos de concentração passados e futuros ("Il sogno del prigioniero").

Mas não são as representações diretas e as alegorias declaradas o que pretendo colocar em primeiro plano: essa nossa condição histórica é vista enquanto condição cósmica; também as menores presenças da natureza na observação cotidiana do poeta se configuram como vórtices. São o ritmo do verso, a prosódia, a sintaxe que levam em si esse movimento, do princípio ao fim de seus três grandes livros. "I turbini sollevano la polvere/ sui tetti, a mulinelli, e sugli spiazzi/ deserti, ove i cavalli incappucciati/ annusano la terra, fermi innanzi/ ai vetri luccicanti degli alberghi" [Os pés de vento levantam a poeira/ sobre os tetos, em redemoinhos e nas clareiras/ desertos, onde os cavalos encapuzados/ cheiram a terra parados em frente/ dos vidros rebrilhantes dos hotéis].

Falei de moral individual para resistir ao fim do mundo histórico ou cósmico que pode cancelar de um momento para outro a lábil pegada do gênero humano; mas é preciso dizer que em Montale, mesmo distante de qualquer comunhão sincera e de qualquer impulso de solidariedade, está sempre presente a interdependência de cada pessoa com a vida dos outros. "Occorrono troppe vite per farne una" [São necessárias muitas vidas para fazer uma outra] é a conclusão memorável de uma poesia das *Occasioni*, em que a sombra do milhafre a voar dá o sentido do destruir-se e refazer-se que conforma toda continuidade biológica e histórica. Mas a ajuda que pode vir da natureza ou dos homens não consiste numa ilusão unicamente quando um riacho muito fino que aflora "dove solo/ morde l'arsura e la desolazione" [onde só/ morde a aridez e a desolação]; somente remontando os rios até que se tornem delicados como cabelos é que a enguia encontra o lugar seguro para procriar; é só "num fio de piedade" que podem matar a sede os porcos-espinhos do monte Amiata.

Esse difícil heroísmo escavado na interioridade, na aridez e na precariedade do existir, esse heroísmo de anti-heróis é a resposta que Montale deu ao problema da poesia de sua geração: como escrever versos depois (e contra) D'Annunzio (e depois de Carducci, e depois de Pascoli ou pelo menos de uma certa imagem de Pascoli), o problema que Ungaretti resolveu com a fulguração da palavra pura e Saba com a recuperação de uma sinceridade interior que compreendia também o páthos, o afeto, a sensualidade: aquelas características do humano que o homem montaliano recusava ou considerava indizíveis.

Não existe mensagem de consolação ou de encorajamento em Montale caso não se aceite a consciência do universo hostil e avaro: é nessa rota árdua que o discurso dele continua o de Leopardi, embora suas vozes ressoem bastante diversas. Assim como, confrontado com o de Leopardi, o ateísmo de Montale é mais problemático, atravessado por tentações contínuas de um sobrenatural logo corroído pelo ceticismo de fundo. Se Leopardi dissolve as consolações da filosofia das Luzes, as propostas de consolação que são oferecidas a Montale são aquelas dos irracionalismos contemporâneos que ele pouco a pouco avalia e deixa cair com uma sacudida de ombros, reduzindo sempre a superfície da rocha sobre a qual se apoiam seus pés, o escolho ao qual se agarra a sua obstinação de náufrago.

Um de seus temas, que com os anos se torna cada vez mais frequente, é o modo com que os mortos estão presentes em nós, a unicidade de cada pessoa que não nos conformamos em perder: "il gesto d'una/ vita che non è un'altra ma se stessa" [o gesto de uma/ vida que não é uma outra mas ela mesma]. São versos de uma poesia em memória da mãe, onde voltam os pássaros, uma paisagem em declive, os mortos: o repertório das imagens positivas de sua poesia. Não poderíamos dar agora à sua lembrança melhor moldura que esta: "Ora che il coro delle corturnici/ ti blandisce nel sonno eterno, rotta/ felice schiera in fuga verso i clivi/ vendemmiati del Mesco..." [Ora que o coro das codornizes/ te acaricia no sono eterno, roto/ feliz bando em fuga rumo às encostas/ vindimadas do Mesco...].

E continuar a ler "dentro" de seus livros. Certamente isso lhe garantirá a sobrevivência, pois quanto mais lidos e relidos, seus poemas capturam ao abrir da página e não se exaurem jamais.

1981

# HEMINGWAY E NÓS

Houve um tempo em que, para mim — e para muitos outros, meus coetâneos ou de faixas etárias próximas —, Hemingway era um deus. E foram bons tempos, que recordo com satisfação, sem que pese a sombra daquela indulgência irônica com que se consideram modas e febres juvenis. Eram tempos sérios, vividos por nós com seriedade e simultaneamente com arrogância e pureza de coração, e em Hemingway poderíamos também encontrar uma lição de pessimismo, de distanciamento individualista, de adesão superficial às experiências mais cruas: havia tudo isso, em Hemingway, porém não o líamos assim ou tínhamos outras coisas na cabeça; o resultado é que a lição que dele tirávamos era uma atitude aberta e generosa, de empenho prático — técnico e moral ao mesmo tempo — nas coisas que deviam ser feitas, de limpidez de olhar, de recusa a contemplar-se e lamentar-se, de presteza em captar um ensinamento de vida, o valor de uma pessoa numa frase bruscamente trocada, num gesto. Logo começamos a perceber nele os limites, os vícios: o seu mundo poético e o estilo, aos quais pagara grandes tributos em minhas primeiras experiências literárias, se revelavam estreitos, fáceis de se tornarem maneiristas; e aquele jeito de viver — e a filosofia de vida — de turismo cruento começou a inspirar-me desconfiança e até aversão e desgosto. Mas hoje, com uma dezena de anos de distância, fazendo as contas de meu *apprenticeship* hemingwaiano posso encerrar o balanço no ativo. "Não ganhou a parada, velho", posso dizer-lhe, recaindo pela última vez em sua dicção, "não conseguiu se tornar um *mauvais maître*." Este discurso sobre Hemingway — justamente hoje que ganhou o Prêmio Nobel, um fato que não significa absolutamente nada, mas que é uma ocasião como qualquer outra para pôr no papel algumas ideias que carrego há bastante tempo — tenta definir simultaneamente aquilo que Hemingway foi para nós e aquilo que é agora, aquilo que nos afastou dele e aquilo que continuamos a encontrar em suas páginas e não em outras.

Naquela época, certamente houve uma inspiração poética e política conjunta, um impulso confuso para o antifascismo ativo, em contraposição ao antifascismo da pura inteligência, que nos levou em direção a Hemingway. Ou melhor, num determinado ponto, para ser sinceros, era a constelação Hemingway-Malraux que nos atraía, que simbolizava o antifascismo internacional, o front da Guerra Espanhola. Por sorte nós, italianos, tínhamos tido D'Annunzio para vacinar-nos contra certas inclinações "heroicas", e o fundo estetizante de Malraux logo foi descoberto. (Para alguns, na França, como Roger Vailland, que pode ser considerado um tipo simpático, um tanto superficial mas genuíno, aquele binômio Hemingway-Malraux foi um fato fundamental.) Também para Hemingway a definição de dannunziano foi usada e, em certos casos, isso faz sentido. Mas Hemingway escreve seco, quase nunca exagera, não incha, tem os pés no chão (quase sempre, deixemos claro: não posso aguentar o "lirismo" de Hemingway: *As neves do Kilimanjaro* são para mim o que fez de pior), se atém às coisas: todas as características que, com o dannunzianismo, entram em choque. E afinal é bom ir devagar com essas definições: se basta apreciar a vida ativa e as belas mulheres para ser chamado de dannunziano, então viva os dannunzianos. Mas o problema não se coloca nestes termos: o mito ativista de Hemingway se situa num outro modo da história contemporânea, bem mais atual e ainda problemática.

O herói de Hemingway quer identificar-se com as ações que executa, ser ele mesmo na soma de seus gestos, na adesão a uma técnica manual ou pelo menos prática, trata de não ter outro problema, outro empenho além de saber fazer bem uma coisa: pescar bem, caçar, explodir uma ponte, assistir a uma corrida como deve ser, inclusive fazer amor bem. Mas ao redor, sempre, existe algo de que quer fugir, um sentido de inutilidade de tudo, de desespero, de derrota, de morte. Concentra-se na estrita observância de seu código, daquelas regras desportivas que em todos os lugares ele sente necessidade de impor a si com o empenho de regras morais, tanto numa luta contra um tubarão quanto numa posição assediada por falangistas. Aferra-se àquilo, pois fora daquilo existe o vácuo, a morte. (Embora não fale disso; pois sua primeira regra é o *understatement*.) Um dentre os mais belos e marcadamente seu dos 45 contos, "O grande rio dos dois corações" (The big two-hearted river), não passa de um resumo de tudo aquilo que faz um homem que vai pescar sozinho, remonta o rio, procura um bom lugar para instalar a barraca, faz comida, entra no rio, prepara a linha de pescar, pesca trutas pequenas, atira-as de volta para a água, pesca outra maior, e assim por diante. Nada mais que uma despojada lista de gestos, rápidas e límpidas imagens de passagem, e algumas genéricas, notação não muito convincente de um estado de ânimo, tipo "Estava mesmo contente". É um conto tristíssimo, com um sentido de opressão, de angústia indistinta que o encurrala por todos os lados, quanto mais a natureza é serena e a atenção está ocupada nas operações da pesca. Ora, o conto em que "não acontece nada" não é coisa nova. Mas tomemos um exemplo recente e próximo de nós: "Il taglio del bosco" de Cassola (que tem em comum com Hemingway somente o amor por Tolstói), em que se descrevem as operações de um lenhador, tendo implícita e sempre presente a dor pela morte da mulher. Em Cassola, os termos do conto são o trabalho de um lado e um sentimento bem preciso do outro: a morte de uma pessoa querida, uma situação que poderia ser de sempre e de todos. Em Hemingway o esquema é semelhante, mas completamente diferente o conteúdo: de um lado um compromisso desportivo, que não tem outro sentido fora de sua execução formal e, de outro, algo de desconhecido, o nada. Estamos numa situação-limite, que se situa numa sociedade bem precisa, num momento bem determinado da crise do pensamento burguês.

Com filosofia, Hemingway, é notório, não se mete. Mas com a filosofia americana, ligada tão diretamente a uma "estrutura", a um ambiente de atividade e de concepções práticas, a sua poética apresenta coincidências que são tudo menos casuais. Ao neopositivismo que propõe as regras do pensamento num sistema fechado, sem outra validade a não ser nele mesmo, corresponde a fidelidade ao código ético-desportivo dos heróis hemingwaianos, única realidade segura num universo incognoscível. Ao behaviorismo, que identifica a realidade do homem com os paradigmas de seu comportamento, corresponde o estilo de Hemingway, que no elenco dos gestos, nas provocações de uma conversa sumária, queima a realidade inatingível dos sentimentos e dos pensamentos. (Sobre o *code of behaviour* hemingwaiano, sobre a conversação "inarticulada" de suas personagens, vejam-se algumas inteligentes observações em Marcus Cunliffe, *The literature of the U. S.*, Penguin Books, 1954, pp. 271 ss.)

Opressivo, o *horror vacui* do nada existencialista. "Nada y pues nada y nada y pues nada", pensa o garçom de "Um lugar limpo, bem iluminado". E "O jogador, a freira e o rádio" termina com a constatação de que tudo é "ópio do povo", ou seja, ilusória proteção contra um mal generalizado. Nesses dois contos (ambos de 1933) podem ser vistos os textos do "existencialismo" aproximativo de Hemingway. Mas não é em tais declarações mais explicitamente "filosóficas" que podemos confiar, e sim em seu modo geral de representar o negativo, o insensato, o desesperado da vida contemporânea, desde o tempo de *Fiesta* (1926) com seus eternos turistas, erotômanos e beberrões. A vacuidade do diálogo pausado e divagante, cujo antecedente mais desvelado pode ser visto no "falar de outra coisa" à beira do desespero das personagens de Tchekhov, se colore de toda a problemática do irracionalismo novecentista. Os pequeno-burgueses de Tchekhov, derrotados em tudo mas não na consciência da dignidade humana, fincam os pés no chão sob a ameaça do ciclone e conservam a esperança de um mundo melhor. Os americanos sem raízes de Hemingway estão dentro do ciclone com alma e corpo, e tudo aquilo que lhe sabem opor é tratar de esquiar bem, de disparar bem nos leões, de orientar bem as relações entre homem e mulher, entre homem e homem, técnicas e virtudes que certamente ainda valerão naquele mundo melhor, em que, contudo, eles não acreditam. Entre Tchekhov e Hemingway, aconteceu a Primeira Guerra Mundial: a realidade se configura como um grande massacre. Hemingway se recusa a colocar-se do lado do massacre, seu antifascismo é uma das seguras, nítidas "regras do jogo" em que se baseia sua concepção da vida, porém aceita o massacre como cenário natural do homem contemporâneo. O noviciado de Nick Adams — a personagem autobiográfica de seus primeiros e mais poéticos contos — é um treinamento para suportar a brutalidade do mundo. Começa no "Campo indiano", onde o pai médico opera uma parturiente indiana com um canivete de pesca, enquanto o marido silenciosamente, não aguentando a visão da dor, se corta a garganta. Quando o herói de Hemingway buscar um ritual simbólico que lhe represente essa concepção do mundo, não encontrará coisa melhor que a tourada, abrindo a passagem para as sugestões do primitivo e do bárbaro, na linha de D. H. Lawrence e de certa etnologia.

Nesse acidentado panorama cultural se situa Hemingway, e aqui podemos, como termo de comparação, recorrer a um outro nome citado muitas vezes a propósito dele, o de Stendhal: nome não arbitrário, este, mas que nos é indicado por uma sua predileção declarada, e justificado por uma certa analogia na programática sobriedade de estilo — embora tão mais sábia, "flaubertiana", no escritor moderno — e em certo paralelismo de histórias biográficas e às vezes de lugar (aquela Itália "milanesa"). O herói stendhaliano está na fronteira entre a lucidez racionalista do século XVIII e o *Sturm und Drang* romântico, entre a pedagogia iluminista dos sentimentos e a exaltação romântica do individualismo amoral. O herói de Hemingway se encontra na mesma encruzilhada cem anos depois, quando o pensamento burguês empobreceu no que tinha de melhor — transmitido como herança à nova classe —, mas ainda se desenvolve, entre becos sem saída e soluções parciais e contraditórias: do velho tronco do Iluminismo ramificam as filosofias tecnicistas americanas e o tronco romântico tem seus frutos extremos no niilismo existencialista. O herói de Stendhal, que também era filho da Revolução, aceitava o mundo da Santa Aliança e se submetia à regra do jogo da hipocrisia, para combater a própria batalha individual. O herói de Hemingway, que viu inclusive se abrir a grande alternativa de outubro, aceita o mundo do imperialismo e se move entre os seus massacres, combatendo ele também, com lucidez e distanciamento, numa batalha que sabe perdida desde o começo porque solitária.

Ter sentido a guerra como a imagem mais verdadeira, como a realidade *normal* do mundo burguês na idade imperialista, foi a intuição fundamental de Hemingway. Aos dezoito anos, antes ainda da intervenção americana, só pelo gosto de ver como era a guerra, conseguiu atingir o front italiano, de início como motorista de ambulância, depois como diretor de uma cantina, fazendo a ligação de bicicleta entre as trincheiras do Piave (conforme ficamos sabendo com o novo livro *The apprenticeship of Ernest Hemingway*, de Charles A. Fenton, Farrar and Straus, 1954). (E quanto da Itália ele entendeu, e como já na Itália de 1917 soube ver o rosto "fascista" e o rosto popular contrapostos e os representou, em 1929, no mais belo de seus romances, *A farewell to arms*, e tudo quanto entendeu ainda da Itália de 1949, e representou em seu romance menos feliz mas interessante sob vários aspectos, *Across the river and in the trees*, e outro tanto que ao contrário jamais entendeu, não logrando sair de sua casca de turista, poderia ser objeto de um longo ensaio.) Seu primeiro livro (1924, e depois, ampliado, 1925), com os tons definidos pela Grande Guerra e pelos massacres na Grécia, aos quais assistiu como jornalista, se intitula *In our time*, título que em si não nos diz muito, mas que se carrega de uma ironia cruel se é verdade que ele queria relembrar um versículo do *Book of common prayer*: *Give peace in our time o Lord*. O sabor da guerra transcrito nos breves capítulos de *In our time* foi decisivo para Hemingway, como para Tolstói as impressões descritas nos *Relatos de Sebastopol*. E não sei se foi a admiração de Hemingway por Tolstói que o levou a buscar a experiência da guerra ou esta esteve na origem daquela. Certamente o modo de estar na guerra descrito por Hemingway não é mais o de Tolstói, nem aquele de um outro autor que lhe era caro, o pequeno clássico americano Stephen Crane. Essa é guerra em países longínquos, vista com distanciamento do estrangeiro: Hemingway antecipa aquilo que será o espírito do soldado americano na Europa.

Se o cantor do imperialismo inglês, Kipling, tinha ainda uma ligação precisa com um país, razão pela qual a sua Índia se torna também ela uma pátria, em Hemingway (que, à diferença de Kipling, não queria "cantar" nada mas só registrar fatos e coisas), há o espírito da América que se lança pelo mundo sem um claro porquê, seguindo o impulso de sua economia em expansão.

Mas não é por esse testemunho da realidade da guerra, por essa denúncia do massacre, que Hemingway mais nos interessa. Como todo poeta não se identifica inteiramente com as ideias que encarna, assim Hemingway não está inteiro na crise da cultura que se acha por trás dele. Para além dos limites do behaviorismo, aquele reconhecer o homem em suas ações, em seu estar ou não à altura das tarefas que lhe são colocadas, é também um modo verdadeiro e justo de conceber a existência, que pode ser tornado próprio por uma humanidade mais concreta que aquela dos heróis hemingwaianos, cujas ações não são quase nunca um *trabalho* — a não ser um trabalho "excepcional" como o do pescador de tubarões —, ou uma tarefa precisa de luta. Das suas touradas, com toda a sua técnica, não sabemos o que fazer; mas a seriedade nítida e precisa com a qual suas personagens sabem acender um fogo ao ar livre, lançar uma linha de pesca, colocar uma metralhadora na posição justa, isso nos interessa e nos serve. Por aqueles momentos de perfeita integração do homem no mundo, nas coisas que faz, por aqueles momentos em que o homem se encontra em paz com a natureza mas lutando contra ela, em harmonia com a humanidade mesmo no fogo de uma batalha, podemos deixar de lado todo o Hemingway mais vistoso e celebrado. Se alguém conseguirá um dia escrever poeticamente sobre a relação do operário com sua máquina, com as operações precisas de seu trabalho, terá de retomar esses momentos hemingwaianos, retirando-os da moldura de futilidade turística ou de brutalidade ou de tédio, restituindo-os ao contexto orgânico do mundo produtivo moderno do qual Hemingway os retirou e isolou. Hemingway compreendeu alguma coisa sobre como se está no mundo de olhos abertos e enxutos, sem ilusões nem misticismos, como se está sozinho sem angústias e como se está acompanhado melhor que sozinho: e, sobretudo, elaborou um estilo que exprime de forma completa a sua concepção da vida, e que, se às vezes acusa os seus limites e vícios, pode em suas melhores produções (como nos contos de Nick) ser considerada a linguagem mais seca e imediata, a mais isenta de excessos e inchações, a mais limpidamente realista da prosa moderna. (Um crítico soviético, J. Kashkin, num belo ensaio que saiu num número de 1935 de *International Literature* e foi reproduzido no livro que documenta o simpósio organizado por John K. M. Mc Caffery *Ernest Hemingway: the man and his work*, The

World Publishing Company, 1950, compara o estilo desses contos ao de Pushkin narrador.)

De fato, não existe nada mais distante de Hemingway que o simbolismo enfumaçado, o esoterismo com fundo religioso a qual pretende reconduzi-lo Carlos Baker no volume *Hemingway, the writer as artist* (Princeton University Press, 1952, recentemente traduzido em italiano por G. Ambrosoli para Guanda). Livro muito rico de informações, de citações de correspondências inéditas de Hemingway com o próprio Baker, com Fitzgerald e outros, e enriquecido com preciosas listas bibliográficas (que faltam na tradução) e que contém também singulares esclarecimentos úteis, como a relação polêmica — e não a adesão — de Hemingway com a *lost generation* em *Fiesta*, mas que é baseado em esquemas críticos rocambolescos, como a contraposição entre "casa" e "não casa", entre "montanha" e "planície", e fala de "simbologia cristã" a propósito de *O velho e o mar*.

Mais modesto e mais filologicamente sumário é um outro pequeno volume americano: Philip Young, *Ernest Hemingway*, Rinehart, 1952. Também Young, coitado, tem de se esforçar para demonstrar que Hemingway jamais foi comunista, que não é *un-American*, que até se pode ser rude e pessimista sem ser *un-American*. Mas reconheçamos a imagem do *nosso* Hemingway nas linhas gerais de sua impostação crítica, que atribui um valor fundamental aos contos da série Nick Adams, e os situa na tradição aberta por aquele livro maravilhoso — pela linguagem, pela plenitude realista e aventurosa, pelo sentido da natureza, pela adesão aos problemas sociais da época e do país — que é *Huckleberry Finn* de Mark Twain.

1954

# FRANCIS PONGE

"Os reis não batem as portas. Não conhecem esta felicidade: empurrar para a frente devagarinho ou bruscamente um daqueles grandes quadros familiares, virar-se para recolocá-lo no lugar — manter uma porta entre os braços."

"... a felicidade de empunhar na altura da barriga, pelo seu nó de porcelana, um daqueles altos obstáculos de um quarto; o rápido corpo a corpo em que o passo se detém um instante que basta para que o olho se abra e o corpo inteiro se adapte à nova morada."

"Com mão amiga continua a segurá-la, antes de empurrá-la decidido e voltar a fechar-se — coisa que o estalo da mola potente mas bem azeitada lhe assegura agradavelmente."

Esse breve texto se intitula *Os prazeres da porta* e é um bom exemplo da poesia de Francis Ponge: pegar um objeto dos mais humildes, um gesto dos mais cotidianos, e tentar considerá-lo fora de todo hábito perceptivo, descrevê-lo fora de qualquer mecanismo verbal gasto pelo uso. E eis que uma coisa indiferente e quase amorfa como uma porta revela uma riqueza inesperada; de repente ficamos felizes por encontrar-nos num mundo cheio de portas para abrir e fechar. E isso não por alguma razão estranha ao fato em si (como poderia ser uma razão simbólica, ideológica ou estetizante), mas só porque restabelecemos uma relação com as coisas enquanto coisas, com a diversidade de uma coisa para outra, e com a diversidade de qualquer coisa em relação a nós. Inesperadamente, descobrimos que existir poderia ser uma experiência muito mais intensa, interessante e *verdadeira* do que aquele corre-corre distraído com o qual se calejou nosso cérebro. Por isso Francis Ponge é, penso eu, um dos poucos grandes sábios de nosso tempo, um dos poucos autores *basilares* do qual partir para tentar não girar mais no vazio.

Como? Deixando que a própria atenção se pouse, por exemplo, numa daquelas caixas em forma de gaiola dos vendedores de frutas.

> Em cada esquina das ruas que conduzem aos grandes mercados, reluz então com o esplendor sem vaidade da madeira rústica. Ainda novo em folha e ligeiramente admirado por encontrar-se em pose desajeitada no lixo sem retorno, esse objeto é afinal de contas um dos mais simpáticos — sobre cuja sorte não devemos, todavia, deter-nos por muito tempo.

A observação final é um movimento típico de Ponge: desgraça se, evocada a nossa simpatia por esse objeto ínfimo e leve, nele insistíssemos demais; seria estragar tudo, aquele tanto de verdade recém-captada logo seria perdido.

Do mesmo modo a vela, o cigarro, a laranja, a ostra, um pedaço de carne cozida, o pão: um inventário de "objetos" que se estende aos mundos vegetal, animal e mineral está contido no pequeno volume que em primeiro lugar deu fama a Ponge na França (*Le parti pris des choses*, 1942) e que a Einaudi publica (*Il partito preso delle cose*) com uma introdução precisa e útil de Jaqueline Risset, cuja tradução é acompanhada do texto francês. (Uma edição bilíngue de poesia não pode aspirar à função melhor que a de convidar o leitor a tentar outras versões por conta própria.) Um livrinho que parece feito de propósito para pôr no bolso e para colocar na cabeceira ao lado do relógio (tratando-se de Ponge, a materialidade do objeto-livro pede para ser tomada em consideração) deveria ser uma ocasião para que esse poeta discreto e isolado encontrasse na

Itália um novo grupo de adeptos. As instruções para o uso são: poucas páginas por noite de uma leitura que se identifique com seu avançar pelas palavras como tentáculos sobre a porosa e variada substância do mundo.

Falei de adeptos para designar a dedicação incondicional e um tanto ciumenta que caracterizou até agora o círculo de seus leitores, tanto na França, onde abrangeu, no correr dos anos, personagens muito diferentes dele, quando não opostas, que vão de Sartre aos jovens de *Tel Quel*, quanto na Itália, onde dentre os seus tradutores figura inclusive Ungaretti, além de Piero Bigongiari, há anos o seu exegeta mais competente e apaixonado, organizador, já em 1971, de uma ampla coletânea de obras no "Specchio" Mondadori (*Vita del testo*).

Com isso tudo, a hora de Ponge (que completou há pouco oitenta anos, tendo nascido em Montpellier no dia 27 de março de 1899) ainda deve chegar, estou convencido, tanto na França quanto na Itália. E dado que este meu convite pretende dirigir-se aos muitíssimos leitores potenciais de Ponge que ainda não conhecem nada dele, apresso-me em dizer o que deveria ter dito em primeiro lugar: que esse poeta escreveu exclusivamente em prosa. Textos breves que vão da meia página a seis ou sete, no período inicial de sua atividade; ao passo que ultimamente os textos se ampliaram para testemunhar o trabalho de aproximação contínua que é para ele a escrita: a descrição de um pedaço de sabonete, por exemplo, ou de um figo seco, dilatou-se num livro em si, e assim aquela de um prado se tornou "a construção do prado".

Justamente Jaqueline Risset contrapõe à de Ponge outras duas experiências fundamentais da literatura francesa contemporânea na representação das "coisas": Sartre que (em algumas passagens da *Náusea*) observa uma raiz ou um rosto no espelho, como independentes de qualquer significado e referência humana, evocando uma visão desconcertante e perturbada; e Robbe-Grillet que funda um tipo de escritura "não antropomorfa" descrevendo o mundo com atributos absolutamente neutros, frios, objetivos.

Ponge (que cronologicamente vem antes) é "antropomorfo" no sentido de uma identificação com as coisas, como se o homem saísse de si mesmo para experimentar como é ser coisa. Isso comporta uma batalha com a linguagem, um contínuo puxar e esticar feito um lençol aqui muito estreito e lá muito largo, a linguagem tende sempre a dizer muito pouco ou a dizer demais. Lembra a escritura de Leonardo da Vinci que igualmente em certos textos breves procurou descrever, por meio de cansativas variantes, o inflamar do fogo ou a raspagem da lima.

A "medida" de Ponge, a sua discrição — que é afinal a mesma coisa que sua concretude — pode definir-se com o fato de que para chegar a falar do mar ele deve propor-se como tema as margens, as praias, as costas. O ilimitado não entra em sua página, ou seja, entra quando encontra as próprias margens e só então começa a existir realmente. (*Beira-mares*.)

> Aproveitando da distância recíproca que veta às costas se comunicarem entre si a não ser por mar ou percorrendo longas reviravoltas, ele (o mar) deixa cada margem pensar que está se dirigindo a ela em particular. Na realidade, cortês com todos, ou melhor, mais que cortês: capaz de para cada costa demonstrar todos os impulsos, todas as convicções sucessivas, hospeda no fundo de sua baciazinha um infinito rebanho de correntes. De seus limites só sai um pouco, cria um freio para os próprios vagalhões e, como a medusa que abandona aos pescadores a imagem pessoal reduzida ou amostra, limita-se a seguir uma reverência estática ao longo de todas as suas bordas.

O segredo é fixar de cada objeto o elemento, o aspecto decisivo, que é quase sempre aquele que menos se considera habitualmente, e de construir em torno dele o discurso. Para definir a água, Ponge indica o "vício" irresistível que é a gravidade tender para baixo. Mas à força da gravidade não obedece qualquer objeto, um armário, por exemplo? E eis Ponge distinguindo o modo inteiramente diferente que tem um armário de aderir ao solo, chega a entender — quase de dentro — o que é o ser líquido, a recusa de toda forma desde que obedeça à ideia fixa do próprio peso...

Catalogador da diversidade das coisas (*De varietate rerum* foi definida a obra desse novo e discreto Lucrécio), Ponge tem também dois ou três temas aos quais, nessa primeira coletânea, retorna continuamente, insistindo nos mesmos nós de imagens e de ideias. Um é o mundo da vegetação, com atenção especial para a forma das árvores; o outro é o mundo dos moluscos, com atenção especial para as conchas, caracóis, invólucros.

Para as árvores, é o confronto com o homem que continuamente aflora no discurso de Ponge.

> Nada de gestos: só se multiplicam os braços, as mãos, os dedos — à maneira dos budas. E assim, ociosos, vão até o fundo de seus pensamentos. Não são outra coisa além de vontade de expressão. Não têm por si mesmos nada de oculto, não podem manter uma ideia secreta, explicam-se inteira e honestamente, sem restrições. Ociosos, passam o tempo todo complicando a própria forma, aperfeiçoando-se no sentido de maior complexidade em analisar o próprio corpo... A expressão dos animais é oral ou então imitada com gestos que se cancelam alternadamente. A expressão dos vegetais é escrita, de uma vez por todas. Não existe modo de voltar a ela, impossível arrepender-se: para corrigir é preciso acrescentar. Corrigir um gesto escrito e *publicado* por meio de apêndices, e assim por diante. Mas é necessário dizer também que os vegetais não se dividem até o infinito. Para cada um existe um limite.

Devemos concluir que as coisas em Ponge remetem ao discurso falado ou escrito, à palavra? Encontrar em cada escritura uma metáfora da escrita tornou-se um exercício crítico demasiado óbvio para se extrair dele algum benefício ainda. Diremos que em Ponge a linguagem, meio indispensável para manter juntos sujeito e objeto, é continuamente confrontada com aquilo que os objetos exprimem fora da linguagem e nesse confronto é redimensionada, redefinida — muitas vezes revalorizada. Se as folhas são as palavras das árvores, elas só sabem repetir sempre a mesma palavra. "Quando na primavera... acreditam entoar um canto variado, sair de si, estender-se a toda a natureza, abraçá-la, emitem ainda, em milhares de cópias, a mesma nota, a mesma palavra, a mesma folha. *Não se sai da árvore com meios de árvore.*"

(Se no universo de Ponge, onde parece que tudo se salva, existe uma perda de valor, uma condenação, ela é a repetição: as ondas do mar chegando à praia declinam todas o mesmo nome, "mil grandes senhores homônimos são assim admitidos no mesmo dia na apresentação por parte do mar prolixo e prolífico". Mas a multiplicidade é também o princípio da individuação, da diversidade: o seixo é "a pedra na época em que começa para ela a idade da pessoa, do indivíduo, isto é, da palavra".)

A linguagem (e a obra) como secreção da pessoa é uma metáfora que surge repetidas vezes nos textos sobre caracóis e conchas. Porém, conta mais (*Notas sobre uma concha*) o elogio da proporção entre a casca e o seu habitante molusco, contraposta à desmesura dos monumentos e palácios do homem. É esse o exemplo que a lesma nos dá produzindo a sua casa: "Aquilo de que é feita a sua obra não comporta nada de externo a eles, às suas necessidades e precisões. Nada de desproporcional ao seu ser físico. Nada que não seja necessário para eles, obrigatório".

Por isso, Ponge chama de santos os caracóis. "Mas santos em quê? No obedecer precisamente à sua natureza. Conheça-se a si mesmo, portanto, antes de mais nada. E aceite-se como é. De acordo com seus vícios. Na proporção de sua medida."

No mês passado concluía um artigo sobre um outro — muito diferente — testamento de um sábio (o de Carlo Levi) com uma citação: o elogio do caracol. Acontece que encerro este com o elogio do caracol segundo Ponge. Será o caracol a última imagem de felicidade possível?

1979

# JORGE LUIS BORGES

O sucesso de Jorge Luis Borges na Itália já tem uma história de trinta anos: começa de fato em 1955, data da primeira tradução de *Ficciones*, sob o título *La biblioteca di Babele*, nas edições Einaudi, e culmina hoje com a edição completa das obras nos "Meridiani" Mondadori. Se bem me lembro foi Sergio Solmi que, depois de ter lido os contos de Borges em tradução francesa, deles falou com entusiasmo a Elio Vittorini, o qual propôs imediatamente a edição italiana, descobrindo um tradutor apaixonado e com total empatia em Franco Lucentini. A partir de então os editores italianos passaram a disputar a publicação dos livros do escritor argentino, em traduções que agora Mondadori reúne a outros textos que ainda não haviam sido traduzidos; dessa que será a mais completa edição da sua *opera omnia* hoje existente, vem à luz exatamente nestes dias o primeiro volume, sob a responsabilidade de um fidelíssimo amigo como Domenico Porzio.

O êxito editorial foi acompanhado de um êxito literário que é ao mesmo tempo causa e efeito do primeiro. Penso nas manifestações de admiração por parte de escritores italianos, incluindo aqueles cuja poética mais se distancia dele; penso nas abordagens profundas para uma definição crítica de seu mundo; e penso também e sobretudo na influência que ele teve sobre a criação literária italiana, sobre o gosto e sobre a própria ideia de literatura: podemos dizer que muitos daqueles que escreveram nestes últimos vinte anos, a partir dos que pertencem à minha geração, foram profundamente marcados por ele.

O que determinou esse encontro entre a nossa cultura e uma obra que encerra em si um conjunto de heranças literárias e filosóficas, em parte familiares a nós, em parte insólitas, e as traduz numa chave que certamente era bastante distante das nossas? (Falo de uma distância de então, em relação aos caminhos percorridos pela cultura italiana nos anos 50.)

Só posso responder apelando para minha memória, tratando de reconstruir o que significou para mim a experiência Borges desde o início até hoje. Experiência que tem como ponto de partida e como fulcro dois livros, *Ficções* e *O Aleph*, isto é, aquele gênero literário particular que é o conto borgiano, para depois passar ao Borges ensaísta, nem sempre bem distinguível do narrador, e ao Borges poeta, que contém muitas vezes núcleos de conto e em todo caso um núcleo de pensamento, um desenho de ideias.

Começarei pelo motivo de adesão mais geral, isto é, ter reconhecido em Borges uma ideia de literatura como mundo construído e governado pelo intelecto. Esta é uma ideia-contracorrente em relação ao curso principal da literatura mundial do século XX que, todavia, tende para o sentido oposto, ou seja, quer dar-nos o equivalente do acúmulo magmático da existência, na linguagem, no tecido dos eventos, na exploração do inconsciente. Mas existe também uma tendência da literatura do século XX, certamente minoritária, que teve seu defensor mais ilustre em Paul Valéry — e penso sobretudo no Valéry prosador e pensador —, que aponta para uma revanche da ordem mental sobre o caos do mundo. Poderia tentar identificar os traços de uma vocação italiana nesta direção, do Duzentos ao Renascimento, ao Seiscentos, ao Novecentos, para explicar como descobrir Borges para nós foi ver realizada uma potencialidade almejada desde sempre: ver tomar forma um mundo à imagem e semelhança dos espaços do intelecto, habitado por um zodíaco de signos que correspondem a uma geometria rigorosa.

Mas talvez para explicar a adesão que um autor suscita em cada um de nós, ao invés de partir de grandes classificações gerais, é preciso partir de razões mais precisamente conexas com a arte de escrever. Dentre estas colocarei à frente a economia da expressão: Borges é um mestre do escrever breve. Ele consegue condensar em textos sempre de pouquíssimas páginas uma riqueza extraordinária de sugestões poéticas e de pensamento: fatos narrados ou sugeridos, aberturas vertiginosas para o infinito, e ideias, ideias, ideias. Como tal densidade se realiza sem a mínima congestão, no período mais cristalino, sóbrio e arejado; como o narrar sinteticamente e enviesado conduz a uma linguagem toda precisão e concretude, cuja inventiva se manifesta na variedade dos ritmos, dos movimentos sintáticos, dos adjetivos sempre inesperados e surpreendentes, isso é um milagre estilístico, sem igual na língua espanhola, de que só Borges tem o segredo.

Lendo Borges, me veio repetidas vezes a tentação de formular uma poética do escrever breve, louvando suas vantagens em relação ao escrever longo, contrapondo as duas ordens mentais que a inclinação para um ou para o outro pressupõe, por temperamento, por ideia da forma, por substância dos conteúdos. Por enquanto me limitarei a dizer que a verdadeira vocação da literatura italiana, como aquela que custodia os seus valores no verso ou na frase em que cada palavra é insubstituível, se reconhece mais no escrever breve que no escrever longo.

Para escrever breve, a invenção fundamental de Borges, que foi também a invenção de si mesmo como narrador, o ovo de Colombo que lhe permitiu superar o bloqueio que o impedia, até cerca dos quarenta anos, de passar da prosa ensaística para a prosa narrativa, fingiu que o livro que desejava escrever já estivesse escrito, escrito por um outro, por um hipotético autor desconhecido, um autor de uma outra língua, de uma outra cultura, e descreveu, resumiu, resenhou esse livro hipotético. Faz parte da lenda de Borges a anedota de que o primeiro extraordinário conto escrito com essa fórmula, “El acercamiento a Almotásim”, quando apareceu na revista *Sur*, foi encarado de fato como uma recensão de um livro de autor indiano. Assim como faz parte das passagens obrigatórias da crítica sobre Borges observar que cada texto dele duplica ou multiplica o próprio espaço através de outros livros de uma biblioteca imaginária ou real, leituras clássicas, eruditas ou simplesmente inventadas. O que mais me interessa anotar aqui é que nasce com Borges uma literatura elevada ao quadrado e ao mesmo tempo uma literatura como extração da raiz quadrada de si mesma: uma "literatura potencial", para usar um termo que será desenvolvido mais tarde na França, mas cujos prenúncios podem ser encontrados em *Ficciones*, nos estímulos e formas daquelas que poderiam ter sido as obras de um hipotético Herbert Quain.

Que para Borges só a palavra escrita tenha plena realidade ontológica e que as coisas do mundo existam para ele somente enquanto remetem a coisas escritas, foi dito muitas vezes; o que desejo sublinhar aqui é o circuito de valores que caracteriza essa relação entre mundo da literatura e mundo da experiência. O vivido é valorizado por quanto ele irá inspirar na literatura ou por quanto, a seu modo, repete arquétipos literários: por exemplo, entre uma empresa heroica ou temerária num poema épico e uma empresa análoga vivida na história antiga ou contemporânea existe uma troca que conduz a identificar e comparar episódios e valores do tempo escrito e do tempo real. Nesse quadro se situa o problema moral, sempre presente em Borges como um núcleo sólido na fluidez e potencial de intercâmbio dos cenários metafísicos. Para esse cético que parece degustar equanimemente filosofias e teologias só por seu valor espetacular e estético, o problema moral se representa tal e qual de um universo a outro em suas alternativas elementares de coragem e de vileza, de violência provocada ou sofrida, de busca da verdade. Na perspectiva borgiana, que exclui qualquer espessura psicológica, o problema moral aflora simplificado quase nos termos de um teorema geométrico, em que os destinos individuais formam um desenho geral que toca a cada um reconhecer menos ainda que escolher. Mas é no tempo rápido da vida real, não no tempo flutuante do sonho, não no tempo cíclico ou eterno do mito, que as sortes se decidem.

E aqui convém lembrar que do epos de Borges não faz parte somente aquilo que se lê nos clássicos, mas também a história argentina, que em alguns episódios se identifica com a sua história familiar, com os feitos de armas de seus antepassados militares nas guerras da jovem nação. No "Poema conjectural", Borges imagina dantescamente os pensamentos de um ancestral seu na linha materna, Francisco Laprida, enquanto jaz num pântano, ferido após uma batalha, caçado pelos *gauchos* do tirano Rosas, e reconhece o próprio destino na morte de Buonconte da Montefeltro assim como a relembra Dante no canto v do *Purgatório*. Observou Roberto Paoli, numa pontual análise dessa poesia, que Borges bebe, mais ainda que no episódio de Buonconte explicitamente citado, num episódio contíguo do mesmo canto v do *Purgatório*, o de Jacopo del Cassero. A osmose entre fatos escritos e fatos reais não poderia ter uma exemplificação melhor: o modelo ideal não é um evento mítico anterior à expressão verbal, e sim o texto como tecido de palavras, imagens e significados, composição de motivos que se respondem, espaço musical em que um tema desenvolve as suas variações.

Existe uma poesia ainda mais significativa para definir essa continuidade borgiana entre acontecimentos históricos, epos, transfiguração poética, sucesso dos motivos poéticos e sua influência sobre o imaginário coletivo. E é também essa uma poesia que nos toca de perto porque nela se fala do outro poema italiano que Borges frequentou intensamente, o de Ariosto. A poesia se intitula "Ariosto e os árabes". Aqui, Borges passa em revista o epos carolíngio e o bretão que confluem no poema de Ariosto, o qual sobrevoa esses motivos da tradição montado no hipogrifo, isto é, dele apresenta uma transfiguração fantástica, ao mesmo tempo irônica e cheia de páthos. O êxito do *Orlando furioso* propaga os sonhos das lendas heroicas medievais na cultura europeia (Borges cita Milton como leitor de Ariosto), até o momento em que aqueles que tinham sido os sonhos dos exércitos adversários de Carlos Magno, isto é, do mundo árabe, não passam a predominar: *As mil e uma noites* conquistam os leitores europeus, ocupando o lugar que *Orlando furioso* tinha no imaginário coletivo. Existe portanto uma guerra entre os mundos fantásticos do Ocidente e do Oriente que prolonga a guerra histórica entre Carlos Magno e os sarracenos, e é ali que o Oriente encontra a sua revanche.

Assim, o poder da palavra escrita se liga ao vivido como origem e como fim. Como origem porque se torna o equivalente de um acontecimento que de outra maneira ficaria como não tendo ocorrido; como fim porque para Borges a palavra escrita que conta é aquela que tem um forte impacto sobre a imaginação, enquanto figura emblemática ou conceitual, feita para ser lembrada e reconhecida em qualquer aparição passada ou futura.

Esses núcleos míticos ou arquetípicos, que provavelmente podem ser reduzidos a um número finito, se destacam contra o fundo desmesurado dos temas metafísicos mais caros a Borges. Em cada texto, por todos os meios, Borges fala do infinito, do inumerável, do tempo, da eternidade ou da presença simultânea ou da dimensão cíclica dos tempos. E aqui retomo o que dizia antes sobre a máxima concentração dos significados na brevidade dos seus textos. Consideremos um exemplo clássico da arte borgiana: seu conto mais famoso, "El jardín de senderos que se bifurcan". O enredo evidente é o de um conto de espionagem convencional, um enredo aventuroso condensado numa dúzia de páginas e um pouco forçado para chegar a um final surpresa. (O epos que Borges utiliza compreende também as formas da narrativa popular.) Esse conto de espionagem inclui um outro conto, em que o suspense é de tipo lógico-metafísico e o ambiente é chinês: trata-se da pesquisa de um labirinto. Nesse conto está incluída, por sua vez, a descrição de um interminável romance chinês. Porém, aquilo que mais conta nesse novelo narrativo compósito é a meditação filosófica sobre o tempo em que se desenrola, ou melhor, as definições das concepções do tempo que aí são sucessivamente enunciadas. Percebemos no final que, sob a aparência de um thriller, é um conto filosófico, ou melhor, um ensaio sobre a ideia do tempo aquilo que acabamos de ler.

As hipóteses sobre o tempo que são formuladas no "Jardim de caminhos que se bifurcam", cada uma contida (e quase oculta) em poucas linhas, são: uma ideia de tempo pontual, como um presente subjetivo absoluto ("... refleti que todas as coisas, a cada um, acontecem precisamente, precisamente agora. Séculos e séculos, e só no presente acontecem os fatos; inumeráveis homens no ar, na terra e no mar, e tudo isso que realmente acontece, acontece comigo..."); depois uma ideia de tempo determinado pela vontade, o tempo de uma ação decidida de uma vez por todas, em que o futuro se apresente irrevogável como o passado; e enfim a ideia central do conto: um tempo plural e ramificado em que cada presente se bifurca em dois futuros, de modo a formar "uma rede crescente e vertiginosa de tempos divergentes, convergentes e paralelos". Essa ideia de infinitos universos contemporâneos em que todas as possibilidades sejam realizadas em todas as combinações possíveis não é uma digressão do conto, mas a própria condição para que o protagonista se sinta autorizado a executar o crime absurdo e abominável que a sua missão de espionagem lhe impõe, certo de que isso ocorre só num dos universos mas não nos outros, ou melhor, que, executando-o aqui e agora, ele e a sua vítima possam reconhecer-se amigos e irmãos em outros universos.

Uma tal concepção do tempo múltiplo é cara a Borges porque é aquela que reina na literatura, ou melhor, é a condição que torna a literatura possível. O exemplo que estou a ponto de apresentar nos leva de novo a Dante, e é um ensaio de Borges sobre Ugolino della Gherardesca, e mais precisamente sobre o verso "Porcia, più che il dolor, poté il digiuno" [Depois, mais que a dor, pôde o jejum], e sobre aquela que foi definida a "inútil controvérsia" sobre o possível canibalismo do conde Ugolino. Após passar em revista a opinião de muitos dos comentadores, Borges concorda com a maioria deles de que o verso deve ser entendido no sentido da morte de Ugolino por inanição. Mas ele acrescenta: de que Ugolino pudesse devorar os próprios filhos, Dante, mesmo sem querer que acreditássemos nisso para valer, pretendeu provocar a suspeita "com incerteza e tremor". E Borges arrola todas as alusões canibalescas que se sucedem no canto XXXIII do *Inferno*, a começar pela visão inicial de Ugolino roendo o crânio do arcebispo Ruggieri.

O ensaio é importante pelas considerações gerais com que se encerra. Em particular aquela (que é uma das afirmações de Borges que mais coincidem com o método estruturalista) sobre o texto literário que consiste exclusivamente na sucessão de palavras que o compõem, razão pela qual "de Ugolino devemos dizer que é um tecido verbal, que consiste em cerca de trinta tercetos". Depois, aquela que se liga às ideias muitas vezes sustentadas por Borges sobre a impessoalidade da literatura para argumentar que "Dante não soube de Ugolino muito mais do que os seus tercetos registram". E finalmente a ideia à qual desejava chegar, que é a do tempo múltiplo:

> No tempo real, na história, toda vez que um homem se encontra perante diversas alternativas, opta por uma e elimina e perde as outras; não é assim no tempo ambíguo da arte, que se assemelha ao da esperança e do esquecimento. Hamlet, em tal tempo, é são da cabeça e é doido. Nas trevas da torre da Fome, Ugolino devora e não devora os corpos dos filhos amados, e esta imprecisão ondulante, esta incerteza é a estranha matéria de que ele é feito. Assim, em duas agonias possíveis, foi sonhado por Dante, e assim o sonham as gerações vindouras.

Esse ensaio está contido num livro publicado em Madri há dois anos e ainda não traduzido na Itália, reunindo os ensaios e as conferências de Borges sobre Dante: *Nueve ensayos dantescos*. O estudo assíduo e apaixonado do texto capital de nossa literatura, a participação umbilical com que ele fez frutificar a herança dantesca na meditação crítica e na originalidade da obra criativa é uma das razões, certamente não a última, pela qual Borges é festejado aqui e por que lhe exprimimos ainda uma vez comovidamente e com afeto o nosso reconhecimento pelo maná que continua a dar-nos.

1984

# A FILOSOFIA DE RAYMOND QUENEAU

Quem é Raymond Queneau? De início a pergunta pode parecer estranha, pois a imagem do escritor surge bem nítida para todos que têm alguma familiaridade com a literatura do século XX e com a francesa em particular. Mas se cada um de nós tenta juntar as coisas que sabe sobre Queneau, essa imagem assume logo contornos segmentados e complexos, engloba elementos difíceis de manter juntos, e quantos mais forem os traços caracterizantes que consigamos trazer à luz, mais sentimos que outros nos escapam, necessários para consolidar numa figura unitária todos os planos do multifacetado poliedro. Esse escritor que parece acolher-nos sempre com um convite para ficar à vontade, para encontrar uma posição mais cômoda e relaxada, para sentir-nos em posição de igualdade com ele como para jogar uma partida entre amigos, é na realidade uma personagem com um background que não se termina nunca de explorar e cujas implicações e pressupostos, explícitos ou implícitos, não se conseguem exaurir.

Certamente a fama de Queneau está antes de mais nada ligada aos romances do mundo um tanto pesado e meio sujo da *banlieue* parisiense ou das cidades de província, aos jogos ortográficos do francês falado cotidiano, um corpus narrativo muito coerente e compacto, que atinge seu ápice de comicidade e graça em *Zazie dans le métro*. Quem se lembra da Saint-Germain-des-Prés do imediato pós-guerra incluirá nessa imagem mais divulgada algo das canções interpretadas por Juliette Gréco como "Fillette, fillette"...

Outras texturas se acrescentam ao quadro para quem leu o mais "juvenil" e autobiográfico de seus romances, isto é, *Odile*: suas relações com o grupo dos surrealistas de André Breton nos anos 20 (uma aproximação com reserva — segundo o relato —, uma ruptura rápida, uma incompatibilidade de fundo e uma caricatura impiedosa) contra o fundo de uma paixão intelectual insólita num romancista e poeta: a matemática.

Mas alguém pode logo objetar que, deixando de lado os romances e as coletâneas de poesia, os livros típicos de Queneau são construções únicas, cada uma em seu gênero, como *Exercices de style* ou *Petite cosmogonie portative* ou *Cent mille milliards de poèmes*: no primeiro, um episódio de poucas frases é repetido 99 vezes em 99 estilos diferentes; o segundo é um poema de alexandrinos sobre as origens da Terra, a química, a origem da vida, a evolução animal e a evolução tecnológica; o terceiro é uma máquina para compor sonetos que consiste em dez sonetos com as mesmas rimas impressas sobre páginas cortadas em tiras, um verso sobre cada tira, de modo que a cada primeiro verso se possa fazer seguir dez segundos versos, e assim por diante até atingir o número de $10^{14}$ combinações.

Existe ainda um outro dado que não pode ser descurado, o de que a profissão oficial de Queneau, nos últimos 25 anos de sua vida, foi a de enciclopedista (diretor da "Encyclopédie de la Pléiade" da Gallimard). O mapa que se delineia já é bastante retalhado e qualquer informação biobibliográfica que lhe seja acrescentada só irá complicá-lo.

Três são os volumes de ensaios e escritos ocasionais publicados por ele em vida: *Bâtons, chiffres et lettres* (1950 e 1965), *Bords* (1963), *Le voyage en Grèce* (1973). Esses livros, mais um certo número de escritos esparsos, podem dar-nos um retrato intelectual de Queneau, pressuposto de sua obra criativa. Do leque de seus interesses e de suas escolhas, todos muito precisos e só aparentemente divergentes, emerge o desenho de uma filosofia implícita ou, melhor dizendo, de uma atitude e de uma organização mental que não se adaptam nunca às vias mais fáceis.

No século XX, Queneau é um exemplo excepcional de escritor erudito e sábio, sempre a contrapelo em relação às tendências dominantes na época e na cultura francesa em particular (mas que nunca — caso mais único que raro — por extremismo intelectual se deixa arrastar a dizer coisas que mais cedo ou mais tarde se revelam funestas ou estúpidas), com uma necessidade inexaurível de inventar e de sondar possibilidades (na prática da composição literária e na especulação teórica) em que o prazer do jogo — marca insubstituível do humano — lhe garanta que não se distancia do justo.

Qualidades tais que fazem dele, ainda, na França e no mundo, uma personagem excêntrica, mas que talvez poderão indicá-lo, quem sabe um dia não tão distante, como um mestre, um dos poucos que restam num século em que os mestres malvados, parciais, insuficientes ou demasiado bem-intencionados foram tantos. Para mim, não indo muito longe, Queneau já desempenha esse papel há algum tempo, embora — talvez por excesso de adesão — me tenha sido sempre difícil explicar totalmente por quê. Temo que não consiga fazê-lo nem desta vez. Porém, gostaria que fosse ele, por meio de suas palavras, a consegui-lo.

As primeiras batalhas literárias às quais Queneau liga seu nome são aquelas travadas para criar o "neofrancês", isto é, para cobrir a distância que separa o francês escrito (com sua rígida codificação ortográfica e sintática, sua imobilidade marmórea, sua escassa ductilidade e agilidade) do francês falado (com sua inventividade e mobilidade e economia expressiva). Numa viagem à Grécia, em 1932, se convencera de que a situação linguística daquele país, caracterizada — também no uso escrito — pela oposição entre língua com ecos clássicos e língua falada (*kathareousa* e *demotiki*), não era diferente da francesa. Partindo dessa convicção (e de leituras concernentes à sintaxe particular de línguas dos indígenas da América do Norte, como o *chinook*), Queneau teoriza o advento de uma escrita demótica francesa da qual ele e Céline deverão ser os iniciadores.

Não é por realismo populista nem por vitalismo que ele faz essa opção ("Por outro lado não tenho nenhum respeito nem consideração especial pelo popular, o devir, a 'vida' etc.", ele escreve em 1937); o que o move é um intento dessacralizante perante o francês literário (que ele por sinal não quer abolir de jeito nenhum, e sim conservar como uma língua em si, em toda a sua pureza, como o latim), e a convicção de que todas as grandes invenções no campo da língua e da literatura ocorreram como passagens do falado para o escrito. Contudo, há mais: a revolução formal que ele preconiza se enquadra num pano de fundo que é, desde o início, filosófico.

Seu primeiro romance, *Le chiendent*, de 1933 (tradução italiana, *Il pantano*, 1947, mas o título, literalmente, quer dizer "a grama"), escrito depois da experiência fundamental do *Ulisses* de Joyce, queria ser um tour de force não só linguístico e estrutural (baseado num esquema numerológico e simétrico e num catálogo de gêneros de narração), mas também uma definição do ser e do pensar, nada menos que um comentário romanesco ao *Discours de la méthode* de Descartes. A ação do romance expõe à luz as coisas pensadas e não verdadeiras que têm uma influência sobre a realidade do mundo: mundo que em si é privado de qualquer significado.

É justamente como desafio ao imenso caos do mundo sem sentido que o autor fundamenta a sua necessidade de ordem na poética e de verdade interna à linguagem. Como diz num ensaio sobre ele o crítico inglês Martin Esslin,[1]*

> é na poesia que podemos atribuir significado, ordem e medida ao universo informe; e a poesia se baseia na linguagem, cuja música

* O texto das notas encontra-se a partir da p. 296.

verdadeira só pode ser reencontrada num retorno aos verdadeiros ritmos da fala vernácula. A rica e variada obra de Queneau poeta e romancista persegue a destruição das formas ossificadas e a desorientação visual da ortografia fonética e da sintaxe *chinook*. Basta uma olhada em seus livros para revelar numerosos exemplos desse efeito de estranhamento: *spa* por *n'est-ce pas*, *Polocilacru* por *Paul aussi l'a cru*, *Doukipudonktan* por *D'ou qu'il pue donc tant...*

O neofrancês, enquanto invenção de uma nova correspondência entre escrita e fala, é apenas um caso particular da sua exigência geral de inserir no universo das "pequenas zonas de simetria", como diz Martin Esslin, uma ordem que só a invenção (literária e matemática) pode criar, dado que todo o real é caos.

Esse propósito permanecerá central na obra de Queneau mesmo quando a batalha pelo neofrancês se afastar do centro de seus interesses. Na revolução linguística ele acabara sozinho (os demônios que inspiravam Céline eram bem diferentes) à espera de que os fatos lhe dessem razão. Mas estava acontecendo exatamente o contrário: o francês não mudava de fato no sentido que ele pensava; inclusive a língua falada, ao contrário, tendia a ossificar-se, e o advento da televisão acabará determinando o triunfo da norma culta sobre a criatividade popular. (Do mesmo modo na Itália a televisão teve uma formidável influência unificante sobre a língua falada, caracterizada, de maneira bem mais forte que na França, pela multiplicidade dos vernáculos locais.) Queneau o compreende e numa declaração de 1970 (*Errata corrige*) não tem escrúpulos em admitir a derrota de suas teorias que, de resto, havia tempos deixara de divulgar.

Convém dizer que a presença intelectual de Queneau jamais se reduzira somente àquele aspecto: desde o início, o leque de suas polêmicas era vasto e complexo. Depois do seu afastamento de Breton, a fração da diáspora surrealista da qual ele se encontra mais próximo é a de Georges Bataille e de Michel Leiris, embora sua participação nas revistas e iniciativas deles tenha sido sempre bastante marginal.

A primeira revista na qual Queneau colabora com certa continuidade é, nos anos 1930-4, sempre com Bataille e Leiris, *La critique sociale*, órgão do Cercle Communiste Démocratique de Boris Souvarine (um "dissidente" avant la lettre que foi o primeiro a explicar no Ocidente o que havia sido o stalinismo). Escreve Queneau trinta anos depois:

> É preciso recordar aqui que *La critique sociale*, fundada por Boris Souvarine, tinha seu núcleo no Cercle Communiste Démocratique, composto por ex-militantes comunistas expulsos ou em litígio com o partido; a este núcleo viera juntar-se um pequeno grupo de surrealistas como Bataille, Michel Leiris, Jacques Baron e eu próprio, que tínhamos uma formação bem diferente.

As colaborações de Queneau com *La critique sociale* consistem em breves recensões, raramente literárias (dentre as quais uma em que convida a descobrir Raymond Roussel: "uma imaginação que une o delírio do matemático à razão do poeta"), e mais frequentemente científicas (sobre Pavlov ou aquele Vernadsky que lhe sugerirá uma teoria circular das ciências, ou aquela — que transcrevemos em nosso livro — ao livro de um oficial de artilharia sobre a história dos arreios equestres, obra saudada por ele como de amplitude revolucionária na metodologia histórica). Mas ele figura ali também como coautor, com Bataille, de um artigo "publicado", especificará em seguida, "com as nossas duas assinaturas no número 5 (março de 1932) sob o título 'La critique des fondements de la dialectique hégélienne'. A redação era obra só de Bataille: eu me reservara a passagem sobre Engels e a dialética da matemática".

Esse texto sobre as aplicações da dialética às ciências exatas em Engels (que Queneau depois incluiu na seção "Matemática" de suas coletâneas de ensaios e que como tal figura também em nosso livro) só parcialmente atesta o não breve período de estudos hegelianos de Queneau; mas este pode ser mais facilmente reconstruído por um escrito dos últimos anos (do qual provêm duas das citações precedentes) publicado em *Critique* no número dedicado à memória de Georges Bataille. Do amigo desaparecido, Queneau relembra "Premières confrontations avec Hegel" (*Critique*, números 195-6, agosto-setembro de 1966), onde, confrontando-se com Hegel — filósofo bastante estranho à tradição do pensamento francês —, não vemos somente Bataille mas também e mais ainda Queneau. Se para o primeiro se trata de uma verificação destinada essencialmente a garantir que não é de fato hegeliano, para Queneau será melhor falar, ao contrário, de um itinerário em positivo, enquanto comporta o encontro com André Kojève e a assunção, numa certa medida, do hegelianismo segundo Kojève.

Voltarei a este ponto mais adiante: por ora basta recordar que de 1934 a 1939 Queneau acompanha na École des Hautes Études os cursos de Kojève sobre a *Fenomenologia do espírito*, de cuja redação e edição se encarregará.[2] Bataille relembra: "Quantas vezes Queneau e eu saímos sufocados da pequena sala: sufocados, arrasados... O curso de Kojève me arrebentou, triturou, matou dez vezes".[3] (Queneau, ao contrário, com uma ponta de malignidade, recorda o colega como pouco assíduo e às vezes sonolento.)

A organização dos cursos de Kojève permanece certamente como o mais diligente trabalho universitário e editorial de Queneau, ainda que o volume não contenha nenhuma contribuição original dele; sobre a experiência hegeliana nos resta, porém, o precioso testemunho centrado em Bataille mas indiretamente autobiográfico, em que o vemos envolvido nos debates mais avançados da cultura filosófica francesa daqueles anos. Vestígios dessas problemáticas podem ser encontrados em toda a sua obra narrativa, que muitas vezes parece reclamar uma leitura em chave de referência às teorias e às pesquisas eruditas que naquele momento ocupavam as revistas e as instituições acadêmicas parisienses, tudo transfigurado numa pirotecnia de caretas e cambalhotas. Nesse sentido, mereceria um exame pontual a trilogia *Gueule di Pierre, Les temps mêlés, Saint Glinglin* (reescrita e reunida em seguida sob este último título).

Podemos dizer que, se nos anos 30 Queneau participa das discussões da vanguarda literária e dos estudos especializados mantendo a reserva e a discrição que serão seus traços característicos estáveis, para encontrar uma primeira explicitação de suas ideias devemos chegar aos anos imediatamente precedentes à Segunda Guerra Mundial, quando a presença polêmica do escritor encontra expressão na revista *Volonté*, com a qual ele colabora desde o primeiro número (dezembro de 1937) até o último (cuja saída foi impedida pela invasão de maio de 1940).

A revista, dirigida por Georges Pelorson (e que tinha em seu comitê de redação também Henry Miller), cobre o mesmo período da atividade do Collège de Sociologie de Georges Bataille, Michel Leiris, Roger Callois (do qual participaram, dentre outros, Kojève, Klossovski, Walter Benjamin, Hans Mayer). As discussões daquele grupo estão como pano de fundo das intervenções na revista e especialmente das de Queneau.[4]

Mas o discurso de Queneau segue uma linha que se pode considerar só dele e que pode ser sintetizada nesta citação de um artigo de 1938:

> Uma outra ideia muitíssimo falsa que mesmo assim circula atualmente é a equivalência que se estabelece entre inspiração, exploração do subconsciente e libertação; entre acaso, automatismo e liberdade. Ora, *essa* inspiração que consiste em obedecer cegamente a qualquer impulso é na realidade uma escravidão. O clássico que escreve a sua tragédia observando um certo número de regras que conhece é mais livre que o poeta que escreve aquilo que lhe passa pela cabeça e é escravo de outras regras que ignora.

Para além da polêmica contingente contra o surrealismo, aqui Queneau explica algumas constantes de sua estética e de sua moral: recusa da "inspiração", do lirismo romântico, do culto do acaso e do automatismo (ídolos dos surrealistas) e ao contrário valorização da obra construída, acabada e burilada (anteriormente investira contra a poética do inacabado, do fragmento, do esboço). E não só: o artista deve ter plena consciência das regras formais a que sua obra responde, de seu significado particular e universal, de sua função e influência. Se pensarmos no modo de escrever de Queneau, que parece seguir somente o estro da improvisação e do deboche, seu "classicismo" teórico pode surpreender; contudo, o texto de que estamos falando ("O que é a arte?" com outro que o completa, "O mais e o menos", ambos de 1938) tem o valor de uma profissão de fé que (à parte o timbre ainda juvenil de impulso e exortação que irá desaparecer do Queneau tardio) podemos dizer nunca ter sido desmentida.

Com maior razão se podemos ficar admirados de que a polêmica antissurrealista teve Queneau a criar caso — logo ele! — com o humorismo. Uma das primeiras intervenções em *Volontés* é uma invectiva contra o humor, certamente ligada a questões daquele momento, inclusive de usos e costumes (é contra os pressupostos redutivos e defensivos do humorismo que ele se enfurece), mas aquilo que conta aqui é a *pars construens*: a exaltação da comicidade plena, a linha de Rabelais e de Jarry. (Ao tema do *humour noir* de Breton, Queneau voltará logo depois da Segunda Guerra Mundial, para ver quanto ele resistira à experiência do horror; e ainda em seguida, numa nota posterior, levará em conta considerações de Breton sobre as implicações morais da questão.)

Outro alvo recorrente nas intervenções de *Volontés* (e aqui as contas a serem acertadas são aquelas com o futuro enciclopedista): a massa interminável de conhecimentos que são despejados sobre o homem contemporâneo sem que passem a fazer parte integrante de sua personalidade, sem se identificar com uma necessidade essencial. ("Identidade entre aquilo que se é e aquilo que se sabe verdadeiramente, realmente... diferença entre aquilo que se é e aquilo que se acredita saber e na realidade não se sabe.")

E assim podemos dizer que as direções principais da polêmica de Queneau nos anos 30 são duas: contra a poesia como inspiração e contra o "falso saber".

A figura de Queneau "enciclopedista", "matemático", "cosmológico" é então definida com atenção. O "saber" de Queneau é caracterizado por uma exigência de globalização e, ao mesmo tempo, pelo senso do limite, da desconfiança em relação a qualquer tipo de filosofia absoluta. No desenho da circularidade da ciência que ele esboça num escrito datado entre 1944 e 1948 (das ciências da natureza à química e à física e destas à matemática e à lógica) a tendência geral rumo à matematização pula para uma transformação da matemática em contato com os problemas colocados pelas ciências da natureza. Trata-se portanto de uma linha que pode ser percorrida nos dois sentidos e que pode ser consolidada num círculo, onde a lógica se propõe como modelo de funcionamento da inteligência humana, se é verdade que, como diz Piaget, "a logística é a axiomatização do próprio pensamento". E Queneau acrescenta aqui:

> Mas a lógica é também uma arte e a axiomatização um jogo. O ideal que os cientistas construíram para si durante o início do século foi uma apresentação da ciência não como conhecimento mas como regra e método. Dão-se noções (indefiníveis) dos axiomas e das instruções para o uso, em suma, um sistema de convenções. Mas será que isso não é um jogo que não tem nada de diferente do xadrez ou do bridge? Antes de proceder ao exame deste aspecto da ciência, devemos deter-nos neste ponto: a ciência é um conhecimento, serve para conhecer? E, dado que se trata (a partir deste artigo) de matemática, o que se conhece de matemática? Precisamente: nada. E não existe nada para conhecer. Não co-

nhecemos o ponto, o número, o grupo, o conjunto, a função mais do que conhecemos o elétron, a vida, o comportamento humano. Não conhecemos o mundo das funções e das equações diferenciais mais do que "conhecemos" a Realidade Concreta Terrestre e Cotidiana. Tudo aquilo que conhecemos é um método aceito (consentido) como verdadeiro pela comunidade dos cientistas, método que tem *também* a vantagem de conectar-se com as técnicas de fabricação. Mas esse método é também um jogo, mais exatamente aquilo que se chama de um jeu d'esprit. Por isso, toda a ciência, em sua forma acabada, se apresenta como técnica e como jogo. Ou seja, nem mais nem menos de como se apresenta a *outra* atividade humana: a Arte.

Aqui está Queneau por inteiro: a sua prática se situa constantemente nas duas dimensões contemporâneas da arte (enquanto técnica) e do jogo, contra o fundo de seu pessimismo gnosiológico radical. Trata-se de um paradigma que para ele se adapta igualmente à ciência e à literatura: daí a desenvoltura que ele demonstra ao se deslocar de um terreno para outro e ao compreendê-los num único discurso.

Todavia, não podemos esquecer que o já citado texto de 1938, "O que é a arte", começava denunciando a má influência de qualquer pretensão "científica" sobre a literatura; nem esquecer que o mesmo Queneau teve um lugar de honra ("Trascendant Satrape") no "Collège de Pataphysique", a associação dos fiéis de Alfred Jarry que, segundo o espírito do mestre, imitam a linguagem científica transformando-a em caricatura. (A patafísica é definida como a "ciência das soluções imaginárias".) Em suma, de Queneau se pode dizer o que ele próprio diz de Flaubert, a propósito de *Bouvard et Pécuchet*: "Flaubert está a *favor* da ciência na exata medida em que ela é cética, reservada, metódica, prudente, humana. Tem horror dos dogmáticos, dos metafísicos, dos filósofos".

No ensaio-prefácio para *Bouvard et Pécuchet* (1947), fruto de uma longa atenção para com esse romance-enciclopédia, Queneau exprime sua simpatia pelos dois patéticos autodidatas, caçadores do absoluto no saber, e evidencia as oscilações da atitude de Flaubert em relação ao livro e seus heróis. Já sem o caráter peremptório da juventude, com aquele tom de discrição e possibilismo que será característico da maturidade, Queneau se identifica com o último Flaubert e parece reconhecer naquele livro a própria odisseia através do "falso saber", através do "não concluir", na busca de uma circularidade do saber, guiado pela bússola metodológica de seu ceticismo. (É aqui que ele enuncia a sua ideia sobre a *Odisseia* e a *Ilíada* como as duas alternativas da literatura: "toda grande obra é uma *Ilíada* ou uma *Odisseia*".)

Entre Homero, "pai de toda literatura e de todo ceticismo", e Flaubert, que entendeu que ceticismo e ciência (e literatura) se identificam, Queneau põe nos lugares de honra de seu Parnaso, antes de mais ninguém, Petrônio, que considera contemporâneo e irmão, depois Rabelais, "que, malgrado a aparência caótica de sua obra, sabe aonde vai e dirige os seus gigantes para o *Trinc* final sem se deixar esmagar", e por fim Boileau. Que o pai do classicismo francês figure nessa lista, que a *Art poétique* seja considerada por Queneau "uma das maiores obras-primas da literatura francesa" não deve surpreender, se pensarmos por um lado no ideal da literatura clássica como consciência das regras a serem seguidas e, por outro, na modernidade temática e linguística. O *Lutrin* "acaba com a epopeia, completa o *Dom Quixote*, inaugura o romance na França e anuncia ao mesmo tempo *Candide* e *Bouvard et Pécuchet*" (*Les écrivains célèbres*, vol. II).[5]

Dentre os modernos, nesse Parnaso queneauiano figuram Proust e Joyce. Do primeiro é a "arquitetura" da *Recherche* que lhe interessa sobretudo, do tempo em que ele se batia pela obra "construída" (cf. *Volontés*, 1938, n. 12). O segundo é visto como um "autor clássico" em que "tudo é determinado, tanto o conjunto quanto os episódios, e nada manifesta uma constrição".

Pronto a reconhecer seu débito em relação aos clássicos, Queneau não era tampouco avaro de atenções em relação aos obscuros e negligenciados. Já o primeiro trabalho de erudição tentado por ele na juventude fora uma pesquisa sobre os "fous littéraires", os autores "heteróclitos", considerados loucos pela cultura oficial: criadores de sistemas filosóficos fora de qualquer escola, de modelos cosmológicos fora de qualquer lógica e de universos poéticos fora de qualquer classificação estilística. Mediante uma seleção desses textos Queneau pretendia reunir uma *Enciclopédia das ciências inexatas*; mas nenhum editor quis levar o projeto em consideração e o autor terminou por utilizá-lo em seu romance *Les enfants du limon*.

Sobre as intenções (e as desilusões) de tal busca, observe-se quanto Queneau escreve sobre ela apresentando aquela que talvez seja a única "descoberta" neste campo por ele sustentada mesmo mais tarde: o precursor da ficção científica Defontenay. Mas a paixão pelos "heteróclitos" jamais o abandonou, sejam eles o gramático do século VI Virgílio de Toulouse ou o autor setecentista de epopeias futuristas J.-B. Grainville, ou então Edouard Chanal, lewiscarroliano sem o saber.

E na mesma família cabe certamente Charles Fourier, o utopista, pelo qual Queneau se interessou em diversas ocasiões. Um desses ensaios estuda os cálculos bizarros da "série" que se acham na base dos projetos sociais da Harmonia fourieriana; a intenção de Queneau é demonstrar que Engels, quando punha o "poema matemático" de Fourier no mesmo plano do "poema dialético" de Hegel, era no utopista que pensava e não em seu contemporâneo Joseph Fourier, matemático famoso. Após ter acumulado provas para sustentar essa tese, ele conclui que talvez sua demonstração não se mantenha e que Engels falava mesmo de

Joseph. Isso é um gesto típico de Queneau, para quem o principal não é a vitória de sua tese, mas reconhecer uma lógica e uma coerência na construção mais paradoxal. E nos parece natural pensar que também Engels (a quem dedica inclusive um outro ensaio) seja visto por Queneau como um engenho do mesmo tipo de Fourier: *bricoleur* enciclopédico, temerário inventor de sistemas universais erigidos com todos os materiais culturais de que dispõe. E Hegel então? O que atrai Queneau para Hegel a ponto de fazê-lo passar anos frequentando e editando os cursos de Kojève? É significativo o fato de que no mesmo período Queneau acompanha na École des Hautes Études também os cursos de H. C. Puech sobre a gnose e o maniqueísmo. (E Bataille, de resto, na época de seu sodalício com Queneau, não via talvez o hegelianismo como uma nova versão das cosmogonias dualistas dos gnósticos?)

Em todas essas experiências a atitude de Queneau é a de um explorador de universos imaginários, atento para neles captar os detalhes mais paradoxais com olho divertido e "patafísico", mas que não se tolhia por isso a disponibilidade para ali identificar um respiradouro de verdadeira poesia ou de verdadeiro saber. É com o mesmo espírito crítico que ele se dedica à descoberta dos "loucos literários" e ao estudo da gnose e da filosofia hegeliana por meio da amizade-discipulado com dois mestres ilustres da cultura acadêmica parisiense.

Não é casual que o ponto de partida dos interesses hegelianos de Queneau (bem como o de Bataille) tenha sido a *Filosofia da natureza* (com uma atenção especial, em Queneau, pelas possíveis formalizações matemáticas): em suma, o *antes* da história; e, se isso que estava tão presente para Bataille era sempre o papel insubstituível do negativo, Queneau apontará para um ponto de chegada declarado: a superação da história, o *depois*. Já isso basta para nos lembrar quanto a imagem de Hegel, segundo seus comentadores franceses e segundo Kojève em particular, está distante da imagem de Hegel que circulou na Itália por mais de um século em suas encarnações tanto idealistas quanto marxistas e também da imagem avalizada por aquela parte da cultura alemã que mais circulou e circula na Itália. Se para nós Hegel permanecerá sempre como o filósofo do espírito da história, aquilo que nele busca o Queneau aluno de Kojève é o caminho para o fim da história, na direção da conquista da sabedoria. Este é o motivo que o próprio André Kojève encontrará na obra narrativa de Queneau propondo uma leitura filosófica de seus três romances: *Pierrot mon ami, Loin de Rueil, Le dimanche de la vie* (*Critique*, n. 60, maio 1952).

Os três "romances da sabedoria" foram escritos durante a Segunda Guerra Mundial, nos anos tétricos da ocupação alemã na França. (Que aqueles anos vividos como entre parênteses tenham sido para a cultura francesa também anos de uma extraordinária riqueza criativa é um fenômeno que me parece não ter ainda sido estudado como deveria.) Numa época como aquela, a saída da história surge como o único ponto de chegada que nos possamos colocar, dado que "a história é a ciência da infelicidade dos homens". Tal definição é enunciada por Queneau na abertura de um pequeno e curioso tratado igualmente escrito naquele período (mas publicado só em 1966): *Une histoire modèle*, proposta de "cientificizar" a história, aplicando a ela um mecanismo elementar de causas e efeitos. Enquanto se trata de "modelos matemáticos de mundos simples", podemos dizer que essa tentativa funciona; e de fato ele se detém na Pré-História; mas "é difícil fazer entrar naquela grelha fenômenos históricos referentes a sociedades mais complexas", observa Ruggiero Romano na sua introdução à edição italiana.[6]

Retornamos sempre ao objetivo principal de Queneau: o de introduzir um pouco de ordem, um pouco de lógica, num universo que é totalmente o contrário disso. Como atingi-lo a não ser com a "saída da história"? Será o tema do penúltimo romance publicado por Queneau: *Les fleurs bleues* (1965), que se inicia com a exclamação sentida de uma sua personagem prisioneira da história: "Toda esta história", disse o duque d'Auge ao duque d'Auge, "toda esta história por um punhado de jogos de palavras, por um bocado de anacronismos: uma miséria. Não se encontrará nunca uma saída?".

Os dois modos de considerar o desenho da história, na perspectiva do futuro ou na do passado, se cruzam e se sobrepõem nas *Flores azuis*: a história é aquilo que tem como ponto de chegada Cidrolin, um ex-presidiário que se entedia numa chata ancorada no Sena? Ou então é um sonho de Cidrolin, uma projeção de seu inconsciente para encher o vazio de um passado removido pela memória?

Nas *Flores azuis* Queneau passa a jogar com a história negando-lhe o devir para reduzi-la à substância da vivência cotidiana; na *História modelo* tratara de algebrizá-la, de submetê-la a um sistema de axiomas, de subtraí-la à empiria. Poderíamos dizer que se trata de duas démarches antitéticas, mas que se correspondem perfeitamente, mesmo tendo características diferentes e, enquanto tais, representam bem os dois polos entre os quais se move a pesquisa de Queneau.

Examinando-se bem, as operações que o autor executa sobre a história correspondem exatamente àquelas que executa sobre a linguagem: durante a sua batalha pelo neofrancês, dessacraliza a suposta imutabilidade da linguagem literária, para aproximá-la da verdade da fala; em seus amores (vagabundos mas constantes) com a matemática ele tende repetidamente a experimentar abordagens aritméticas e algébricas na língua e na criação literária. "Comportar-se perante a linguagem como se fosse matematizável", assim um outro matemático poeta, Jacques Roubaud,[7] define a preocupação principal de Queneau, que propõe uma análise da linguagem por meio das matrizes algébricas,[8] que estuda a estrutura matemática do sexteto em Arnaut Daniel e seus possíveis desdobramentos,[9] que promove as atividades do "Oulipo". É justamente com esse espírito que, em 1960, ele se faz cofundador do "Ouvroir de littérature potentielle" (abreviado como "Oulipo"), junto com o amigo que lhe estará mais próximo nos últimos anos, o matemático e enxadrista François le Lionnais, feliz personalidade de erudito excêntrico de inexauríveis invenções sempre suspensas entre racionalidade e paradoxo, entre experimentação e jogo.

Também nas invenções de Queneau foi sempre difícil estabelecer uma fronteira entre experimentação e jogo. Ali podemos distinguir a bipolaridade à qual me referia antes: por um lado, divertimento com o tratamento linguístico insólito de um tema dado; por outro, divertimento com a formalização rigorosa aplicada à invenção poética. (Tanto num quanto noutro, existe um modo de piscar a Mallarmé que é típico de Queneau e que destaca de todos os cultos do mestre que tiveram curso durante o século, porque salva sua fundamental essência irônica.)

Na primeira direção, se situa uma autobiografia em versos (*Chêne et chien*) em que é sobretudo o virtuosismo métrico a obter efeitos hilariantes; a *Petite cosmogonie portative*, cujo intento declarado é de fazer entrar no léxico da poesia em versos os mais desagradáveis neologismos científicos; e naturalmente aquela que talvez seja sua obra-prima, justamente pela extrema simplicidade do programa, os *Exercices de style*, em que uma anedota banalíssima apresentada em estilos diversos dá origem a textos literários muito distantes entre si. Na outra direção, encontramos o seu amor pelas formas métricas como geradoras de conteúdos poéticos, a sua aspiração a ser o inventor de uma estrutura poética nova (como aquela proposta no último livro de versos, *Morale élémentaire*, 1975), e naturalmente a máquina infernal dos *Cent mille milliards de poèmes* (1961). Em suma, numa direção ou noutra, o objetivo é o da multiplicação, ramificação ou proliferação das obras possíveis a partir de uma impostação formal abstrata.

> O campo privilegiado do Queneau produtor de matemática é a combinatória [escreve Jacques Roubaud], combinatória que se insere numa tradição antiquíssima, quase tão antiga quanto a matemática ocidental. O exame, deste ponto de vista, dos *Cent mille milliards de poèmes* nos permitirá situar este livro na passagem da matemática para a sua literalização. Recordemos o princípio: são escritos dez sonetos com as mesmas rimas. A estrutura gramatical é tal que, sem esforço, cada verso de cada "soneto-base" é intercambiável com qualquer outro verso situado na mesma posição do soneto. Ter-se-á então, para cada verso de um novo soneto a ser composto, dez possíveis escolhas independentes. Os versos sendo catorze, haverá virtualmente $10^{14}$ sonetos, ou seja, 100 mil bilhões.
>
> [...] Vamos experimentar, analogicamente, fazer algo semelhante com *um* soneto de Baudelaire, por exemplo: substituir nele um verso por outro (tomado no mesmo soneto ou alhures), respeitando aquilo que faz um soneto (a sua "estrutura"). Iremos deparar com dificuldades de ordem sobretudo sintática, contra as quais Queneau se prevenira antecipadamente (e é por isso que a sua "estrutura" é "livre"). *Porém*, e é isso que ensinam os "100 mil bilhões", *contra* as limitações da verossimilhança semântica, a estrutura soneto faz, virtualmente, de um soneto único todos os sonetos possíveis pelas substituições que lhe concernem.

A estrutura é liberdade, produz o texto e ao mesmo tempo a possibilidade de todos os textos virtuais que podem substituí-lo. Essa é a novidade que se encontra na ideia da multiplicidade "potencial" implícita na proposta de uma literatura que venha a nascer das limitações que ela mesma escolhe e se impõe. Convém dizer que no método do "Oulipo" é a qualidade dessas regras, sua engenhosidade e elegância que conta em primeiro lugar; se a ela corresponderá logo a qualidade dos resultados, das obras obtidas por essa via, tanto melhor, mas de qualquer modo a obra é apenas um exemplo das potencialidades alcançáveis somente por meio da porta estreita dessas regras. O automatismo por meio do qual as regras do jogo geram a obra se contrapõe ao automatismo surrealista que apela para o acaso ou para o inconsciente, isto é, confia a obra a determinações não controláveis, às quais só resta obedecer. Em suma, trata-se de opor uma limitação escolhida voluntariamente às limitações sofridas impostas pelo ambiente (linguísticas, culturais etc.). Cada exemplo de texto construído segundo regras precisas abre a multiplicidade "potencial" de todos os textos virtualmente passíveis de escrita segundo aquelas regras e de todas as leituras virtuais desses textos.

Como Queneau já escrevera numa das primeiras declarações de sua poética: "Existem formas de romance que impõem à matéria todas as virtudes do Número", desenvolvendo "uma estrutura que transmite às obras os últimos reflexos da luz universal ou os últimos ecos da Harmonia dos Mundos".

"Últimos reflexos", note-se bem: a Harmonia dos Mundos se manifesta na obra de Queneau desde uma distância remota, bem como pode ser pressentida pelos bebedores que fixam os copos de pernod apoiando os cotovelos no balcão de zinco. As "virtudes do Número" parecem impor-lhe a própria evidência sobretudo quando elas conseguem transparecer através da corporalidade espessa da pessoa viva, com sua imprevisibilidade de humores, seus fenômenos emitidos com boca torta, sua lógica em zigue-zague, naquele confronto trágico das dimensões do indivíduo mortal com as do universo que só se pode exprimir com risinhos, com sorrisos de escárnio ou com acessos de riso convulsivo e, no melhor dos casos, com gargalhadas, risadas incontroláveis, risadas homéricas...

1981

# NOTAS

1. No volume de vários autores *The novelist as philosopher, Studies in French fiction, 1935-60*, org. John Cruickshank, Londres, Oxford University Press, 1962.
2. A. Kojève, *Introduction à la lecture de Hegel*, Leçons sur la phénoménologie de l'esprit professées de 1933 à l'École des Hautes Études, réunies et publiées par R. Queneau, Paris, Gallimard, 1947.
3. *Sur Nietzsche*, in G. Bataille, *Oeuvres complètes*, Paris, Gallimard, vol. VI, p. 416.
4. Ver a propósito a coletânea de D. Hollier, *Le Collège de sociologie (1937-1939)*, Paris, Gallimard, 1979.
5. Antes da *Encyclopédie de la Pléiade* para Gallimard, Queneau dirigiu para o editor Mazenod os três grandes in-fólios *Les écrivains célèbres* e compilou um *Essai de répertoire historique des écrivains célèbres*, publicado como apêndice da obra. Os capítulos concernentes a cada autor eram confiados a especialistas ou a escritores famosos. É significativa a escolha dos autores que Queneau quis tratar pessoalmente: Petrônio, Boileau, Gertrude Stein. Além disso, são de Queneau as páginas introdutórias da última seção: "Alguns mestres do século XX", em que se fala de Henry James, Gide, Proust, Joyce, Kafka, Gertrude Stein. Os contributos de Queneau para essa obra não foram reunidos em seus volumes de ensaios; inserimos em nossa antologia o texto sobre Petrônio e aquele sobre os "Mestres do século XX". Uma outra iniciativa editorial muito "à Queneau" foi a pesquisa *Pour une bibliothèque idéale*, organizada e apresentada por ele em livro (Paris, Gallimard, 1956): os mais conhecidos escritores e estudiosos franceses eram convidados a propor cada um a própria escolha de títulos para uma biblioteca ideal.
6. R. Queneau, *Una storia modello*, introd. R. Romano, Milão, Fabbri, 1973.
7. J. Roubaud, "La mathématique dans la méthode de R. Q.", in, *Critique*, nº 359, abr. 1977.
8. "Cahiers de linguistique quantitative", 1963.
9. "Subsidia pataphysica", nº 29.

# PAVESE E OS SACRIFÍCIOS HUMANOS

Todo romance de Pavese gira ao redor de um tema oculto, de uma coisa não dita que é a verdadeira coisa que ele quer dizer e que só se pode dizer silenciando-a. Estreitamente se tece em torno uma trama de sinais visíveis, de palavras pronunciadas: cada um desses sinais tem por sua vez uma face secreta (um significado polivalente ou incomunicável) que conta mais do que aquela evidente, mas o seu verdadeiro significado está na relação que os une à coisa não dita.

*La luna e i falò* [A lua e as fogueiras] é o romance de Pavese mais denso de signos emblemáticos, de motivos autobiográficos, de enunciações sentenciosas. Até demais: como se do modo pavesiano característico de narrar, reticente e elítico, se desprendesse de repente aquela prodigalidade de comunicação e de representação que permite ao conto transformar-se em romance. Mas a verdadeira ambição de Pavese não estava nesse sucesso romanesco: tudo aquilo que ele nos diz converge numa única direção, imagens e analogias gravitam sobre uma preocupação obsessiva: os sacrifícios humanos.

Não era um interesse momentâneo. Relacionar a etnologia e a mitologia greco-romana à sua autobiografia existencial e à sua construção literária fora o programa constante de Pavese. Na base de sua dedicação aos estudos dos etnólogos permanecem as sugestões de uma leitura juvenil: *The golden bough* [O ramo de ouro] de Frazer, uma obra que já fora fundamental para Freud, para Lawrence, para Eliot. *The golden bough* é uma espécie de volta ao mundo em busca da origem dos sacrifícios humanos e das festas do fogo. Temas que retornarão nas evocações mitológicas dos *Dialoghi con Leucò* [Diálogos com Leucò], cujas páginas sobre os ritos agrícolas e as mortes rituais preparam *La luna e i falò*. Com esse romance a exploração de Pavese se conclui: escrito entre setembro e novembro de 1949, foi publicado em abril de 1950, quatro meses antes que o autor acabasse com a vida, depois de ter lembrado numa carta os sacrifícios humanos dos astecas.

Em *La luna e i falò*, a personagem que diz "eu" retorna aos vinhedos da terra natal depois de ter feito fortuna nos Estados Unidos; o que busca não é somente a lembrança ou a reinserção numa sociedade ou a revanche sobre a miséria da juventude; procura o porquê de uma aldeia ser uma aldeia, o segredo que une lugares, nomes e gerações. Não por acaso é um "eu" sem nome: é um enjeitado de hospital, foi educado por agricultores pobres como mão de obra com salário ínfimo; e se tornou homem emigrando para os Estados Unidos, onde o presente tem menos raízes, onde cada um está de passagem e não tem de prestar contas de seu nome. Agora, de volta ao mundo imóvel de seus campos, quer conhecer a última substância daquelas imagens que são a única realidade de si mesmo.

O pesado fundo fatalista de Pavese é ideológico só como ponto de chegada. A zona cheia de colinas do Baixo Piemonte onde ele nasceu ("a Langa") é famosa não só pelos vinhos e trufas, mas também pelas crises de desespero que golpeiam endemicamente as famílias camponesas. Pode-se dizer que não há semana em que os jornais de Turim não noticiem que um agricultor se enforcou ou se jogou no poço, ou então (como no episódio que está no centro desse romance) pôs fogo na casa, dentro da qual estavam ele mesmo, os animais e a família.

Certamente não é só na etnologia que Pavese procura a chave desse desespero autodestrutivo: o fundo social dos vales de pequena propriedade atrasada acha-se aqui representado nas várias classes com o desejo de completitude de um romance naturalista (isto é, de um tipo de literatura que Pavese sentia tão oposta à sua a ponto de considerar-se em condições de girar ao redor dela e anexar-lhe os territórios). A juventude do enjeitado é a de um *servitore di campagna*, uma expressão cujo significado poucos italianos conhecem, exceto — esperemos que por pouco tempo mais — os habitantes de algumas zonas pobres do Piemonte: um grau abaixo do assalariado, o rapaz que trabalha para uma família de pequenos agricultores ou meeiros e só recebe a comida e o direito de dormir no celeiro ou na estrebaria, mais uma paga mínima anual ou em cada estação.

Mas identificar-se com uma experiência tão diferente da sua é para Pavese apenas uma das tantas metáforas de seu tema lírico dominante: sentir-se excluído. Os capítulos mais belos do livro relatam dois dias de festa: um deles vivido pelo jovem desesperado que ficou em casa porque não tem sapatos, e o outro, pelo rapaz que deve guiar a charrete das filhas do patrão. A carga existencial que se celebra e se desafoga na festa, a humilhação social que busca a revanche, animam essas páginas em que se baseiam os vários planos de conhecimento sobre os quais Pavese desenvolve a sua pesquisa.

Uma necessidade de conhecimento arrastara o protagonista de volta à terra natal; e poderíamos distinguir pelo menos três planos sobre os quais a pesquisa se desenvolve: plano da memória, plano da história, plano da etnologia. Fato característico da posição pavesiana é que sobre os dois últimos planos (histórico-político e etnológico) é uma única personagem que funciona como Virgílio para aquele que narra. O carpinteiro Nuto, tocador de clarinete na banda cívica, é o marxista da aldeia, aquele que conhece as injustiças do mundo e sabe que o mundo pode mudar, mas também aquele que continua a acreditar nas fases da lua como condição para as várias operações agrícolas e nas fogueiras de São João que "despertam a terra".

A história revolucionária e a anti-história mítico-ritual têm nesse livro a mesma voz. Uma voz que é apenas um resmungo entre os dentes: Nuto é uma daquelas figuras impossíveis de se imaginar mais fechada e taciturna. É a situação antípoda de qualquer profissão de fé declarada; o romance consiste todo nos esforços do protagonista para arrancar quatro palavras da boca de Nuto. Mas é só assim que Pavese *fala* verdadeiramente.

O tom de Pavese quando se refere à política é sempre um tanto brusco e *tranchant*, sacudindo os ombros, como quando tudo já foi entendido e não vale a pena desperdiçar outras palavras. Ao contrário, não havia nada de entendido. O ponto de sutura entre o seu "comunismo" e a recuperação de um passado pré-histórico e atemporal do homem está longe de ser esclarecido. Pavese tinha plena consciência de que trabalhava com os materiais mais comprometidos com a cultura reacionária de nosso século: sabia que, se existe uma coisa com a qual não se pode brincar, isso é o fogo.

O homem que regressa à aldeia depois da guerra registra impressões, segue um fio invisível de analogias. As marcas da história (os cadáveres de guerrilheiros e de fascistas que de vez em quando o rio ainda traz até o vale) e os vestígios do rito (as fogueiras de pilriteiro acesas todos os verões no alto dos morros) perderam significado na memória lábil dos contemporâneos.

Que fim levou Santina, a bela e imprudente filha dos patrões? Era de fato uma espiã dos fascistas ou estava de acordo com os guerrilheiros? Ninguém pode dizê-lo com certeza, pois aquele que a conduzia era um abandonado qualquer no sorvedouro da guerra. E é inútil procurar o seu túmulo: depois de tê-la fuzilado, os guerrilheiros a envolveram em ramos secos de videira e puseram fogo no cadáver. "Ao meio-dia, era pura cinza. No ano seguinte, lá estava ainda a marca, feito a cama de uma fogueira."

1966

# NOTA BIBLIOGRÁFICA

*Os textos reunidos pela primeira vez neste livro vieram a público conforme indicado abaixo. O asterisco * indica que o título é do autor, enquanto os colchetes assinalam as notas editoriais que o próprio Calvino redigira tendo em vista a publicação em livro de alguns de seus ensaios.*

"Por que ler os clássicos"* [L'Espresso, 28/6/81].

"As odisseias na *Odisseia*",* parcialmente in *La Repubblica* 21/10/81. Depois in Ferruccio Masini & Giulio Schiavoni, orgs., *Risalire il Nilo. Mito fiaba allegoria*, Palermo, Sellerio, 1983.

"Xenofonte, *Anábase*", introdução para a edição BUR, Milão, Rizzoli, 1978.

"Ovídio e a contiguidade universal* [Prefácio para uma edição das *Metamorfoses*, 1979]. Com respeito a tal edição Einaudi, Calvino mudou o título e acrescentou um parágrafo (p. 46 a partir de "Essa técnica da metamorfose" etc.).

(Plínio) "O céu, o homem, o elefante",* prefácio para a *Storia naturale*, Turim, Einaudi, 1982.

"As sete princesas de Nezami",* *La Repubblica*, 8/4/82.

"Tirant lo Blanc", in *Tesoros de España*, publicado sob a responsabilidade do Ministério da Cultura espanhol por ocasião da exposição "Ten Centuries of Spanish Books" na New York Public Library, out. de 1985.

(Ludovico Ariosto) "A estrutura do *Orlando*"* [Texto escrito para a rádio, em 1974, por ocasião do V centenário do nascimento de Ludovico Ariosto] e difundido em 5/1/75. Calvino modifica o título com que o texto fora publicado no "Terzoprogramma", n^os^ 2-3, 1974.

(Ludovico Ariosto) "Pequena antologia de oitavas",* extraído de *La rassegna della letteratura italiana*, ano 79, n^os^ 1-2, jan.-ago. 1975.

"Gerolamo Cardano", escrito nos quatro séculos da morte de Gerolamo Cardano, médico e matemático, *Corriere della Sera*, 21/9/76.

"O livro da Natureza em Galileu",* escrito em francês para uma "Recueil d'hommages pour A. J. Greimas" intitulada *Exigences et perspectives de la sémiotique*, Amsterdam-Filadélfia, 1985. Trad. em italiano por Carlo Fruttero.

"Cyrano na Lua",* *La Repubblica*, 24/12/82.

(Daniel Defoe) "*Robinson Crusoe*, o diário das virtudes mercantis",* in *Libri del tempo*, Turim, Editora Aurora Zanichelli, 1957.

(Voltaire) "*Candide* ou a velocidade"* [Prefácio para uma edição italiana do *Cândido* de Voltaire com as ilustrações de Klee], BUR, Milão, Rizzoli, 1974.

"Denis Diderot, *Jacques le fataliste*", *La Repubblica*, 25/6/84.

"Giammaria Ortes", apresentação do volume *Calcolo sopra la verità dell'storia e altri scritti*, Costa & Nolan, 1984.

"O conhecimento atomizado em Stendhal",* extraído de *Stendhal e Milano. Atti del 14º Congresso Internazionale Stendhaliano*. Florença, Leo Olschki, 1982, onde aparecia com o título "La conoscenza della Via Lattea".*

(Stendhal) "Guia à *Chartreuse* para uso dos novos leitores",* *La Repubblica*, 8/9/82.

"A cidade-romance em Balzac".* [Prefácio para uma tradução de *Ferragus* (escrito para "Centopagine"), Turim, Einaudi, 1981.]

"Charles Dickens, *Our mutual friend*", *La Repubblica*, 11/11/82.

"Gustave Flaubert, *Trois contes*", *La Repubblica*, 8/5/80.

"Liev Tolstói, *Dois hussardos*", prefácio escrito para "Centopagine", Turim, Einaudi, 1973.

"Mark Twain, 'O homem que corrompeu Hadleyburg'", prefácio escrito para "Centopagine", Turim, Einaudi, 1972.

"Henry James, *Daisy Miller*", prefácio escrito para "Centopagine". Turim, Einaudi, 1971.

"Robert Louis Stevenson, 'O pavilhão nas dunas'", prefácio escrito para "Centopagine", Turim, Einaudi, 1973.

"Os capitães de Conrad",* nos trinta anos da morte de Joseph Conrad, *L'Unità*, 3/8/54.

"Pasternak e a revolução",* *Passato e presente*, nº 3, jun. de 1958.

(Carlo Emilio Gadda) "O mundo é uma alcachofra".* [Intervenção numa reunião do Premio Internazionale degli Editori, Corfù, 29/4-3/5/63, em apoio à candidatura (que acabou vitoriosa) de C. E. Gadda. Trad. do original francês. Inédito.]

"Carlo Emilio Gadda, *O Pasticciaccio*". O editor americano de Gadda pediu essa introdução a Calvino para apresentar o romance ao novo público das edições econômicas. Parcialmente in *La Repubblica*, 16/4/84. Aqui se publica o texto completo.

"Eugenio Montale, 'Forse un mattino andando'", in *Letture montaliane in occasione del 80º compleanno del poeta*, Gênova, Bozzi, 1977. Parcialmente in *Corriere della Sera*, 12/10/76.

"O escolho de Montale",* em memória de Eugenio Montale, *La Repubblica*, 15/9/81.

"Hemingway e nós",* *Il contemporaneo* 1, 33, 13/11/54.

"Francis Ponge", escrito por ocasião dos oitenta anos do poeta, *Corriere della Sera*, 29/7/79.

"Jorge Luis Borges", discurso pronunciado no Ministério da Instrução Pública por ocasião de uma visita do escritor argentino, parcialmente in *La Repubblica*, 16/10/84.

"A filosofia de Raymond Queneau".* [Prefácio para uma edição italiana de *Bâtons, chiffres et lettres* e outros ensaios de Raymond Queneau. Turim, Einaudi, 1981].

"Pavese e os sacrifícios humanos",* *Revue des études italiennes*, nº 2, 1966.

# POSFÁCIO

MARIA CECÍLIA GOMES DOS REIS

## 1. POR QUE LER OS CLÁSSICOS: PEQUENA PARÓDIA

Comecemos com algumas propostas de definição:

*Os clássicos são obras elementares de intelectos ancestrais*

Os clássicos são como um alvorecer ou anoitecer da reflexão humana diante da perplexidade de que algo existe: aurora ou poente de uma concepção (impressionada e impressionante) do mundo. Os clássicos são verdadeiros retratos instantâneos prenhes de sentido, como certidões dos devaneios da imaginação decerto em busca de consolo para sua diminuta estatura de vida. Ser uma pessoa é realizar uma jornada singular, embebida num gradiente de afetos e mediante uma concessão ao pensamento — *adote uma luz e vislumbre um caminho* —; os clássicos são como lâmpadas num mostruário, sempre disponíveis a empréstimos para quem evita seguir só, pois tem a clara noção do breu. Alguém inteiramente despido de curiosidade ou interesse pelo espetáculo da realidade, na prática, seria um estranho excluído de qualquer humanidade.

Clássicos são livros escritos por pessoas de carne e osso agora mortas, cujas palavras resistiram melhor que outras à aniquilação dos formuladores: obras únicas e sem prazo de validade.

### *Os clássicos são espectros que rondam entre nós*

As obras clássicas traçam uma genealogia de fantasmas intelectuais não imunes a descendências — depois deles é raro haver algo produzido por inteligência ou por arte humanas que calhe de fugir de um desses primórdios fundamentais. E quanto mais remoto o fulcro original, tanto mais discreta é a marca do clássico na legião de replicadores — os que ignoram o fato de que determinado caráter brotou *neles*, mas não nasceu *deles*.

Detentores de antigas propriedades intelectuais, os clássicos permeiam escombros escavados pelo tempo a expirar e inspirar a mesma forma original, a despeito do entulho imaterial que pouco a pouco os faz submergir por inteiro. Sem qualquer reivindicação de autoria, quando nos damos conta, o clássico reservadamente revela que alguns escritores estimados pela maioria não passam de minúsculos usurpadores.

### *Os clássicos são as sementes da cultura*

Um clássico é como uma árvore; culmina em várias ramagens que depois se abrem em florescências peculiares quase nunca vistas de imediato. Senão por isso, um clássico é uma árvore ainda pelo frescor da sombra: ali se encontra amparo para todo e qualquer deserto de ideias.

Em geral, o contato do leitor com o livro clássico segue um ciclo sazonal reverso: inverno, outono, verão e primavera. De início o clássico mostra-se seco, gélido e escorregadio — e volta rápido para o mausoléu da prateleira. Os persistentes tentarão apreendê-lo por meio de folhas anêmicas caídas ao seu redor —

e a frustração discreta corta logo o fio da leitura. Agora, se uma faísca originada no tutano do leitor atear fogo naquela morte provisória, então a seiva da obra clássica brota e corre com avidez inesperada — resta apenas enxertar-se por completo no novo hospedeiro.

### *Os clássicos são avessos a demarcações*

> Os clássicos parecem zombar do clichê, do jargão e do linguajar acadêmico; jazem no subterrâneo da atualidade e legislam sobre si mesmos, indiferentes a rótulos, soterrados por estudos e críticas, alheios aos modismos.
>
> O estilo do texto clássico com frequência é desconcertante — onde se espera ciência encontramos poesia, literatura no lugar de filosofia, lado a lado medicina e psicologia. A corrente que guia um clássico decorre de uma busca natural anterior à hidráulica moderna de especialidades — não respeita território nem se conforma a áreas do saber. Livre da cartografia utilizada pela maioria, a liberdade dos clássicos não cabe ali — não seria no fundo um certo amadorismo?

Mesmo assim: a forma como um clássico diz o que tem a dizer soa a alguns em perfeição máxima — obras clássicas são fontes afortunadas ao garimpo das melhores citações.

### *Os clássicos exigem nossa alma e vivem apenas pelo nosso sangue*

> 126. Arte do passado e alma do presente. — Como toda arte se torna cada vez mais apta a exprimir estados de alma [...] os mestres que vieram depois [...] sentem algum mal-estar ante as obras de arte dos tempos passados, como se aos antigos apenas tivessem faltado os meios de deixar sua alma falar claramente;

> e acham que nisso têm a obrigação de ajudá-los — [...] Mas devemos, com esta percepção, negar aos que vêm depois o direito de animar conforme sua alma as obras do passado? Não, pois somente ao lhes darmos nossa alma elas continuam vivendo: apenas nosso sangue faz com que nos falem. (Friedrich Nietzsche, *Humano, demasiado humano: Um livro para espíritos livres*, v. II. São Paulo: Companhia das Letras, 2008, p. 62.)

## 2. A NATUREZA NÃO É SÓ MEIO AMBIENTE

> O que faz um assunto difícil de entender não é que antes de entendê-lo você precisa ser treinado em matérias abstrusas — e sim o contraste entre entender o assunto e o que a maioria das pessoas quer ver. O que precisa ser superado é uma dificuldade que tem a ver mais com a vontade do que com intelecto. (Ludwig Wittgenstein, *Culture & Value*. Oxford: Basil Blackwell, 1980, p. 17e.)

A começar por quem tem escrúpulos de falar em *alma*, mas admite também que banir da realidade tudo o que não seja estritamente *físico* é ato bastante simplório: essa é a pessoa com muito a ganhar, caso aprenda a sair desse dilema com Aristóteles no clássico *De Anima*. Antes, contudo, terá de deixar para atrás alguns espantalhos e dispor-se a seguir as pegadas de uma inteligência de máxima grandeza. Filósofo célebre por ser o organizador da lógica — mas também mal-afamado por ver o cosmos no modelo geocêntrico —, poucos sabem do gigante que foi Aristóteles em ciências naturais, em áreas hoje confinadas à zoologia, biologia e até psicologia.

A natureza — *physis* — foi objeto de seu maior interesse. E, para os gregos antigos, a natureza é fundamentalmente força geradora. *Physis* designa aquela força original que engendra os seres naturais (em oposição às coisas produzidas pelos homens). O termo vem de um verbo cujo sentido é gerar-se, vir a ser, nascer. A natureza é esse princípio em ação, um potencial originário de movimentos e várias mudanças, condição necessária da interação material no engendramento de tudo o que é não artificial. Da natureza, a classe que mais atrai a atenção de Aristóteles é aquela da natureza *viva* (animais em amplo escopo, e plantas também).

De volta aos estorvos que afastam o *De Anima*: primeiro, poucos títulos divulgam tão mal o assunto de uma obra como esse. Depois, há o feitio excruciante do texto: um acervo de anotações guiadas por um exame de dificuldades graves, mas fugidias; uma teoria lacônica, oriunda da exposição inerte de hipóteses extravagantes, abatidas com um arsenal de argumentos impenetráveis: por qual motivo e de que modo atravessar com proveito um matagal como esse?

Por partes. A pergunta crucial para a investigação de Aristóteles, até uma criança entende: qual a diferença entre seres *vivos* e *não vivos* (como pedras ou areia)? O que há no ser *animado* cuja falta (no *inanimado*) torna-o insensível, incapaz de ir e vir a seu bel-prazer? A resposta parece uma platitude circular — o que um *tem* e o outro *não tem* é precisamente isto: *vitalidade*. Ora, isso na Antiguidade grega intitulava-se *psykhê*: e *anima*, o sinônimo latino, contorna os inconvenientes tanto de *alma* (de viés religioso) como de *psique* (de viés clínico). Daí o título do tratado, que em grego de fato é *Peri Psykhês*. Daí também o motivo de a obra credenciar-se como o primeiro estudo teórico da *psicologia*. E àquela pergunta crucial, enfim, a resposta grega é que nos *animados* o princípio natural responsável pelo viver é uma *psykhê*.

Ora, seja qual for o nome dado hoje a isso, é fato evidente que há algo de diferente entre o ser vivo e o inanimado. O desafio, diz Aristóteles, é encontrar o responsável por essa diferença, conhecer sua natureza — que tipo de ser é —; mas sobretudo mostrar que todos os fatos envolvidos no fenômeno da vida ganham uma melhor explicação, adotada essa (nova) maneira de ver, esse (novo) conhecimento. O caminho é fazer um criterioso levantamento de opiniões relevantes, examiná-las e por fim avaliar se dão ou não conta de certas dificuldades evidentes. Método: eis a razão do "feitio excruciante" do tratado de Aristóteles.

Para ele há, em suma, dois problemas relevantes para compreender o que é vida: como explicar os aspectos intencionais (ações voluntárias, comportamento propositivo por exemplo) dos organismos vivos? Como entender sua unidade? A vida é um modo de funcionar complexo e variado, mas coeso. E a vida não parece localizável, mas difusa no sujeito por inteiro. Enfim, aquele primeiro problema lança dificuldades para explicações estritamente físicas (o materialismo). O segundo, para aquelas que fazem apelo a componentes radicalmente distintos (como no dualismo corpo e alma).

Na poesia de Homero e Hesíodo, a concepção de *psykhê* é de uma candura ímpar: trata-se de *sopro vital*. Enquanto a respiração de um herói, por exemplo, mantiver o fluxo de tal hálito, o corpo dele se mantém quente e perceptivo. Na morte, tudo cessa: o sopro escapa como fantasmagoria fugaz; resta o sujeito inerte, frio e rijo (o cadáver: *sôma*), à espera de ritos funerais, tendo feito tudo para a honra de seu nome perdurar. Retida no reino dos mortos, sua *psykhê* leva uma existência impotente — se imagens de mortos aparecem em sonhos, então esses fantasmas existem de algum modo. Essa é a raiz de um certo tipo de elaboração filosófica posterior.

A principal corrente materialista da época é o atomismo de Demócrito. Afirma que os princípios de tudo são átomos em movimento no vazio e que *psykhê* é o átomo esférico de fogo sutil a girar eternamente. Aristóteles, que recusa aliás a existência do vazio, refuta a explicação atômica para a vida: *psykhê* não é um tipo de matéria. Pois como dar conta do comportamento sensato de animais, da conduta deliberada e ações premeditadas de pessoas, recorrendo exclusivamente a um tipo de estofo material e apenas por seu movimento cego? As críticas que ele faz, na verdade, são cheias de minúcias: extrai toda sorte de absurdo implicada numa visão como essa.

Aristóteles, por sua vez, adota certa doutrina dos "quatro elementos" formulada por Empédocles — terra, fogo, ar e água são raízes (literalmente, *rizômata*) de toda e qualquer coisa que existe no mundo, de que absolutamente tudo se forma no universo por união (amor) e posterior desagregação (discórdia). A doutrina tem um caráter por assim dizer químico — elementos se misturam, o discreto dá lugar ao contínuo, formam-se compostos determinados por proporções específicas.

Mesmo aplicada de maneira restrita e só ao domínio do inanimado, nas mãos de Aristóteles a doutrina ganha refinamento e estatuto de verdadeira teoria. Primeiro ele dota os elementos de natureza locomotiva e de outras características intrínsecas (um par de potências qualitativas, formado de um dos opostos frio/quente e seco/úmido), e assim os torna capazes de interagir, sendo possível até mesmo a transformação de uns nos outros.

Ainda assim, tais potencialidades naturais primeiras, suficientes para a geração de compostos como minerais e metais, não parecem o bastante para engendrar seres vivos: segundo ele, algo mais seria necessário para explicar a *natureza viva*. Para Aristóteles, combinações randômicas não conseguem explicar corpos complexos do tipo que mais o interessam: o organismo vivo do animal e da planta. Aos seus olhos, vida não é uma propriedade qualquer de corpos naturais: a vida é o essencial, o próprio ser. Ao deixar de viver, uma planta e um animal perdem não uma qualidade simplesmente ou atributo qualquer: não são mais o que eram — um *ser vivo*. O viver é uma *forma* de ser — aliás a mais perfeita e elevada de todas. É claro que, para Aristóteles, a forma indica bem mais que o formato ou um mero aspecto exterior.

Essa concepção nada trivial ficará mais clara com exemplos: a forma do machado, segundo Aristóteles, é a capacidade de rachar lenha (sem o que perde o fundamental, mesmo que continue a ser chamado de machado por guardar o mesmo aspecto). A forma do olho é visão e capacidade de ver (pois um órgão incapaz disso deixa de ser o que era: um instrumento natural receptivo de imagens coloridas, sob o efeito da luz). Do mesmo modo, a forma da planta é nutrição e reprodução (capacidade de assimilar matéria requerida para preservar-se e produzir outra igual a si mesma); e a forma do animal é a percepção (capacidade de receber, concatenar e guardar os dados sensíveis provenientes do mundo exterior). Na planta bem como no animal, a *psykhê* vegetativa é a condição básica da vida. Mas o animal de fato define-se pela perceptiva, que o dota de sentidos, memória e imaginação.

Assim, para Aristóteles, viver envolve uma série hierárquica em que a capacidade anterior pode existir sem a posterior, mas esta depende necessariamente da primeira. A forma é o fator decisivo e o referente do termo *psykhê*: um princípio ativo, natural e inerente, que comanda o desenvolvimento de partes sucessivas, umas (tecidos) dando suporte a outras (órgãos), formando o organismo singular. *Psykhê* é forma atuante, quer na inscrição de tais capacidades seriadas, quer na manutenção da unidade no todo. Pois os elementos desde os quais se gera o organismo contribuem com suas propriedades para uma ordem mais elevada, e é essa, por sua vez, que impede esses elementos de fazer o que fariam em estado simples — tender a seu "lugar natural" (ideia controversa cunhada por ele na *Física*).

Esse é o formidável avanço alcançado por Aristóteles no *De Anima*: explica a natureza viva com base em uma noção de forma elaborada e bastante fecunda (*psykhê* é precisamente forma, nessa acepção). E não é por menos que, no início do século XX, o biólogo alemão Max Delbrück atribui a Aristóteles a descoberta do DNA: por identificá-lo precisamente à sua concepção de forma. E aventa ser o filósofo grego merecedor de um Nobel, caso a Academia Sueca venha a conferir prêmios póstumos.

O pensamento grego clássico vê os seres humanos como completamente imersos na natureza: a psicologia antiga distingue seres vivos, mas se volta precisamente para a permeabilidade das fronteiras entre espécies, pois ainda que guardem traços distintivos e importantes, as diferenças são menores do que aquilo que têm em comum.

Para Aristóteles, de novo, a vida é a forma mais elevada do ser, e prova eloquente disso é sua convicção de que o próprio universo é vivo. Nesse ponto, segue as pegadas de seu mestre, mas com sérias ressalvas. Platão, no diálogo *Timeu*, dota o mundo de *psykhê* — uma alma concebida como incorporal (mas extensa), de natureza matemática, ou melhor, harmônica (e cinética), cujo aspecto sensível é a abóbada celeste: imagem movente da eternidade. A doutrina platônica é oferecida por um mito que conta como tal *psykhê* universal foi criada e colocada em movimento pelo Demiurgo. Artesão cosmogônico, e não um deus criador ex nihilo, é ele o executor, cuja arte limita-se por um estado inicial de desordem, bem como por um padrão ideal que guia sua obra (contempla o inteligível com atração racional e procria no belo, movido por amor ao bem — *eros divino*). Em suma, o Demiurgo imita o inteligível num meio não totalmente racional.

A visão de Aristóteles, contudo, é outra. Não faz sentido, segundo ele, supor uma alma do mundo do modo como a concebe Platão. Há apenas dois tipos de *psykhê*: uma vegetativa, que inscreve no organismo a disposição natural de absorver matéria, manter coesão e replicar-se; outra, perceptiva, que engendra órgãos capazes de serem ativados por qualidades do ambiente exterior. Ora, nada disso o mundo realiza ou exibe, ainda que revele ordem e inteligibilidade — traços próprios ao intelecto. Portanto, a vida do universo é de todo inorgânica: é pura inteligência. A concepção de Aristóteles é sutil — o núcleo mais duro de sua filosofia —, mas admite ser esboçada via evidências da natureza. Primeiro, postula que é necessário haver um princípio (não um início temporal, bem entendido) para todo movimento (*kinesis*) e mudança (*metabôlé*) incessantes do mundo — um primeiro motor eterno. Depois, por argumentos exaustivos, deduz seus traços distintivos, cujos mais importantes são: esse princípio é imaterial e faz mover sem ser movido, é pura atividade (*energeia*) e a mais elevada — intelecto em ato. Eis a difícil visão da vida do Universo segundo Aristóteles.

É aos autores da filosofia clássica, portanto, que está afiliada a agenda da atual ecologia (ainda que nem tenha talvez consciência disso).

Na década de 1970, James Lovelock lançou um suposto "novo olhar sobre a vida na Terra" com a noção de Gaia e implicações: o planeta comporta-se como um organismo vivo, cuja vida controla a manutenção inclusive de tudo o mais que também vive (teoria que ao menos foi batizada de acordo com a mitologia grega). Trata-se de um marco do pós-guerra: o recuo ao modelo biomórfico, prevalecente antes de 1500, bem como uma ressalva ao modelo mecânico, isto é, à visão do mundo como máquina — metáfora que remonta à Idade Média e reemerge com os fundadores da ciência moderna.

A imagem do universo material como mecanismo perfeitamente construído, que funciona segundo leis sem propósito de acordo com o arranjo e movimento de suas partes, foi desenvolvida ao poucos — pelos fundadores da mecânica celeste (Copérnico, Kepler e Galileu), na tensão entre o método empírico (indutivo) de Bacon e o método analítico (dedutivo) de Descartes ("quebrar pensamento e problemas em pedaços e arranjá-los em sua ordem lógica") —, culminando com Newton, que combinou aqueles dois métodos e completou a revolução científica: Deus criou as partículas materiais, bem como as forças entre elas e as leis fundamentais do movimento; desde então, o universo funciona como máquina governada por leis imutáveis.

É inegável que a visão mecanicista deu bons frutos: a descoberta dos fenômenos elétricos e magnéticos substituiu o conceito de força pelo de campo (sem referência a corpos materiais), a ideia de evolução — na geologia e depois na biologia — mostrou a vida se desdobrando numa ordem de complexidade crescente (formas primitivas e mais simples sob pressão do meio ambiente evoluíram para mais complexas). Mas as novas descobertas tanto atestam o sucesso da metáfora como prenunciam os seus limites: o universo precisa agora ser pensado como um sistema em desenvolvimento e em constante mudança. Daí a ascensão do "pensamento sistêmico" e da noção (antiga) de que o todo é mais que a soma das partes, pois a ordem de relações importa tanto ou mais que os componentes.

Sem sequer mencionar a noção de entropia (que também tem ascendência em outra escola da filosofia grega), chama atenção em nossos dias o fato desconcertante de se apresentar como auge da originalidade aquilo que no mais das vezes é apenas um maneirismo de teorias bem consolidadas no passado.

Em tempo, por que ler o clássico de Aristóteles? Para conhecer a bela explicação dada para a inteligência humana.

## 3. A ELEGÂNCIA POR CRITÉRIO

> Ora, os outros não sondam minhas entranhas, nem meu coração, não me julgam com base no que sinto, mas na minha maneira de reagir ao que sinto. O homem não é (ainda), portanto, aquele que no segredo de si mesmo consegue a todo momento a vitória sobre si mesmo; é aquele cujas paixões, à vista de todos, são proporcionais à causa que as produz e à situação que as suscita. Não se trata de alguém obediente, mas elegante. (Gérard Lebrun, "O conceito de paixão" in *A filosofia e sua história*. São Paulo: Cosac Naify, p. 382.)

E para quem tem escrúpulos de falar em *inteligência emocional*, mas também admite que banir da conduta sensata tudo o que não seja estritamente *racional* é ato bastante simplório, essa é a pessoa com muito a ganhar, caso aprenda a sair do dilema com Aristóteles no clássico *Ética a Nicômaco*. Mas, antes, será proveitoso um breve percurso pelos rumos que a filosofia moral tomou na modernidade e uma visita ao beco sem saída ao qual nos levou guiada pelo Iluminismo. Depois, tal como no hipódromo, imperioso será fazer a curva e progredir em sentido inverso: em questões de conduta, os ares da Antiguidade são de natureza diametralmente oposta. Primeira dica? A *Ética a Nicômaco* de Aristóteles é antes um manual sobre a arte de lapidação do caráter do que uma fundamentação sistemática dos conceitos de certo e errado. Trata-se precisamente de um conjunto de notas sobre questões ligadas ao ethos (aos traços e ao feitio de uma personalidade bela e honrada). Ora, os mais incrédulos poderiam indagar: por qual motivo e de que modo dar um cavalo de pau de tal magnitude em assuntos que não têm de fato maior objetividade?

Em poucas palavras, se a ética moderna puxa ao máximo a reflexão sobre a moral na direção da ciência, a sensibilidade grega, ao contrário, pede um retorno em direção à arte. Nenhuma surpresa nisso para quem reconhece que a filosofia na Antiguidade é acima de tudo *arte de viver*: uma forma de buscar sabedoria voltada no mais das vezes para uma transformação na maneira de ver o mundo, tanto quanto no modo de ser do próprio indivíduo. A procura pelo saber não se situa, como para nós, no plano da mera teoria (ou pior, da exegese de textos), mas envolve tanto conversão (mudança de rumo) como progressão (avanço na prática), e cada escola da Grécia antiga — um mestre e seus discípulos — oferece seu próprio modelo de vida. Ademais, cientes de que as questões de conduta incidem no singular, os gregos compreendiam que a ética envolve sempre pessoas e circunstâncias particulares (tal como a técnica), por isso tem pouca afinidade com princípios universais e demonstrações (típicos da ciência).

Vejamos por partes. O código moral herdado da cristandade medieval — o sistema de regras de conduta com base na lei divina ou nos mandamentos — foi bastante abalado com o advento da sociedade secular contemporânea à revolução científica do século XVII; e a justificação desses preceitos por um apelo à revelação clamava por alguma alternativa.

Ora, a marca de um ser humano é a *autonomia* moral (ser capaz de comprometer-se com fins racionais livremente escolhidos) em oposição à sua *heteronomia* física (ter um corpo submetido a leis naturais que não têm origem na própria vontade), e o impulso de filósofos no Iluminismo foi fundamentar o conteúdo da moral em leis universais determinadas pela razão natural. O resultado de tal empenho mostra-se, grosso modo, em duas tendências: uma coloca a régua da conduta em patamar vertiginosamente alto; a outra, por sua vez, em nível miseravelmente baixo.

De um primeiro ponto de vista, a ética não diria respeito a sentimentos, tais como compaixão e simpatia, nem a recompensas ou qualquer outro tipo de autointeresse: a moral deve fundar-se apenas e tão somente na racionalidade humana. Os conceitos centrais são aqueles de "vontade livre" ("livre" para seguir um ditame da razão) e de "dever" (o imperativo de conduta logicamente deduzido dela). Ética nada tem a ver com felicidade — ser bom é difícil, pois envolve uma luta interna entre a coerção dos desejos e a escolha deliberada do dever moral —, mas com "boa vontade": razão no comando do querer.

Tal concepção talvez cause ainda mais estranhamento à luz de alguns exemplos: quem gosta de ajudar os outros para espalhar alegria à sua volta não praticaria, desse ponto de vista, um ato verdadeiramente moral, pois escolhe fazer o que lhe traz bem-estar, faz o certo por gosto e por compaixão; calha de gostar disso (e não daquilo: ser cruel, por exemplo). A pessoa que age movida por qualquer força além de seu controle (seja externa, como a coação física; seja interna, como a compulsão psíquica) também pratica um ato desprovido de valor moral, a despeito das consequências boas ou ruins de seu ato. Pois se obedeço a um desejo que não escolhi ter, não estaria na verdade agindo como um escravo de um apetite ou de algum outro estado mental? Agir desse modo não seria propriamente algo que se *fez*, mas apenas um *acontecimento* acidental.

Para o senso comum, liberdade é poder fazer o que se quer sem obstáculos — buscar o prazer e atender à própria preferência. Do ponto de vista filosófico, contudo, a noção de agir livremente é conduzir-se de acordo com uma lei que imponho a mim mesmo — e precisamente isso seria a *autonomia*. O teste de ouro para a regra prática, em suma, é este: o que aconteceria caso minha conduta (por exemplo, dizer mentiras inocentes) passasse a ser uma lei universal (tão imperiosa como a lei da gravidade)? A generalização absoluta dessa conduta faria da vida humana algo nada razoável, pois o cimento da confiança mútua que equaliza interações sociais estaria corroído. Por isso o dever de falar a verdade impõe-se a despeito das circunstâncias, e nem uma pequena peta (como elogiar um presente horroroso) teria alguma justificativa moral.

Tal é o rigor da ética deontológica (ou seja, do dever) formulada pelo filósofo alemão Immanuel Kant, que se centra nas motivações do agente. Por certo nem sempre as pessoas conseguem fazer escolhas com autonomia e agir racionalmente. O que Kant sustenta é só que dispomos de tal capacidade e essa é universal — compartilhada por qualquer ser humano. Mas defende veementemente que o papel da razão é muitíssimo mais relevante do que aquele de identificar meios para certas metas serem alcançadas (como pretendem os empiristas). Em suma, a razão pura tem um aspecto prático de ouro: é a origem de leis morais anteriores a qualquer objetivo dado pela experiência.

A segunda tentativa moderna de fundamentar uma moralidade universal concede mais espaço à psicologia moral do senso comum, mas nem por isso se sai muito melhor. Ora, como os motivos que levam à ação não podem ser objetivamente conhecidos (nem observados, tampouco medidos) e a pessoa sempre pode estar deliberadamente a fingir e a mentir sobre suas motivações, as intenções não importam: o que conta são os resultados da conduta. O ato moralmente correto é aquele que traz uma *boa consequência* e a agenda da filosofia será investigar o que é exatamente isso. Claro ainda que as pessoas naturalmente buscam prazer e evitam a dor; desse ponto de vista, então, a melhor conduta é aquela que resultar num balanço vantajoso entre consequências agradáveis versus desagradáveis — tolerar um sofrimento agora vale a pena, caso o bem-estar futuro prometa ser maior (tomar o remédio amargo que alivia a dor). Assim também uma ética normativa poderia ser impecavelmente deduzida de um lema ou lei universal deste tipo: o maior bem-estar para o maior número (maximizar a utilidade líquida estimada para todas as partes envolvidas na tomada de decisão). Em poucas palavras, esse é o argumento geral do *consequencialismo* utilitarista, cujos maiores expoentes foram Jeremy Bentham e John Stuart Mill.

Há alguns problemas claros também com esse modo de fundamentar a moral. Primeiro, o bem-estar parece não ser a única coisa valiosa para todas as pessoas (há quem prefira dinheiro ou fama acima de tudo). Depois, é bem possível que o bom para a maioria implique sacrifícios relevantes a uma minoria qualquer: benefícios maiores para alguns, de fato, não justificam perdas menores para outros. Em suma, o utilitarismo não dá importância para o modo como o bem-estar é distribuído entre os indivíduos, e incorre na falácia de igualar o que considera *justo* para um grupo de pessoas ao que é de fato *racional* para um único sujeito.

Porém, este é apenas o corredor estreito para onde levam as buscas modernas por um princípio universal para a moralidade: rigor inexequível ou desapreço por diferenças entre indivíduos. O beco sem saída mesmo foi atingido somente no século xx com um garrote imposto pelo assim chamado *positivismo lógico*. Segundo essa maneira de ver, só há dois tipos de enunciados com significado — proposições sobre o mundo (que podem ser confirmadas ou refutadas na experiência) e proposições analíticas (cuja verdade decorre da própria lógica da linguagem). Portanto, todo e qualquer enunciado moral (como "mentir é errado") seria privado de sentido (não é verdadeiro nem falso), mas compreensível apenas como a expressão de uma atitude subjetiva e um sentimento (antagonismo à mentira). Mas a consequência disso é grave: não haveria propriamente a *área de conhecimento* identificada na filosofia como ética (caso isso signifique "investigação de princípios morais verdadeiros"). Simples assim: há um hiato lógico intransponível entre fatos e valores. E ponto final.

Retomemos, no entanto, do ponto de partida. O termo grego *êthos* — origem da palavra ética — indica precisamente o hábito e o que é costumeiro (por exemplo, levar ovelhas para pastar sempre no mesmo lugar) e, por extensão, a maneira de ser. Portanto, é algo essencialmente particular (ao sujeito singular e à situação em que se encontra).

Um tópico central (mas não o único) do pensamento moral grego é a *eudaimonia* ou felicidade, pois todos admitem ser isso aquilo que é o mais buscado. E *eudaimon* (feliz) literalmente é a pessoa afortunada e favorecida pelo divino (*daimon*), abençoada por um bom *nume* — etimologia reveladora do pensamento arcaico que vê deuses como os doadores do quinhão de bens e males que cabe aos seres humanos. Para Aristóteles, a *felicidade* é um bem que pode ser alcançado pela conduta e pela *ação do sujeito*, mas não só: é o exercício pleno de capacidades que o caracterizam como um ser humano, sem maiores impedimentos impostos pela sorte e do começo ao fim da vida.

E Aristóteles também admite que escolhas e ações humanas visam algo considerado bom para o próprio agente e que a conduta, de fato, é dirigida por objetos a que o agente deseja e dá valor; contudo, as várias motivações dão-se de maneira estruturada e organizada: há objetivos instrumentais (meios convergentes a outros fins) mas há, por fim, algo desejado por si mesmo (autossuficiente): o "sumo bem" da felicidade. Em poucas palavras, bens particulares (ser rico e ter poder) têm valor como condições para ser feliz; ser afortunado (ter um filho dedicado) é algo sem o que a felicidade fica mais difícil. Mas agir bem — buscar o belo e honrado (não só o viver de olho no que é vantajoso para si) é o que mais pode fazer um sujeito feliz.

Não é outro o motivo de ser fundamental para filosofia moral grega antiga a noção de *areté* — toda forma de mérito pessoal em qualquer tipo de atividade —, termo que em geral (e desafortunadamente) é traduzido por *virtude*. Daí ainda a alcunha de "ética da virtude" dada ao tratado de Aristóteles, por desenvolver uma verdadeira teoria com os elementos herdados da tradição, focado de fato na excelência pessoal, como Sócrates, não em competência profissional.

O herói homérico preza mais que tudo a honra obtida pelo belo ato de coragem (ainda que ponha em risco a própria vida). Valentia militar e orgulho atlético são valores competitivos e ligados ao desejo de proeminência. A poesia arcaica de Hesíodo, por sua vez, soa como um aviso ao perigo da arrogância; revela temor pela animosidade e inveja divina (*nemesis*) face às transgressões de limite praticadas por mortais. Um novo ideal é lançado, pautado agora por moderação e prudência: valores cooperativos e cultivados em vista da proteção coletiva.

A ética de Aristóteles alinha-se ao preceito de Apolo: "Nada em excesso" (*méden agan*). Virtude, segundo ele, é essencialmente *mediedade* (antes que moderação — nem muito, nem pouco — ou mediocridade): a busca pelo ponto intermediário entre extremos (como temeridade e covardia) que torna bela uma conduta singular; alvo esse sempre variável de uma circunstância para outra. Trata-se da habilidade análoga à do arqueiro, que mira algo impreciso e que a todo tempo se altera (como a caça em movimento). Assim também, diante da miríade de singularidades que envolve qualquer ação, o sujeito que delibera mira o bem cuja natureza é imprecisa até que seja determinado por uma certa conduta e revele-se como belo em ato.

Aliás, como foi dito, a *Ética* de Aristóteles é um tratado sobre questões ligadas ao modelamento do caráter honrado. A ênfase maior é colocada no papel das emoções — algo quantificável: passível de expressar-se na conduta em doses maiores ou menores. O elemento emocional da conduta, segundo ele, tem função decisiva junto ao elemento racional. Este aspecto liga-se à *phronesis* — a sabedoria prática capaz de estimar o valor de fins e calcular meios de alcançá-los — e à *sophrosyné* — a temperança advinda do conhecimento de si: saber seu lugar, seu papel e deliberar de acordo com isso. Aquele é efetivamente o âmbito da virtude moral: concerne aos componentes irracionais (raiva, medo, lascívia, ambição, inveja), disposição adquirida por treino e hábito (via punição desagradável e recompensa agradável) que se expressa em reações emocionais e revela-se como resposta adequada à circunstância.

O otimismo de Aristóteles apoia-se em um suposto prazer da pessoa consigo mesma (com o próprio desenvolvimento e aperfeiçoamento). E distingue três temperamentos morais básicos e inescapáveis: o virtuoso (quem age bem e com prazer); o de padecimento emotivo (age bem a duras penas), a fraqueza da vontade (quem age mal e sofre com isso) e o puro vício (quem ignora que age mal e fica satisfeito).

Em tempo, por que ler o clássico de Aristóteles? Para conhecer todas as facetas da *elegância emocional* por assim dizer — aspecto crucial de uma vida feliz.

> O virtuoso age corretamente, mas em *harmonia* com suas paixões, porque ele as dominou de uma vez por todas. Não só

> aprendeu a agir de modo conveniente, mas a sentir o pathos adequado. Enquanto eu precisar esforçar-me para resistir ao que minhas paixões trazem de excessivo, ainda não as domei. Ainda não sou "virtuoso", ou seja, "forte" no sentido de Nietzsche (que dissimulou sua dívida para com a *Ética nicomaqueia*). (Gérard Lebrun, "O conceito de paixão", p. 382.)

*Resta um fato*: ao entregar uma nova chave para a *Odisseia* de Homero e o símile exato para o relato de Xenofonte; ao desvendar o fio das *Metamorfoses* de Ovídio ou o aspecto essencialmente móvel do alfabeto matemático que traduz a Natureza para Galileu; ao captar o temperamento proustiano — *persegue com as palavras algo que escapa à palavra* — de um cientista como Cardano e, em suma, ao constelar uma a uma as essências da biblioteca de sua própria formação, *Por que ler os clássicos*, de Italo Calvino, é um livro que se *configura como equivalente do universo, à semelhança dos antigos talismãs.*

# SOBRE O AUTOR

ITALO CALVINO nasceu em 1923, em Santiago de Las Vegas, Cuba, e foi para a Itália logo após o nascimento. Participou da resistência ao fascismo durante a guerra e foi membro do Partido Comunista até 1956. Em 1946 instalou-se em Turim, onde se doutorou com uma tese sobre Joseph Conrad. Lançou sua primeira obra, *A trilha dos ninhos de aranha*, em 1947. Considerado um dos maiores escritores europeus do século XX, morreu em 1985. A Companhia das Letras está publicando sua obra completa.

## OBRAS DO AUTOR PUBLICADAS PELA COMPANHIA DAS LETRAS

*Os amores difíceis*
*Assunto encerrado*
*O barão nas árvores*
*O caminho de San Giovanni*
*O castelo dos destinos cruzados*
*O cavaleiro inexistente*
*As cidades invisíveis*
*Coleção de areia*
*Contos fantásticos do século XIX* (org.)
*As cosmicômicas*
*O dia de um escrutinador*
*Eremita em Paris*
*A entrada na guerra*
*A especulação imobiliária*
*Fábulas italianas*
*Um general na biblioteca*
*Marcovaldo ou As estações na cidade*
*Mundo escrito e mundo não escrito — Artigos, conferências e entrevistas*
*Os nossos antepassados*
*Um otimista na América — 1959-1960*
*Palomar*
*Perde quem fica zangado primeiro* (infantil)
*Por que ler os clássicos*
*Se um viajante numa noite de inverno*
*Seis propostas para o próximo milênio — Lições americanas*
*Sob o sol-jaguar*
*Todas as cosmicômicas*
*A trilha dos ninhos de aranha*
*O visconde partido ao meio*

Esta obra foi composta por Alexandre Pimenta em Scala
e impressa em ofsete pela Geográfica sobre papel Pólen Natural
da Suzano S.A. para a Editora Schwarcz em agosto de 2023